U0924999

2004年9月29日，中国大陆最有影响、发行量最大的报纸之一《南方周末》，在头版头条以异常醒目的标题“虎跳峡紧急”，发布了一条令全世界都震惊的消息：世界上最壮丽的自然景观之一，或可能因修筑水电大坝而消失。消失的景观，包括虎跳峡及上游的石鼓、巨甸、塔城、香格里拉等20多处最具自然与人文价值的景点。面对可能消失或局部消失的珍奇自然与人文遗产，《寻找天堂》为伤怀的人们，留下了其景观中最真实、珍贵的图文纪录。

这是自上世纪五十年代以来，在我的阅读视野里所看见的卓然特立的散文作品。这部作品，不仅突破了常态散文模式的桎梏，也突破了主流意识形态的桎梏。作者奉献给读者的文字、思想和意涵，是触动心灵的。

——司马川

读完这本书，我只想说，我的灵魂受到了极大的触动。令我惊异的是，这种触动，竟然来自于一些优雅、内敛又神秘如禅的文字。这些文字不像是文字，更像是生命与灵魂的符号。　——塔龙・罗桑益世活佛

行走中国

# 寻找天堂

王大卫 著

2013年，是约瑟夫·洛克博士诞辰130周年，谨以此书献给洛克在天之灵！

——被铭记和缅怀的人是幸福的。

云南出版集团
云南人民出版社

图书在版编目（CIP）数据

寻找天堂 / 王大卫著. -- 昆明：云南人民出版社，2014.2
ISBN 978-7-222-11770-9

Ⅰ.①寻… Ⅱ.①王… Ⅲ.①散文集－中国－当代 Ⅳ.①I267

中国版本图书馆CIP数据核字（2014）第008066号

责任编辑：尹 杰 王曦云
责任校对：骆 虢
装帧设计：王曦云
封面摄影：博 林
责任印制：洪中丽

| | |
|---|---|
| 书 名 | 寻找天堂 |
| 作 者 | 王大卫 著 |
| 出 版 | 云南出版集团<br>云南人民出版社 |
| 发 行 | 云南人民出版社 |
| 社 址 | 昆明市环城西路609号 |
| 邮 编 | 650034 |
| 网 址 | www.ynpph.com.cn |
| E-mail | rmszbs@public.km.yn.cn |
| 开 本 | 787x1092 1/16 |
| 印 张 | 21 |
| 印 数 | 0001-6000册 |
| 字 数 | 350千 |
| 版 次 | 2014年2月第1版第1次印刷 |
| 印 刷 | 昆明卓林包装印刷有限公司 |
| 书 号 | ISBN 978-7-222-11770-9 |
| 定 价 | 36.00元 |

发行部电话：（0871）64191604 64107628（邮购）

# 序言：与天堂同在

白庚胜

这是继盖明生先生推出《灵魂居住的地方》后，有关金沙江、澜沧江、怒江三江并流区域自然与文化的最佳文字。

在这部作品中，作者称横断山脉地区（今香格里拉），尤其是云南丽江为“天堂”，这与顾彼得将丽江誉之为“香格里拉”是一致的。这个“天堂”，既是约瑟夫·洛克的“天堂”、王大卫的“天堂”，也是全人类的“天堂”。

这个“天堂”的本质就是和平、宁静、致远，就是自然与人、人与人、民族与民族、宗教与宗教之间的高度和谐。它丰富生命，激活智慧，升华灵魂；它充溢浩然之气，鼓动想象力与创造力。

最早发现这个“天堂”，并将它的大门向外界开启的，是美籍奥地利植物学家、探险家、学者约瑟夫·洛克。他最先为考察、采集植物标本进入云南丽江地区，但到后来，一如误入桃花源中的武陵渔人，不能自已，最终成为国际纳西学奠基人。他不仅以丰富的植物标本，而且以大量的东巴经典和学术论著，证明了这个“天堂”的存在以及它的价值和世界意义。洛克孤旅云南长达28年的传奇经历，有力地昭示了这个“天堂”的无穷魅力。正如《寻找天堂》作者所说：“洛克追寻的‘天堂’，是一种精神价值，一种生命意义，而他又找到了实现这种价值与意义的生态与人文资源环境。”

于是，《寻找天堂》具有了双重意义：既是继续寻找与洛克同质的“天堂”，也是寻找洛克寻找“天堂”的精神动力和生命力量。

对于前者，作者按照洛克当年探险游历的主要路线索骥，亲自体验洛克笔下所记述的地域、自然与文化，在近七八十年的历史差异中确认“天堂”的原像以及正在发生的变化，进而讨论了生态、生命、文化、宗教以及保护与发展等一系列深重话题。而对“天堂”不可掩饰的贫困、愚昧、落后，亦以活生生的人物与事象进行了披露。在作品中，一边是神奇秀美的山川，一边是与现代文明有距离的苍凉与贫困；一边是寻找“天堂”的众生，一边是消解“天堂”的非健康力量的骚动。无可奈何的悲叹与雄勃遒劲的奋争、穿透天宇的智慧与消极沉沦的愚昧麻木交织如藤蔓。这是一片需要珍爱的土地，也是一个需要觉醒的世界！它的遗产太丰富，它的包袱亦太沉重！寻找“天堂”“天堂”苦旅，就是要找回被工业文明遮没的自然本源、人性本源，寻找到通往人类“天堂”的道路。寻找天堂之旅，就是寻找人类文明之旅。

作者对寻找“天堂”的苦旅者洛克进行了全方位的审视，不仅肯定了他的献身勇气、科学精神、理想主义以及对纳西文化的重大贡献，同时也公开了他的一些鲜为人知的秘闻，将一个有七情六欲、性格孤僻而又坚韧执著的西方学者刻画得淋漓尽致、真实可信。此外，作者对半个多世纪前西方学者和传教士在我国历史上所发挥的作用也有高见阐释：他们非但不是“文化特务”“文化侵略者”，而且还对我国20世纪上半叶边远、贫困地区的文化启蒙起到过积极作用。这虽不免有以一种片面性代替另一种片面性之嫌，但毕竟是对曾经甚嚣尘上的全盘否定言论的鼎力矫枉。没有一定的国际视野与宏大胸怀，断然不会有此宏论。

对于洛克的评价，至今已有多种观点，除了20世纪五十年代视之为“文化特务”“文化侵略者”之外，还有不能以洛克之是非而是非，坚持纳西学的中国特色之说。也有一些欧美学者认为是洛克重塑了纳西文化，而不是纳西文化积极影响、重塑了洛克之论。对于第一种观点，我们应当从文化主权中的所有权与分享权角度加以分析。从所有权考量，大批东巴经典流失，说它带有“被侵略”色彩并不为过，但是，从分享权观之，东巴经典应该为全人类所共有，即共同利用、共同分享。文化是全人类的共同精神财富。从这一视点看，洛克何罪之有？问题在于所有权在先，分享权在后。忽视洛克一定的侵略性，或否定洛克对东巴经典做国际性研究与国际性传播所做的贡献，都是失当的。就第二种观点而言，其所要宣扬的是“民族主体性”，所要坚持的是“爱国主义精神”，也不能说不对。关键问题是，纳西学究竟是不是一门人文科学？如果是，则它必须坚持真理的客观性、包容性。真理面前人人平等。如果不是，那它完全可以钻入“公说公有理、婆说婆有理”的怪圈；认识真理是一回事，应用真理又是另一回事。至于第三种观点，将洛克的作用演绎放大，神化洛克，甚至将他与纳西文化的关系本末倒置，也是错误的。洛克的纳西文化研究成果，得益于诸多方面因素与条件的催生。他的杰出贡献，已经让纳西文化盛名远扬，让“香格里拉”盛名远扬。但必须清楚的是：是纳西文化的太阳使洛克这轮孤月熠熠生辉，而不是相反。

对于后两种观点，因是文学作品而非学术著作，《寻找天堂》没有深入述及，但从作品的文脉走势与逻辑推理，我想我与大卫先生的认知是相近的。

在《寻找天堂》中，作者让我们享受了太多的瑰丽与雄奇：金沙江、澜沧江、怒江、独龙江都是有风有雨、有骨有灵的存在。在甘孜高原："大地和天空是亲密融合在一起的，仿佛一伸手，就可以触摸到天空"；"理塘的天空，又远又近，纯净、温柔、强烈。纯净是纤尘未染的苍穹，温柔是飘逸、舒缓的流云，强烈是太阳璀璨的光芒。阳光下的高原，像一幅毛茸茸金灿灿的立体大地毯。"面对玉龙雪山的诱惑，谁都难以拒绝："只要走近云杉坪、走近牦牛坪，我们就能感受、体验到生态、生命灵动的气息……"这是天堂才拥有的丰饶！

在《寻找天堂》中，作者向我们展示了十分绚丽、灿烂的文化：自古生息在这片土地上的纳西、藏、彝、普米、傈僳、独龙、怒等民族，既是大自然的子民，也是"天堂"的"嘉宾"。大具崇山峻岭中的崖画，反映了人类文化艺术审美的悠远历史；东巴文化源远流长，协调了先民与大自然的和谐关系；得天独厚的藏传佛教，籍其信徒的生命坚守，至今仍焕发出无限生机；风一样来又风一样去的康巴马队，恣肆着生命的奔腾……这样一个"天堂"，怎能不令人心驰神往？

对纳西民族及其文化命运的关注，是《寻找天堂》的意旨所在。即使那些有关藏、独龙、怒等民族风俗及其文化的描写，也是为了揭示纳西族及其历史文化渊源的关系而设置。毫不夸张地讲，作者对纳西族历史、文化及现实的透视是空前的。他在介绍石头城的雄奇之际，对其先民心理的分析就石破天惊。他徜徉于东巴神园的神柱之间，即洞悉了创作者含蓄内敛、深藏不露的匠心。除了对石鼓、大研古城、蓝月亮山谷、白水台、东巴乐舞、五凤楼等这样一些纳西文化的肌理与细部作缜密体察外，作者还就雪嵩村的贫困、螺髻（洛吉）山的生态等，作了专诚的描写与鞭辟入里的论述。他愤慨地诘问：声名远扬的云南旅游，到底已经让多少村民致富?他反对通过展示贫困落后一意孤行地发展旅游业："把贫困和落后，当作一种'原始古朴'的人文自然景观呈现给旅游者、尤其是呈现给外国旅游者，这种心态是十分丑陋和残酷的。"对生态面临的危机，他发出了"不是恐惧大自然，而是恐惧人类自己的愚昧与野蛮"的慨叹!显而易见，作者是在以良心良知审视纳西族的生存状况与未来走向。

在作者眼中，纳西族曾经有过辉煌的过去，但当下比以往任何时候都更需要招"魂"，因为"没有民族魂的民族，是不会有精神元气和生命力量的。民族魂是感动、振奋、复兴一个民族的精神支柱。"

在《寻找天堂》中，作者对纳西族等民族的文化采取了尊重、理解的态度，并倾注了深挚的感情。如写到泸沽湖的"走婚"，他既承认它的自然性、合理性，也不因此否定由此带来的道德、社会与心理问题。他说："从感性认识上看，我是赞赏摩梭人'走婚'的，但理性、深入地看'走婚'，很容易发现一些问题，比如父子父女在相当长时间里不能共同生活，比如夫妻生活长期分离与财产分割，比如父亲对子女不承担法律责任和义务。这些问题，不仅在感情上是残酷的，在婚姻责任、婚姻道德和婚姻维系上也是脆弱的，蕴含的可变因素太多。”从而，他发出了“不知道摩梭人的‘走婚’还能走多远？”的质疑。这与那些极力渲染阿夏走婚奇异风俗，或以此否定一夫一妻制的言论，形成了鲜明对比。

作者对男女同浴的理解也别致如林中响箭：“这种情景，与泳池、江河湖海中群体共泳的性质是一样的，只是形式上的区别。裸体沐浴，更展示了生命的自然特征。自然形态的生命是最质朴、最生动、最美丽的。”阅读《寻找天堂》，更多的是让你在赏心悦目之后，走进自然与生命、人与社会的深层次思考。这既显示了作者的知识底蕴、思想深度，又让读者洞见了作者对人与自然的真诚爱心。

作者爱丽江，眷念丽江，是因为“丽江之美，完全出于自然，是只有在理想和天堂中才会有的美。”（洛克语）；他尊敬洛克，是尊敬一个“具有完整生命意义，精神与情感世界极其丰富的洛克。”由于他爱纳西民族，爱纳西人，他不仅“走进了那片神秘与苦难交织的土地”，而且还“走进了纳西人的心理、精神与情感世界”。他欣赏纳西族男子的粗犷、豪放、淳良；他从他们身上，“感到一种强壮的雄性力量和生命热度”。他同情纳西族妇女“雨鬓风鬟的艰苦生活”和“精神文化的贫困”，并从她们“身材修长、轮廓端庄、面目清秀”“呈现着自然灵气之美”中，发现了她们“对生活与尊严的渴望——改善生存状态、改变命运”。在稻城，他“第一次在大自然生态环境中看见生命与人体的自然形态，她们是那么美，那么丰润，那么动人”。即使是在那些“蓬首垢面，像涂抹了一层棕色炭灰”的赶马人脸上，他也发现了他们“艰辛、坚韧的气质”，以及“像心灵”一样清澈、明亮的眼睛……没有爱心便没有美的发现，也就感知不到大自然的美丽、生命的美丽、人体的美丽、心灵的美丽。

简言之，《寻找天堂》是我至今所见的记述洛克、记述纳西民族、记述三江流域自然与文化的不朽佳作。

风云际会，世事维艰，必产生俏拔、瑰丽、深远的作品。

《寻找天堂》将与“天堂”同在！

# 目录

## 第二区域：丽江的星空

# 导言：生与死的追寻

数年前，计划“行走与写作”这本书时，完全没想到，它的完成时间，正好是约瑟夫·洛克诞辰130周年（1883—2013年）的日子。这是个神秘的巧合。这个巧合，可以让我们（作者、出版者）在纪念洛克诞辰时，为他远在天国的亡灵敬献上一束鲜花。

洛克是美籍奥地利植物学家、探险家、学者。洛克1921年2月到中国，1949年8月离开中国，在中国生活、辛劳了近28年。28年间，洛克不仅考察了中国西部尤其是中国三江（金沙江、澜沧江、怒江）并流区域的生态、地理和植物状况，而且对中国西部纳西族历史与文化，进行了比较深入、扎实的研究，并先后出版了《中国西南古纳西王国》《纳西族的历史与文化》《纳西语——英语百科辞典》等重要社科著作。这些著作传播于世后，吸引了全世界对中国西部历史与文化，尤其对纳西族历史与文化的关注。洛克在中国28年艰苦卓绝、惊世骇俗的经历，以及对中国纳西族历史与文化的潜心研究与成果，生动彰显了他的精神价值和生命意义。

《寻找天堂》是对洛克半个多世纪前主要行走路线的一次体验式苦旅。

——用云南社科院刘达成教授的话说，是一次生与死的追寻。

《寻找天堂》总计行走两年，创作两年，其间苦乐悲欢，只有写作者体悟、心悟最深。这次“生与死的追寻”，使作者对人类精神和人类生命意义的认识与判断，产生了一个飞跃性的思考，乃至演绎为作者有明确价值取向的生命之旅。

《寻找天堂》从一个特殊的视角，揭示了洛克半个多世纪前在中国28年间鲜为人知的情感生活和精神生活，对“苦行者”的洛克，作了一个重要的补充修复。为读者呈现了一个更加真实、完整、丰满的洛克。

《寻找天堂》同时展现了云南丽江、香格里拉以及金沙江、澜沧江、怒江、独龙江流域神奇秀美的自然生态风光和优异的民族风俗风情，以及今天发生在这片神奇土地上的动人故事。因为这些故事存在于、发生在洛克曾经生活、工作过的地方，与洛克就有了一种地域、历史、文化和精神上的联系。这些故事以及故事中的人物，会给人一种触动心灵的感觉，甚至有洛克的精神影像蕴涵其间。

烟水浩渺，波光潋滟的泸沽湖。

泸沽湖距宁蒗县城72公里，是横断山脉地壳运动，使金沙江畔一个群山环抱的高原盆地中央塌陷蓄水而形成的一个美丽湖泊，面积约50多平方公里，平均深度45米，因湖的形状如曲颈葫芦，故名泸沽湖。湖中有5个岛屿、3个半岛、17片沙滩、14道湖湾，其中黑瓦吾岛、里无比岛和里格岛如“蓬莱三岛”，兀立于烟水浩渺，波光潋滟的湖泊中……

走进泸沽湖，一如走进诗情画意境界，顿时体会到洛克为什么要用那么多的文字来描述泸沽湖的心境。他的心境一定是波涛激荡的。泸沽湖会让洛克，会让所有走近它的人产生同样的心境。（摘自《沉思泸沽湖》）

茶马古道，实际上是一些弯弯曲曲高高低低坑坑洼洼难以行走的羊肠小道。因为没有公路，这些靠骡、马行走的小道，便成了南来北往商旅的主要交通渠道，马帮也成了主要的运输工具。滇南、滇西北地区的商业物流，主要是以茶、盐、布料、大烟等生活资料为主，这些羊肠小道，便被誉之为茶马古道。走茶马古道，不仅可阅尽世界上最美丽的风景，也会遇到世界上最多的风险。

# 走那条不是路的路

茶马古道，是洛克到中国滇西北地区后的必走之路。

1921年2月11日，洛克的马帮经过长途跋涉，从泰国出发，经缅甸抵达中国边境坂达关。与洛克同行的是两个教会医生，两个向导，6个马夫和15匹马。

从滇南的思茅、普洱一直向北，经过景东、蒙化、大理等地区，洛克一行整整走了3个月，才到丽江大研镇。回望走过的非路之路，洛克还心有余悸。对于洛克来说，这仅仅是一段很短的旅程，他还要在这条“路”上，往返行走二十几年。

我与画家、摄影家尧宇，沿着半个多世纪前洛克走过的主要路线，开始了艰苦跋涉。除了特聘向导木秀，同行的还有我和尧宇的学生天卉、慕蓉。木秀是木府土司的后裔，纳西族人，25岁，1.68米的窈窕身材，一头飘溢着青春活力的披肩长发。也许是长年风尘仆仆在外行走，紫外线在她俊秀的脸庞上，印染上像藏、羌姑娘一样的紫红色，显得健康而娇艳。

我们采取乘车、骑马与步行交替的方式，从丽江大研镇出发，经东江、腊木河、沙力、百草坪、玉鹿、拉都河、宁蒗、红桥、黄腊老、大水沟到泸沽湖，稍后，又到永宁，再从永宁瓦拉比村取道进入四川木里、稻城、理塘，继而远行到贡嘎山。返程时，经俄亚、洛吉、九龙、中甸、奔子兰到德钦，再辗转到丽江。两个月后，又沿澜沧江到燕门、巴迪、维西，再经鲁

洛克半个世纪前走过的茶马古道

甸、巨甸过金沙江到白水台，最后由大具返回大研镇。稍事休整，又往西走怒江傈僳族自治州贡山独龙族怒族自治县，历时近两年。其间大部分路线，都是洛克半个多世纪前行走过的路线。与洛克不同的是，我们走行的大多数地方，都已通了公路。

为了体验洛克半个多世纪前行走的艰辛，我们刻意走了几段洛克曾经走过的茶马古道。由于有了公路，这些茶马古道，绝大多数都已荒弃，有的已被植物和泥石流湮没，有的还若隐若现，只见沧桑岁月留下的痕迹。

洛克走的茶马古道，从地质结构、地理条件和生态环境看，主要有三大特征：一是深山密林，二是悬崖峭壁，三是江河湖泊。这三种形态不同的地质生态环境，一是天然秀美，二是险象环萦。

茶马古道，实际上是一些弯弯曲曲高高低低坑坑洼洼难以行走的羊肠小道。因为没有公路，这些靠骡、马行走的小道，便成了南来北往商旅的主要交通渠道，马帮也成了主要的运输工具。茶马古道不仅沟通了云南与西藏、四川等周边地区的商贸活动，也在一定程度上加强了与这些地区之间的政治、经济、文化联系。云南地区的商贸活动，主要是以茶、盐、布料、大烟为主，这些羊肠小道，便被誉之为茶马古道，地道点的说法，便是驿道。茶马古道有的是自然形成的，有的是沿途村民修筑的。人为修筑的路段，铺过石板或石头，更多的路段，是人马长年累月践踏出来的。我们重走茶马古道时，用石板或石头铺的路，大多已塌陷或破损，长满了青苔和植物，没铺石块的路段，已被植物覆盖或被山水冲没，依稀难辨了。有的驿道的险峻情形，让人触目惊心，望而生畏。

原始森林里的驿道

茶马古道既使洛克感受到丰饶的审美刺激，也使他惊悚不已，心有余悸。

洛克在《中国西南古纳西王国》前言中说："当我在这部书中描述纳西人的领域时，过去的一切，又一幕幕地重现在我眼前，那么美丽的自然景象，那么多不可思议的奇妙森林和鲜花，那些友好的部落，那些风雨跋涉、惊心动魄的岁月，那些伴随着我的惊险不断的漫漫旅途，都将永远铭记在我一生的记忆里。"

洛克认为云南之美、丽江之美、三江流域之美，完全出于自然，是只有在理想和天堂中才会有的美。而这种印象，是他长年行走在茶马古道旅途上获得的。

在洛克的漫长旅行中，惊险也一直伴随着他。洛克在日记里描述：长江在流入哈巴雪山与玉龙雪山对峙的大峡谷后，一改温柔平缓之态，水流湍急，惊

小憩的马帮

洛克1926年拍的驿道

涛骇浪，在峡谷中形成大小18处令人惊骇的急流险滩。洛克一行沿绝壁驿道至虎跳峡中段时，连骡马都战战兢兢，不敢前行。洛克在当天的日记里写道：“峡谷本身的景色是无与伦比的，山顶上覆盖着皑皑白雪，似皇冠上的银色钻石闪闪发光，1700英尺的山峰，高高耸入蔚蓝色的天空，而1000英尺下奔腾澎湃的江水，令人毛骨悚然。”

过怒江峡谷时，洛克在日记里写道：“怒江从峡谷底穿过，两岸耸立的峭壁，垂直如刀削，有几百英尺高，很多地方危石摇摇欲坠，峡谷两岸峭壁飞流着山泉，路只有一两尺宽，经过时，必须用脚指紧紧贴在地面岩石上，用手攀紧峭壁，以获得身体平衡，稍有松懈，就可能掉下去，河水就在几百英尺下咆哮……”

洛克从怒江返回丽江途中，到维登至中排（地名）澜沧江峡谷时，“进入了一个更深更可怕的峡谷，谷深流急，惊涛拍岸，人马行走在落差数百英尺的峭壁驿道上，胆战心惊。一匹骡马因受惊吓掉下去，即粉身碎骨，然后被翻腾的江水卷走。”（《洛克日记》）

除了峡谷的惊险，还有泥石流的惊险、沼泽地的惊险、土匪抢劫的惊险、深山老林迷路的惊险、野兽袭击的惊险、毒蚊毒蛇叮咬的惊险……

我们沿着洛克当年行走的路线，一路惊叹不已，惊魂不已。洛克行走的，实际上是一条生死路线。我们为洛克祷告，为他的生命祷告，为他的精神祷告。

——身临其境，我们实在很难相信洛克是历尽艰辛艰险一步步走出来的。他在云南与四川、西藏毗邻的茶马古道上行走了28年。

**补充的文字：**

**云南作家李旭在《藏客——茶马古道马帮生涯》前言里说，茶马古道以及行走在这条古驿道上的马帮，已“完全是一部只属于过去时代的传奇般的史诗。”**

**李旭“在大山大川里走了整整100天，把滇、藏、川大三角区域转了一圈”。“转了一圈”——李旭说得十分轻松，而这一“圈”，实际上是一次历尽风险，备尝艰辛的生死之旅。李旭说，“更重要的是，走那条路成了我认识人生道路以及它所包含的人生意义的方式。”**

**我深有同感。走那条路——那条不是路的路——确实会使人对生命及其意义的认识，产生一个“革命”性的思考。因为这个“思考”，我们无悔无怨地在云南及周边区域苦行了两年。**

据史书记载，忽必烈南征时确实到过无为寺，寺名也与其有关，但“神树”是否为忽必烈亲手所植，难以考证。我们信其“是”吧，信其是，简单明了，且可省了一些钻冰求火学者深入考证的精力和时间。

## 风月大理

洛克往返澜沧江、保山、怒江、龙陵、腾冲与丽江，必经大理。于是，藉《寻找天堂》再版之机，只身一人去了大理。2009年至2012年路过大理七八次，都未深入走进大理。

到大理的第二天，李璟律师和张永祥师傅，便到我下榻的上菜园院落客栈接我去无为寺。李璟说：佛祖保佑，你运气真好，大理久晴不雨数月，你来的前一两天，才普降了一场透湿的春雨，现在风清月朗，真是好天气。

我问李律师：第一站就去无为寺，可有玄机?

李璟说：有，为你洗尘。

我有些惊异，直到上至苍山兰峰，呼吸到清新、甘甜的空气，才蓦然心悟：这是用自然、生态之灵气为我洗尘。无为寺烟岚云岫，生态环境幽美，其纯净空气是红尘中吸吮不到的。

李璟律师和张师傅都是虔诚的佛教徒。我深谙他们的良善用心。

无为寺始建于唐代，明清时期又多次修缮扩建，占地广袤，环境优雅，深藏于深山密林、奇花异木中。

不知无为寺是否有“无为而无不为”的深邃意蕴?我想是有的。

无为寺大门前，有一株巨大的杉松，高大挺拔，葳蕤萧然，主持说是神树，甚而说是元世祖忽必烈亲手所植。

据史书记载，忽必烈南征时确实到过无为寺，寺名也与其有关，但“神树”是否为忽必烈亲手所植，难以考证。我们信其“是”吧，信其是，简单明了，且可省了一些钻冰求火学者深入考证的精力和时间。

寺的西北面，有一片裸露的坡地，叫“晒经坡”，传说是唐僧西行取经时，曾在这片可沐浴阳光的坡地上晒过被打湿的经文。我亦信其“传说”。

寺中还有一镇寺文物——玉磬碑，击之有金石之声，音韵悦耳……

无为寺前这株巨大杉松，传说是元世祖忽必烈亲手所植。

无为寺有许多传说，也有许多文物，但给我印象最深、感觉最好的，是寺里氤氲弥漫，滋润怡人的清鲜空气。此外，就是寺院别具一格的华美建筑和生态环境。寺院里有上百种奇花异卉，桂馨兰香，芳菲飘溢。

去了无为寺，张永祥师傅还驱车送我去了法真寺和观音塘。观音塘号“妙香古国第一寺”，寺内有千佛塔、九品莲池、观海楼、藏经楼等宏伟、瑰丽建筑，气势轩昂，彩绘璀璨，将文化、宗教、建筑与园林艺术完美融合为一体。

大理佛教寺院很多，仅我知道的就有佛图寺、万佛寺、中和寺、圣源寺、白云寺、崇圣寺、文殊院、弘圣寺、碧云禅寺等寺院。

大理寺院多，信佛的人也多。

李璟是从北方迁徙到大理的。李璟说她到过很多地方，但没有一个地方的民情民俗民风有大理这样本质、淳良、纯朴。

李璟对大理民情民俗民风的评价，对大理人的评价，令我想到一个可以去做的课题：宗教信仰与人性真善美的精神联结。宗教信仰是讲善心善德，心灵慈慧的，与人的美善品质相关；比如佛教讲真善美，基督教也讲真善美。

除了去寺院，李璟、张师傅还带我去了喜洲严家大院。

严家大院建造于1919年，系大理喜洲民族资本家严子珍所建，建筑面积3000余平方米，一砖一瓦一梁一柱一面照壁一道回廊，都是百年遗存，原质原味，本香本色，没有新编“古”事，没有新造“古”迹。大院自北而南，

“四合五天井”“三坊一照壁”毗邻相依，古朴典雅；其楼道、回廊、厅室及门窗镌刻与彩绘，构思奇异，工艺精湛，色泽绚丽，从艺术审美层面看，已达到相当水准。

宅院里最引人注意的是诗词、楹联、字画。珍爱、珍藏诗词、楹联、字画，首先要有文化意识、文化智慧；没有深挚的文化敬畏意识，是不会想到更不会刻意去珍爱、珍藏诗词字画的。那么，严家大院近一个世纪的“风流翰苑”，会不会与其文化底蕴有关呢？

半个多世纪前的大理洱海

从严家大院出来后，李璟才悄然告诉我：带

大理石艺术品，就是从这些“原始”粗砺的大理石中发掘、演绎出来的。

你去无为寺和严家大院，还有个“玄机”——洛克去过无为寺，也到过严家大院。

李璟见我惊诧，莞尔而笑。

我心领神会，双手合十，向李璟施礼。

在严家大院珍藏的文物中，我看见一幅横跨漾濞江川铁索桥的照片，倏地想起资料中记述洛克1928—1936年间，数十次走过这座通往澜沧江、怒江、龙川江的铁索桥。

李师傅或注意到我在严家大院时久久凝视那幅照片，便问：想不想去看看这座铁索桥？

洛克镜头里的大理观世堂

我问李师傅：铁索桥在哪里？距大理县城多远？

李师傅说：在漾濞彝族自治县境内，距大理县城一百多公里。

第二天早上7点，我们即驱车去漾濞。大约两小时后便到了漾濞县城。

出县城到铁索桥，有很长一段茶马古道遗址，步行一小时后，才看见那座横跨在湍急江流上的铁索桥。据当地居民说，六十多年来，桥已作了两三次修葺，已不是半个多世纪前那座简陋、萧条的铁索桥。

据桥头碑文记载：铁索桥系博南古道，是三通衢唯一幸存的古桥，名云龙桥，建于明成化年与明弘治年间（公元1488—1505年）。明大旅行家徐霞客于明崇祯十二年（公元1634年）行至漾濞，对其桥及山川河流作了生动记述。

通往云龙铁索桥的石板小道，是一条年代久远布满历史痕迹的古驿道，驿道两旁，也是一些年代久远的沧桑民居。听居住在铁索桥附近的两位长者说，他们见过洛克，并称赞洛克坚韧，再艰苦、危险的驿道，他都敢走，从不畏惧，从不怯步。听两位长者这样说，我脑海里幻化出洛克在中国西南古

大理三塔寺

纳西王国茶马古道上凛然行走的孤旅景象……

半个多世纪以来，过铁索桥者不计其数，但过后就了无痕迹，而流砂般的时光，却未湮没洛克——他以奉献给世界给人类的鸿篇巨制留下了深重的足迹。

从漾濞返回大理途中，张师傅专程带我去看了“汉诸葛武侯擒孟获处”。“擒孟获处”在一兀立险峻的山坡上，坡顶上有一幛红瓦白墙建筑，既像寺庙又非寺庙。旁边一汉白玉石碑上刻有“汉诸葛武侯擒孟获处”九个遒劲内敛的楷体字。管理者不在，但从窗户门缝看进去，有一些诸葛亮的文献、遗物。

从“擒孟获处”过峡谷天桥时，感到有凉风徐徐拂来，而下到半坡，则看见不少人用各种各样的器皿在接山泉水。张师傅说，这山泉是当年诸葛亮发现、开发供部队的专用水，清凉纯净，四季不涸。我就近对着竹筒水管饮了几口，果然润肺沁脾。

从无为寺的清新空气，到“擒孟获处”的清爽凉风，再到山坡下清滢的山泉水，及至苍山洱海的自然生态，令人深切体验到大理山水的丰润与灵气。李璟说到无为寺是为我洗尘，其实从苍山到洱海，从清碧溪三潭到蝴蝶

20世纪70年代的大理古城景象

泉，从圣源寺到苍山神祠，从大理古城到太和城遗址……都有被“洗尘”的感觉，既是身心洗尘，也是情绪、心理和精神洗尘。

这次独行大理，好天气一直眷顾着我，白天远行，如沐春风，晚上在古城散步，月明中天。大理与我，我与大理，都置身在清风明月中。天地自然泽惠了大理，亦泽惠了我。

在大理待了一周，看见、记述、拍摄的大理，当然不是大半个世纪前洛克看见、记述、拍摄的大理。洛克数百次在大理中转去保山、昆明、丽江，究竟还去过大理哪些地方，在何处投宿？均无详细资料记录。因此，大理之行，与其说是追寻洛克足迹，不如说是追寻洛克的生命意义与精神影像。

忽然，我从洛克从顾彼得从李霖灿从纷至沓来的旅行者的脚步声中，感觉到了玉龙雪山的魅力所在，那就是它的冰清、皎洁与原生态。旅行者千里万里闻讯而来，寻找的就是这种自然生态景象。

## 慕蓉划了个“十”字

本来是不考虑写这篇文章的，写它的人太多了，所以放不下它，是因为洛克在极度疲惫时看见玉龙雪山，竟会一下亢奋起来。以后，他又多次到过玉龙雪山，直到1962年在美国夏威夷的病榻上，还念念不忘玉龙雪山。是洛克对玉龙雪山的深情思念感动了我。

我们一行是8月下旬雨季过后上玉龙雪山的，向导还是木秀。木秀已成为我们此次追寻洛克足迹、追寻洛克精神的形象使者。

冰川

玉龙雪山是北半球纬度最低的一座有现代冰川分布的极高山，是以高山冰雪、高原草甸、原始森林、雪山水域合一著称于世的。玉龙雪山由大小13座山峰组成，平均海拔在4000米以上，主峰扇子陡海拔5596米，是云南第二高峰。玉龙雪山主峰终年积雪，山腰常有云雾缭绕，宛如一条条飘逸的玉龙。

当丽江大研古城导游张翊第一次带我到白沙乡雪嵩村去时，老远就看见了这条“玉龙”，我兴奋得大叫司机停车，请张翊连人带景为我拍下了几幅神奇的画面。令我惊奇不已的是，第二次途经玉龙雪山，又看见了这条“玉龙”。

木秀见我惊喜又若有所思的样子，便说：这是神山赐给你们的吉祥。

我连连点头。我相信。而过去，我是不相信的。信“神”也是一种精神文化、精神信仰；人为什么不能有精神文化、精神信仰呢？除了衣食住行、吃喝玩乐的物质生活，人是需要有精神生活和精神世界的。

——洛克六上玉龙雪山，不知是不是希望“神山”也给他一点精神和精神文化上的抚慰——洛克是常有孤独感的。

洛克镜头里的玉龙雪山白水河

玉龙雪山主峰扇子陡，在众山簇拥下拔地而起，呈扇面展开，像一尊身着银盔玉甲的武士昂首云天。由于扇子陡凌云绝顶，挺拔如斧削，至今仍是无人登顶的处女峰。

我们边走边看边听木秀讲解，从南到北，相继去了干海子、云杉坪和牦牛坪。这三处地方，因海拔差异，加上植物花卉丰茂，已形成多姿多彩的草甸牧场风光。

牦牛坪的冬天

洛克镜头里的玉龙雪山

白雪皑皑的玉龙雪山

干海了长4公里左右，宽约1.5公里，海拔2900米，原为高山冰蚀湖泊，后因积水减少乃至干涸，演变成为“干海子”。干海子清旷辽阔，森林环萦，绿草茵茵，是旅行者观看玉龙雪山主峰的最佳位置。

云杉坪是深藏在玉龙雪山东麓的一片林间草坪，面积约1平方公里，海拔3000多米，雪山背衬，云杉环绕，显得幽静、神秘。云杉坪、牦牛坪是传说中的纳西族男女青年殉情之地。

牦牛坪位于黑水河北岸，面积5.8平方公里，海拔3700米，地势平坦开阔，坪内芳草萋萋，生机盎然，风光旖旎。

看见走在前面兴致勃勃、神采飞扬的尧宇一行，倏然想，当年洛克是不是也有这样一种状态呢?

没有时间去查阅洛克关于玉龙雪山的日记，但却看到原台湾“故宫博物院”院长、画家、散文家李霖灿在《神游玉龙山》中的几行文字：“这是我一生中所见的令我最惊叹的雪山。她太美了，美得冰清玉洁。玉龙山使我们感到皎洁，却丝毫不使我们感到寒冷……”

半个多世纪前与洛克同在丽江的俄罗斯学者顾彼得，在他的《被遗忘的王国》里说：“人们一直在寻找一个魂牵梦萦的地方，寻找心中的‘香格里拉’，这个地方，这个‘香格里拉’，就是丽江，就是玉龙雪山。”

从洛克从顾彼得从李霖灿从千万纷至沓来的旅行者脚步声中，我感觉到玉龙雪山的魅力所在，那就是它的冰清、皎洁与原生态。旅行者千里万里闻讯而来，寻找的就是这种自然生态景象。只要走近干海子，走近云杉坪，走近牦牛坪，我们就能体验到生态与生命灵动的气息。

我第一次看见，慕蓉在胸前划了一个“十”字。

月色下的玉龙雪山

洛克一生充满了艰辛、神秘和传奇，却为中国为美国为世界留下了《中国西南古纳西王国》《纳西语—英语百科辞典》《纳西人的生活与文化》等数百万字的社科巨著。他的艰辛、神秘和传奇是令人泫然欲泣的，充满了史诗般的光芒。

## 寻找洛克“儿子”

追寻约瑟夫·洛克，实际上是追寻他半个多世纪前在云南在丽江在三江并流区域近28年的传奇经历以及他为人类留下的科学探索精神。

最先给我介绍洛克的，是丽江大研古城导游张翊，其次是洛克自己的著作——《中国西南古纳西王国》《纳西人的历史与文化》。

洛克在丽江地区的主要居所，是玉龙雪山下的雪嵩村，纳西人叫巫鲁肯村（意为银山下的村子）。据说这个村子是纳西族人最早的聚居地之一。

我在阅读有关雪嵩村的资料时，得到的印象是，这是个很美丽的村子，“原始古朴，雪松苍郁，流水环绕，鸟语花香。”而张翊带我到这个村子时，并不像资料所描述的那么美丽，那么神秘，与生态环境形成鲜明对比的，是村民和村落的贫困景象。

当雪嵩村玉柱擎天风景区黄老板赞不绝口夸耀雪嵩村怎么怎么保护了百年不变的村落时，我心里感觉到的是一种说不出的苦涩。“百年不变”，完全是一个消极、被“绑架”的现象，而不是谁刻意去“保护”的。把贫穷与落后，当作一种“原始古朴”的人文自然景观呈现给旅行者，尤其是呈现给国外旅行者，这种心态是十分丑陋和残酷的。这座历尽百年沧桑而没有什么显著变化的村落的唯一意义，是让我们更真实地看到了半个多世纪前洛克生活、工作的生态环境及其艰苦状况。

——我并不希望为了这个唯一的意义，而让雪嵩村和雪嵩村的纳西族人维持其百年不变的“原始”状态。

洛克旧居相对于其他纳西人的居所条件要好一些，但仍然十分简陋，尤

洛克镜头下的金龙桥

其是他的卧室兼工作室，寒碜得令人难以置信：光线黯淡的房间里，只有一张单人床、一张简易书桌、一个炭火盆以及墙角两个陈旧的箱子。洛克竟在这样的生存环境和生活条件下，艰苦卓绝地生活、工作了近20年（其中几年是在昆明、夏威夷和大研镇）。如果没有一种精神意志、价值取向和情感力量的支持，恐怕是很难坚持下去的。

洛克是奥地利人，1913年加入美国籍，1921年2月到中国，由云南思茅入境辗转到丽江，主要从事植物与地质研究。1926年始，洛克转入对云南纳西族历史与文化的研究。1949年8月，洛克乘专机离开中国。1962年12月5日，洛克病逝于美国夏威夷，享年79岁。洛克回美国后，一直期盼再到中国，但因种种原因，尤其因政治原因，终于梦断太平洋。

洛克一生充满了艰辛、神秘和传奇，却为中国为世界留下了《中国西南古纳西王国》《纳西语—英语百科辞典》《纳西人的历史与文化》等数百万字的社科巨著。他的艰辛、神秘和传奇是令人泫然欲泣的，充满了史诗般的光芒。

雪嵩村的几位长者，为我介绍了半个多世纪前洛克在雪嵩村生活、工作的情形，印象最深刻的，是洛克披荆斩棘，坚韧不拔的探险、探索精神和纵横捭阖的协调能力。洛克的探险、探索精神，是通过他的科研成果闪耀出来的；洛克的协调能力，是通过他与土司、喇嘛，以及纳西人、藏羌人、摩梭人、彝族人、傈僳族人、怒族人和独龙族人和睦相处显示出来的。一个外国

洛福寿（李近武）和弟弟李近光兄弟俩相貌神态迥异

人，人地生疏，语言不通，没有处人处事的睿智和协调能力，是不可能在异国他乡从容生活了二十几年的。

在我力所能及找到的资料中，几乎没有关于洛克感情生活的记录，但在私下里，却不止一次听说洛克在丽江有一私生子——他的儿子。

第一次到雪嵩村时，玉柱擎天风景区的黄老板就当着我和张翊的面说：他有关于洛克感情生活的“第一手资料”。但他不肯给我。他说他掌握的“关于洛克感情生活的资料”鲜为人知，价值连城。

直到我第三次到雪嵩村，拖着疲惫的身体给原洛克居所邻居带去两个旅行袋衣物时，他们才因感动而默认，洛克确实有一个私生子。当一位长髯飘逸，眉目慈善的长者笑指我看那个60多岁的纳西人时，我大吃一惊：这个人从身高到体型到相貌，太像照片上的洛克了。

——那个纳西人叫李近武，洛克给他起名洛福寿。

回大研古城路上，我一直在思考一个问题：如果洛克确实有一个儿子（私生子）在丽江，为什么不能公开呢？公开又会有什么影响呢？看到雪嵩村那副“百年不变”的贫困景象，从内心说，我是很希望公开的，公开它，于洛克不过是增加了一些鲜为人知的“隐私”，而于雪嵩村，于雪嵩村那个酷似洛克的贫穷纳西人，则可能会因此带来一个有希望的转机——洛克在雪嵩村的传奇经历，抑或是吸引旅行者的历史人文资源。

不管洛克的感情生活是贫困的还是非贫困的，是清晰的还是非清晰的，我都倾向于后者，后者才符合人性的本色本性，才符合人类正常的心理与生理特征。我不希望为了一些非人性的、传统的以及意识形态的理由，用极端的观念，把洛克神化为一个无情无欲的“正人君子”。

据洛克在美国和奥地利亲友在洛克逝世后传递过来的信息说：洛克并不是完全没有感情生活的，他的感情生活与他的精神生活一样丰富，只是慑于中国传统力量的压力，不张扬罢了。

我之所以要四次、五次千里迢迢地去云南寻访洛克的传奇经历，除了想去寻找他献身于事业的卓越精神，另一个原因，就是冲了他神秘的感情生活去的。我要寻访要写的洛克，是一个具有完整生命意义的洛克，而不是一个只纯粹追求事业的精神苦行者。从我采集到的大量资料来看，洛克也不是完全没有感情生活的。我在给云南、丽江新闻文化界几位朋友的信中说：“即使洛克有个私生子在丽江，也是完全符合人性、符合生活逻辑的。”

洛克是传奇的，同时也是神秘、丰富的，正是他近乎于孤独的神秘传奇，才引起了人们对他的更多关注。

第三次从雪嵩村回来时，慕蓉曾问我：你这样不死心地要了解洛克的感情生活，究竟是出于好奇、出于写作需要？还是想对洛克进行深入研究？如果是好奇，我看到此为止好了；如果是研究，你会失败的。

洛克70多年前在雪嵩村的居室

我睁大眼睛看慕蓉。

慕蓉说：到目前为止，你掌握的情况都只是感觉上的和分析判断上的，没有更多的文字依据，黄老板说他掌握的资料“价值连城”，你买不起。因此，你的资料是很有限很单薄的，根本无法提供研究与写作。

——慕蓉的意见很中肯。

我长长叹了口气。就在那一刻，我放弃了原本想以洛克在中国的传奇经历写一部小说的打算。

2007年6月，藉送《寻找天堂》（第一稿）到云南、丽江征求意见的机会，我再次去雪嵩村看望了洛克的“干儿子”（洛克私生子）洛福寿（李近武）。

——我已经是第五次去看他了。

当洛福寿送我到村口将分手时，我终于鼓起勇气问他：能不能告诉我，你究竟是不是洛克的儿子？

洛福寿愣了一下，认真看着我，没有言语。

我相信你会诚实告诉我的。我也认真看着洛福寿。

洛福寿终于说：是的。洛克与我妈妈生了两个儿子，一个是洛福世，一个是我。洛福世是老大，很早就去世了。

你怎么知道的？我平静地追问。

母亲临死前告诉我的。母亲叮嘱我不能讲出去。

那你为什么还是告诉了我？

你已经来了5次。你看得起我，看得起我们。

我能不能把这事写进书里去？我问洛福寿。

洛福寿犹豫一下说：可以。我都已经这把年纪了，还怕什么。

我知道洛福寿“怕什么”的意思。

看到洛福寿贫穷的样子，我把手伸进衣袋，准备拿200元钱给他。正当我触摸到钱时，一个闪电般的意识，又让我松开了手。我决定两年后再去雪嵩村。

离开丽江前，和向春先生又送了一幅他用东巴象形文字与汉语言文字精致组合的篆书“心泰神宁”给我。他深谙我会喜欢这幅字。这四个字，苍劲朴茂，内涵丰盈，情谊深长，洋溢着心灵与自然神韵。

这幅字，是我在云南认识的第一个纳西人送给我的。

## 祝福纳西人

当洛克在泸沽湖黑瓦吾岛上看见古代纳西人由昌盛到衰落的印记时，他陷入了沉思：“在这个岛上，还看得见纳西人首领木天王住过的房子遗址，如今房子的残垣断壁上长满了青苔，昔日的荣耀已风流云散。他们的后裔，也像这半岛的衰弱一样，已完全没有了他们祖先所具有的那种尚武精神的光辉。”（洛克：《中国西南古纳西王国》）

洛克半个多世纪前的观察与结论，与我们在云南对一些边远、落后、贫困地区纳西人的观察与结论，有惊人的相似，区别只是形式与程度不同。这个观察与结论，是我们跨越万水千山，走过荒原雪域获得的——我们走进了那片自然、神秘与苦难交织的土地。

而生活在大研古城的纳西人，则给了我们完全不同的印象。

我最先认识的纳西人，是丽江大研古城“友石斋”书画廊的书法、篆刻家和向春先生，是昆明的艳华、艳梅姐妹介绍我们认识的。

一眼看去，和向春先生就是一个真诚、朴实，注重人格与品质修养的人。看了他的书法、篆刻作品，我惊叹不已。而他却说：对我来说，探索与习作书法、篆刻，只是一种乐趣，一种精神寄托，一种人生的丰富。经过50多年岁月的执著追求与艰苦磨砺，向春先生毛颖、刻刀下的作品，都达到了相当水准，尤其是篆书，更是功力深厚，出神入化。我问他：为什么这样厚爱篆书？他说：篆书在我国书法艺术发展史上，具有较高的历史地位和艺术价值，是其他书体无法比拟、无法取代的，比如龟甲、兽骨、竹木简、帛、青铜器等载体上的篆书。这些篆书，对于研究历史、研究文化，对于书法学习与创作，都极有参考价值。

和向春的书法、篆刻作品，将东巴象形文字与中华汉字糅合为一体，结构严谨，笔力遒劲，气韵生动，已形成自己独异的风格。

我认识一些书法、篆刻家，极不轻易开口向他们“请”作品，而我向和向春先生“请”了。

我请和向春先生写的字是苏轼的《念奴娇·赤壁怀古》，长达120余字。因为约好去取字的时间我还未从雪嵩村赶回来，他先后两次亲自把字送到我在大研古城下榻的“谈世乐”客栈。这幅气势磅礴，神采飞扬，形如惊涛的篆书，整整凝聚了他两三天的心血。告辞时，凝视着渐行渐远

洛克80年前拍的纳西族武士

洛克80年前拍的纳西族男人

雪嵩村的几位纳西族长者

消失在通往木府官院巷石板路上的和向春先生，我的眼睛湿了。

和向春先生，1.75米的个子，温和中内敛执著与坚毅。这是我第一次到丽江时认识的第一个纳西人。第三次到丽江见到向春先生，他已给了我一个深刻印象：他与他的字，有某种形、神上的联系——自然淳朴，豪迈大气。从和向春身上，我看见了纳西人“尚武”精神在现代生活中的传承与彰显。

除了和向春，我还认识了宣科、和士秀、和志刚等纳西族文化名人。

另外认识的纳西人，是洛克半个多世纪前在雪嵩村的邻居后代和见过洛克的几位长者。

几位长者，都是1.7米左右的个子，言谈机智、含蓄，涉及敏感问题，笑而不语。这是几位饱经岁月沧桑磨砺的老人，磨砺得身心都是经验和幽默。从他们身上，我看见了纳西人内蕴的睿智与风采。

与这几位长者形成反差的是洛克原居所邻居的后代——两个纳西族男人，一个是洛克的“干儿子”洛福寿，一个是他的弟弟李近光。他们单纯、憨厚，乃至单纯、憨厚得一旦对你信任了，便把心都掏给你。当我第三次到雪嵩村并给那两个纳西族男人家里带去两旅行袋衣物时，他们感动了，便把关于洛克的一些鲜为人知的事情告诉了我。这些事情，在我阅读过的一尺多高的资料里，几乎没有记述。

纳西族主要聚居在金沙江流域，其中丽江地区占的比例最大，约有20余万人。我们去过的鸣音、宝山、拉伯、宁蒗、永宁、永胜、鲁甸等地区，也是纳西人的聚居地。这些地区的纳西男人，都有一些共同特征：粗犷、豪放、单纯、质朴，甚至单纯、质朴得与日益复杂、丰富的现代社会生活有些不适应了。

纳西族服饰

我们在雪嵩村看见的贫困景象，在其他边远地区也有所见，有的极贫地区，甚至还不如雪嵩村。看到这些景象，就会想起洛克六十多年前关于纳西族“衰落”的感叹。纳西族的衰落，当然不是整体上的衰落，而是局部衰落和区域性衰落，是相对于社会演进速度、维度的衰落。衰落的原因，有经济、政治和文化上的，但主要是交通和教育上的。后者严重制约了前者的发展。

我们在永宁、拉伯、巨甸等偏远地区为儿童拍照时，有的儿童第一个反应，就是去把红领巾找来带上。看到这种情景，我很难理解，儿童们迫切需要的，是求知、求真，是实实在在的知识启蒙和心灵道德启蒙，而非什么形式。这种“主流意识形态”已持续了六十多年……

地理位置的偏僻，交通条件的落后，使相当一些纳西人居住地区，陷于一种被贫困囚禁的状态。

我们在宁蒗县大兴镇牛马集市上，看见两个纳西汉子与一个汉族人做马生意，纳西人衣着简朴，紫外线印染的黝黑脸膛上，透现出纯朴、刚毅、坦诚，汉人则显得诡谲。纳西人与那汉人谈妥价格后，就表示要一手放马一手收钱，而汉人又绕着马走了一圈，拍拍马屁股，摸摸马脖子，又找了个借口要砍价，纳西汉子听他说得似乎有理，同意了，一下少要了150元。

——同为汉人，我对这个奸商似的汉人嗤之以鼻。

离开丽江前，向春先生又送了一幅他用东巴象形文字与汉语言文字精致组合的篆书“心泰神宁”给我。他深谙我会喜欢这幅字。这四个字，苍劲朴茂，内涵丰盈，情谊深长，漾溢着心灵与自然神韵。

这幅字，是我在云南认识的第一个纳西族人送给我的。

那天晚上，月亮突破云层在幽蓝的天空升起来。我希望这是一个象征，一个纳西人吉祥、好运的象征。

一个月后，我们走近了木里。在走出云南境界前，我忽然于冥冥中看见了和树菊那对为命运祈祷的眼睛。那是纳西女人的眼睛。那对眼睛一直盯着我，盯着苍茫的天空……

## 雨鬓风鬟的纳西女人

纳西女人，属于那种一见就难忘的女人，她们大多身材修长，轮廓分明，形态端庄。纳西女人的美，是一种不施粉黛，呈现自然灵气的美。与此不协调的，是她们艰辛的生活，尤其是她们艰辛的精神命运——好在受教育程度局限，她们没有冷静、理性地去思考这些问题。

我见到的纳西女人，几乎都给人一种坚韧不拔又身心疲惫的感觉，但眼神里，却显而易见表达出对改善生存状态、改善命运的渴望。

因为这种渴望，一位纳西女人勇敢地伸出诉求之手，拉住了我的衣衫……

### 希　望

2006年 9月13日，当我们一行即将离开雪嵩村时，洛克“干儿子”李近武（洛福寿）的弟媳和树菊，一把抓住已走近大门的我：王老师，你回来，我有重要的事告诉你。

这个49岁，身高1.66米，皮肤黝黑，满脸憔悴与苦难的纳西女人，非常意外地为我证实了一些关于洛克感情生活的传闻。

她说，李近光（李近武弟弟、和树菊丈夫）的妈妈病重时说：李近武是洛克的儿子，洛福寿是洛克给他起的名字。洛克在雪嵩村的时候，李近武的妈妈和润秀经常给他做饭、洗衣服，天长日久，感情就深了。李近武的妈妈就住在洛克隔壁。洛克也经常送些生活用品和药品给李近武的妈妈。家里有人生病了，洛克马上就过来看。李近武妈妈家里做了什么好吃的，也给洛克

洛克镜头里雪嵩村的纳西族妇女

送过去。洛克1949年8月走以前，来看李近武妈妈时说：雪嵩村是我的家乡，我还会回来的；要是我回不来，也会叫人来看你和洛福寿、洛福世。洛克走的时候，送了一对手镯和其他一些珍贵的东西给李近武妈妈。土改划成分时，因为和洛克的亲近关系，李近武妈妈被划为地主，洛克送的手镯和一些东西，也被没收了。洛克走（离开中国）以后，李近武妈妈常念起洛克，洛克也传来消息，很想回丽江，想来看看李近武妈妈和洛福寿、洛福世……

我不知道这个纳西女人究竟是基于什么考虑，告诉了我这些被认为是“绝对秘闻”的事情，尽管我此前询问过她。

我问她：为什么还是告诉了我呢?

她说：别人拍了照一走就不再寄照片来，你次次都寄来，还从贵州给我们带来这么多衣服。你是个好人。

我问：还有其他原因吗?

她说：你好像很想知道这些事情。李近武的妈妈与洛克的关系，洛福寿是洛克的儿子，村里上了年纪的人都知道，但从土改时就有干部打了招呼，不准乱说，谁说了就处分谁，所以谁也不敢说，直到现在也没人敢说。

她最后说：我们太穷了，太让人看不起，反正都到了这一步。

和树菊说这些话的时候，李近武和李近光都先后过来站在旁边，一言不语。他们兄弟二人，好像是受过什么刺激，显得有些木讷。

我非常理解和树菊，理解她的心态，理解她内心深处的愿望。这段情节所以写出来并让其公开出版，是想以一种特殊的方式，帮助和树菊，帮助李近武，帮助雪嵩村的纳西人了一个心愿——改善贫困状态，改善他们的命运。

与和树菊告辞的时候，我看见这个纳西女人眼里浸溢出泪水。她显然对《寻找天堂》可能产生的影响寄予了过高的期望。

纳西族妇女服饰

回到大研镇后，我一直想：仅靠一本书就能改善和树菊、改善雪嵩村人的命运吗？这是个很悬、很沉重、很不可思议的问题，除非这本书有大面积的覆盖，造成一种氛围，一种冲击波，使雪嵩村成为一个国内外旅行者关注的“热点”，凭借这个“热点”，带动相关产业的发展。这种希望，当然存在于可能与不可能之间。

——从内心说，我是不想让洛福寿、和树菊和雪嵩村的父老乡亲失望的。我很想以一种特殊的形式，为他们提供一点力所能及的帮助。

## 命　运

纳西族作家夫巴在他的《马蹄踏出的辉煌》里说：“当纳西民族在清朝统治者压迫、改造下变得没有血性，没有激情，没有斗志，甚至忘记了传统，忘记了历史的时候，唯有女人——那些在男人中间敢于挺身而出的纳西女人，表现出宁折不弯、宁死不屈的英雄气概。”

洛克在《中国西南古纳西王国》中也写道：“纳西族妇女通常很强悍，

她们有坚强的精神，她们处理劳务和生意，同时还要酿酒和缝制衣服，她们比男人有进攻性和主动性。她们的皮肤比汉人的要黑，呈深棕色，头发常常是梳理得直直的光光滑滑的。她们鼓励自己的男人闲游闯荡，像个男人，像个武士。她们自信、果敢甚至不怕死；她们是当家人，是家庭生活的主要支柱。男子表面上享有特权，但在家庭生活中无足轻重。”

洛克对20世纪20年代至40年代纳西族妇女的评价是比较高的，但40年代中后期，他认为纳西族妇女与纳西族一样，渐渐衰落了。洛克对纳西族和纳西族妇女的衰落，没有做理论上的深入分析，倒是顾彼得朦朦胧胧地认为，“可能有政治上的原因。”（《被遗忘的王国》）

政治上的原因是不言而喻的，但微观地看，还有交通、教育、文化、经济等方面的原因。从二十世纪上半世纪大社会背景看，各种政治势力、地方势力对权力和地域的倾轧争夺，也给社会进步与发展，造成了极大的负面影响。作为少数民族的纳西族，必然会在这种非常态历史大环境中衰落下去。纳西族整体衰落了，纳西妇女当然也身置其中。这次衰落，竟使纳西族在半个世纪里没有完全振奋起来。

我们在永胜县和宁蒗县的树底、松坪、腊木河、沙力、玉鹿和丽江自治县境内的大东、白水、鸣音等地区看见的纳西族妇女，与雪嵩村的和树菊，就有很多相似的地方，比如贫穷、文化程度低、疲惫憔悴、眼神里蕴含着苦难与希望。

在去蓝月亮山谷路上，我们遇见几个背着柴禾的纳西族妇女，沉重的柴禾，压得她们一路悄然无声。当我们与她们擦肩而过时，忽然反应过来，为什么不拍下这幅真实、生动的照片呢？尧宇又倒回去追赶她们，拍下了几张难得的照片。这几张照片，是纳西族妇女生活、劳作的写照。照片上几个纳西族妇女的丰富表情，既涵盖了生活的艰辛，也涵盖了对生活的希望。她们的人生，就雨鬓风鬟地苦行在这两者之间。

两个月后，我们走近了木里。走出云南境界前，我忽然于冥冥中看见了和树菊那对为命运祈祷的眼睛。那是纳西女人的眼睛。那对眼睛一直盯着我，盯着苍茫的天空。

——那对眼睛对我完成《寻找天堂》，有一种苦涩的推动力。

纳西人对“玉龙第三国”的向往，是因为他们在现实生活中没有这样一个理想王国。他们在精神上需要这样一个王国。他们企望能进入这样一个王国。于是，东巴教设计了这样一个王国。因为这只是一个梦幻的、抽象的精神王国，所以“殉情”者走进了这个天堂之门构建的地狱。

## 天堂里的“地狱”

1923年6月，洛克亲眼在雪嵩村目睹过4对纳西族青年男女殉情的场面。他说，“那个场面太震撼人了。我为此几个晚上都未睡好。”

洛克在一年一度的纳西族火把节后，先后两次到过云杉坪。这个草坪，是纳西人崇拜的爱神格土西卦的栖息地，也是纳西族第一对殉情男女开美和祖古情死的地方。

云杉坪深藏在玉龙雪山东麓一块林地间，面积约1平方公里，海拔3000多米，是块椭圆形草坪，四周是浓密的云杉树、橡树、枞树，坪内绿草如茵，草丛间还生长着虫草、野牡丹、龙胆草、百合花等名贵花卉和药材。山岩间和树林里，还有羚羊、雪羊、麂子、獐子等动物。云杉坪神奇秀美，鸟语花香。洛克到云杉坪后，竟兴奋得接连拍摄了好几个胶卷。

农历6月25日至27日，是纳西族每年一次的火把节，洛克参加了在雪嵩村举行的火把节。火把节主要是青年男女的节日。火把节以村寨为单位，各村寨的青年男女，相约到火把节活动场地，白天斗牛、摔跤，晚上点燃火把，播撒松香，唱歌跳舞，肆意狂欢。如林的火把，将村寨照耀得璀璨辉煌。在火把节里，鬼也纷纷从阴间出来，如热恋中的男女以死殉情，鬼就会把他们引渡到“玉龙第三国”去。

洛克参加火把节的那天晚上，突然有4对青年男女失踪了，他们的父母闻讯后，惊恐万状，悲恸的哭叫声，惊醒了夜空。村民们听到哭叫声，便蜂拥而出，上山寻找失踪的青年男女。洛克也跟去了。在云杉坪找到那4对男女时，他们已吊死在殉情树上。殉情者生怕两人死后分开，用红丝线把两人的衣服紧

纳西族的三朵节

紧缝联在一起，用绳子把两人的手紧紧拴在一起。死者安详地闭着眼睛。撕碎的五彩纸片，像蝴蝶一样，在山风吹拂下漫山遍野地飘飞。砸破的酒坛、酒碗，狼藉地撒满一地。几床印花床单、小竹篮等生活物品搁放在殉情树下。一只被砸破的酒坛破片里，还残留着黑色的草乌毒根。显然，这四对殉情者是先服毒酒后，才双双吊死在殉情树上的。村民们为死者作了凭吊仪式后，便七手八脚挖了一个大坑，将8具殉情者的尸体合葬在一起。据说如此安葬，是为了成全殉情者以死相求“生不能成一家，死后共住一穴”的夙愿。

8个殉情者的平均年龄还不到20岁。洛克震惊不已。

洛克不明白他们因何要以生命去求死。据洛克了解，他们的父母对他们并无压力，村民对他们也无压力。与洛克同在丽江的俄国学者顾彼得在他的《被遗忘的王国》里说：“相当一些纳西族家庭，都有一两个殉情死去的。这种宗教文化，使人费解。”

1924年3月9日下午，洛克正在整理从金沙江流域采集回来的植物标本，忽然听见从村头传来断断续续打击鼓锣的声音，问助手，才知道是东巴祭司在祭祀去年火把节里殉情的死者，他们要把情死者的灵魂，超度到“玉龙第三国”极乐世界里去。

纳西族的东巴教仪式

洛克放下手里的工作，便向村头走去。在村头一块坪场上，竖立了两棵丈二高的杜松木和一棵白桦木，三棵祭木梢头，留有枝叶，系有麻线，线上沾贴着五色彩纸小旗；两棵杜松之间，系有一根麻线，线上挂着彩纸剪裁的纸衣、纸裤、纸鞋，还挂有笛子、口弦、镜子、梳子等男女生活物品。在白桦祭木上，系有一根用稻草搓制的草绳，一头系着杜松，一头系在一棵象征通往“玉龙第三国”的树木上。绳上坐着4男4女8个纸做的具像。坪场上铺着两床羊毛毡，六位东巴祭司端坐在毡子上，穿着法衣，戴着五佛冠，神色肃穆，有的敲击法鼓，有的摇摆扁铃……大东巴祭司手捧一本被烟火熏黄的写满象形符号的东巴经书，念念有词，东巴祭司们则压低声音，用充满凭吊与送别的哀婉声音，吟诵着东巴经书。

不知洛克看到这个场面会有何感想？这是洛克到丽江的第二年，他对纳西文化和东巴教还知之甚微。他只感到“心在抖动，在颤栗”。他为这种祭祀活动感到悲哀。他认为东巴教间接鼓励了青年男女去“殉情”，是对生命的漠视。他萌生了探索纳西文化和东巴教的愿望。他不想与东巴祭司们争论，只想弄清楚东巴教的理念与本质。他请丽江大东巴祭司和诚做了他的读经人。

洛克在玉龙雪山下

我们一行到云杉坪时，已看不到那三棵殉情树。木秀说，早已被砍掉了。我于平静中惊诧了一下：洛克非理性的预言应验了——东巴教终于走到了尽头。

——它的最后湮没，是与人类文明冲突的必然结果。

也许是“殉情”对洛克震动太大，洛克决定撰写关于纳西人殉情的文章，但在写作上遭遇了困难。殉情不是简单、孤立的现象。殉情关联到纳西族历史、文化与宗教；殉情与祭风活动，还有精神上、逻辑上的联系。因此，洛克不惜重金，聘请和诚祭司为他专门组织了一次祭风道场仪式。

祭风仪式是在雪嵩村举行的，地点是村庙前一块场坝上。道场主持人是和诚大东巴祭司。参仪东巴祭司五人，举仪时间三天，行仪按传统道场形式进行。

洛克对祭风仪式中的每一个程序，都做了详细的拍摄与文字记录。

洛克对祭风道场仪式做了如下记录：“这些殉情者死后则变成风中精灵，使人禁不住想起但丁笔下的保罗和弗朗西斯卡，他们的幽灵，也在轻盈地随风飘荡。”（美国《国家地理》杂志1924年第46卷）。洛克还认为，纳西族青年是“堕入了寻求理想乐土的殉情情网。”

祭风仪式一是在感观上震撼了洛克，二是在灵魂深处引起了他的共鸣。从洛克后来对殉情与祭风的认识与评价上看，几乎是持肯定态度的。他在给美国《国家地理》杂志的文章中说：“纳西人创造了一个没有苍蝇和毒蛇，没有忧愁和泪水，春神和爱神常驻的玉龙第三国，而这个理想乐土，比中国的“桃花源”更富有奇幻情调，比西方的伊甸园更有浪漫色彩。”

显然，洛克在精神上也堕入了寻求“玉龙第三国”的“殉情情网”。有一段时间，洛克在情感、精神上异常孤独，甚至想到过自杀。洛克在二战前，是个非理性的理想主义者。

其实，纳西人对“玉龙第三国”的向往，是因为他们的现实生活中没有这样一个理想王国。他们在精神上、感情上需要这样一个王国。他们企望能进入这样一个王国。于是，东巴教根据其愿望设计了这样一个王国。因为这只是一个抽象、梦幻的精神王国，所以殉情者走进了这个天堂之门构建的“地狱”。

当我三次四次走进雪嵩村看到那副“百年不变”的贫困、沧桑景象时，我有些理解了纳西人，理解了东巴教产生的真正背景原因。东巴教的原生愿望是善良的，只是它的文化认识程度太浅仄了。

石鼓不仅有长江的雄阔和浩然大气，也有江南的清雅和妩媚秀气……

离开石鼓时，忽然下起一阵小雨，回望烟雨空蒙的石鼓镇，我忽然想起洛克在石鼓寻找“石人”那段经历，走出老远了，步履还沉甸甸的。

# 石鼓与“石人”

当我们到长江第一湾时，完全被它风姿绰约、神奇秀丽的景象吸引了：江流平缓，两岸柳林如带，山峦绵延环抱，田畴沃野与村落瓦舍毗邻相依，不仅有长江的雄阔和浩然大气，也有江南的清雅和妩媚秀气。

## 鲜为人知的“史料”

木秀为我们介绍了一位她在石鼓的亲戚——木源。木源也是丽江木府土司的后裔。木秀说：我这位亲戚是做文化的，对历史也有研究，有什么问题，你们尽管咨询。

木源60多岁，纳西人，约1.75米的个子，瘦削，精神矍铄，举止大度，精力充沛。他把我们一行带到一幢楼顶，一个观察和拍摄长江第一湾的最佳位置。

清晨的金沙江

沐浴在楼顶的阳光里，木源先生为我们详细介绍了石鼓的由来：

石鼓镇是因明代嘉靖二十七年（1548年）丽江土知府刻制的鼓形汉白玉碑碣而得名。纳西语称石鼓为“剌巴”，为藏语

石鼓寻宝地

“罗婆”之转借词，喻神川之意。石鼓镇距丽江古城50公里，是元代茶罕章管民官和丽江路宣抚司的最早驻地，是古代南下大理，北进青藏的要津，是连接虎跳峡、老君山、巨甸、塔城和奔子栏的枢纽，是明、清乃至民国时期马帮进出三江流域茶马古道的重要驿站。

因为木秀的关系，木源先生为我们披露了两条鲜为人知的“史料”。一是关于石鼓的刻制时间与设置者，他认为还有一种可能是公元220年，诸葛亮率军渡过金沙江后刻制的；二是洛克在石鼓镇听说木天王死前将他所有的宝物藏在石鼓，并留下一首藏宝于石鼓的诗（石人对石鼓/金银万万五/谁能猜得破/买下丽江府）。为获得这批宝物，洛克亲率助手，多次往返石鼓寻找，甚至不惜花费精力和时间，在江中和沿江两岸遍寻石人。

这两条“史料”对我触动很大。诸葛亮是我非常崇拜的一位杰出历史人物。从感情上，我倾向这个石鼓是诸葛亮获胜后以志纪念刻制设置的。而洛克多次到石鼓寻找“石人”，则让我在他的灵魂深处看到一抹阴翳。

——洛克没有寻找到“石人”，却留下了贪财的欲望。

## 慕蓉怎么了?

木源先生为我们安排了一次“寻找石人”活动，让我们沿着洛克寻找“石人”的线路，从石鼓溯江而上，来回往返了约七八公里。

石鼓与迪庆交界一段的金沙江两岸，是横断山脉绵延不断的崇山峻岭，巍峨峥嵘，苍翠蓊茂，时有泉水从山涧奔泻而下，诗一般注入江流。

两岸峡谷浩然开阔，却十分幽静，只听见木桨吃水的声音和尧宇、天卉、慕蓉拍照的声音。

我尽情享受大自然赐予的绝美风光。这种风光动人心旌，激扬人的创作欲望。

洛克镜头下的金沙江

天卉来自湖北，见过滚滚长江和辽阔的江汉平原，却没见过这样山水融合的旖旎风光。

返回石鼓水域时，两位划船的纳西族青年，将船划向一处面积不小的沙滩。说是沙滩，其实全是大大小小形状奇异色彩斑斓的鹅卵石。因为船距沙滩还有些距离就搁浅了，两位纳西族青年，便不分男女，将我们一个个背到沙滩上去。在他们身上，我感觉到一种强壮的荷尔蒙雄性力量和生命的温暖气息。这种漾溢着山野之气的强壮身体，在充满娇逸、庸闲的城市里，是很难看到和感觉得到的。

就在尧宇、天卉忙于拍照，木秀兴致勃勃挑选鹅卵石时，我不经意注意到慕蓉正目不转睛看着其中一个纳西青年。他在慕蓉视线不远的地方，赤裸着上身，神情专注地帮我们挑拣鹅卵石，古铜色的皮肤，强健的体形，自然的姿势，给人一种强烈的生命与人体美刺激。

慕蓉没有给他拍照——相机挂在她胸前。

我这才认真看了看慕蓉，1.65米左右的均匀身材，皮肤白皙，眉宇清秀，穿一身薄如蝉翼的蓝色连衣裙。

也许木秀也注意到了这个“情节”，她在回石鼓的船上，给我们讲了一

石鼓金沙江流段

个“打勒阿撒咪”故事：

一个叫阿撒咪的纳西姑娘，骑骡远嫁，因回头眷恋石鼓，忽然被一阵狂风卷贴到江对岸石崖上，至今还在那里深情眺望自己的家园……

木秀说完，笑指我们看那座山崖，山崖上，果然有一少女若隐若现的影像。

不管木秀讲这个故事是不是有潜在的意思，石鼓都是让人流连缱绻的。

辞别石鼓时，天空忽然下起一阵小雨，回望烟雨空蒙中浩浩渺渺奔腾东去的江水，忽然想起苏东坡《念奴娇.赤壁怀古》中“大江东去，浪淘尽，千古风流人物……”的绝句。与此同时，也想起洛克，想起他在石鼓寻找“石人”那段经历。瞬间，竟觉得心里有些苦涩、纠结——洛克毕竟是我敬仰的一位探险家、学者。

——走出好远了，步履还沉甸甸的。

虎跳峡不仅让人看到长江第一峡的雄奇壮美，不仅让人惊心动魄，也让我看洛克看得辛苦了。此外，我们还在中虎跳与下虎跳区间的悬崖峭壁下，看见了人类居住过的天然居所——洞穴。专家认为那是人类远古文明，而我不这样认为……

# 大峡谷与穴居洞

虎跳峡位于丽江城北55公里处玉龙雪山与哈巴雪山之间的金沙江段，峡长18公里，分上虎跳，中虎跳，下虎跳三段。虎跳峡两岸，悬崖飞瀑不断，峡谷中大小19处险滩，是世界上集深、险、奇、绝、秀为一体的大峡谷。峡谷南岸海拔5596米的玉龙雪山和北岸海拔5378米的哈巴雪山，如刀劈斧削，在两岸铸立起两座巨大的屏障，绝壁顶端与江水，落差达2700多米，江流最窄处，仅20多米，形成“万仞绝壁一线天”的极致景观。上虎跳江流中一巨石，如砥柱静卧中流，把激流分为两股，惊涛巨浪，涛声如雷，惊天动地。传说有一猛虎，在玉龙山被猎人射中后负伤从南岸跳向江中巨石，又从巨石上腾跃起来跳到北岸，因此留下虎跳石、虎跳峡美名。

## 挑战生命的峡谷

20世纪20年代至30年代，洛克先后五次到虎跳峡探险考察，深为虎跳峡的雄奇壮美震撼。1929年6月，洛克从美国《国家地理》杂志要来飞机，第一次从空中拍摄了大量照片。这些照片在国内外报纸杂志发表后，使金沙江、虎跳峡闻名于世。

虎跳峡靠哈巴雪山一侧，有一条古驿道直通下游大具。洛克多次考察这段河流，并渡过金沙江到哈巴、白地和中甸。他在虎跳峡中段，发现了14户从四川迁徙过来的汉族人家。他在日记里说：“他们与世隔绝地生活在这里，非常贫困，儿童们赤条条一丝不挂……在险峻的峡谷里，虽然非常艰苦，但可以不再为什么提心吊胆……”据洛克分析，他们“可能是为了躲避官府或强权者的威胁、压迫，才隐居于此”的。

因为对四川汉族人迁徙的历史、社会背景不了解，也没有足够的资料供分析研究，不好妄加评论。

20世纪30年代虎跳峡沿岸的民居与居民

我们一行是从石鼓出来经新仁、礼仁、鲁南直接到虎跳峡的，在虎跳峡稍事休息，便径直上了洛克半个多世纪以前走过的古驿道。

古驿道早已荒芜，虽然道路还在，许多地段已被泥石流冲断或被蓊茂的植物覆盖。在一侧是千仞绝壁，一侧是万丈深谷的驿道上，看到悬崖下奔腾咆哮的滔滔江水，我们实实在在体验到了洛克在《中国西南古纳西王国》中说的“在虎跳峡绝壁驿道上行走，不但人为之心惊，骡马也为之胆寒”的描写。我们几乎不敢往峡谷下看，看一眼都会心惊胆战。

洛克经常在危险的驿道下看见人与骡、马的骸骨，却从未怯步，从未停止过探险、考察活动。从他远逝的足音里，我们感到一种精神意志和生命力量的震撼。

洛克到中国时已38岁，他在云南茶马古道上行走时，已是40至60岁的人。一个置自己生命危险都不顾的人，怎么会两次三次地去石鼓寻找“石人”呢？

——在虎跳峡险峻的驿道上，我忽然想起这个储存在心里的问题。

## 人类穴居洞

虎跳峡不仅是挑战生命极限的峡谷，也是丽江地区最早发现人类穴居洞的峡谷。

我们到中虎跳和下虎跳流段时，终于在峡谷沿岸的灌木丛与山崖间，看见了几处人类居住过的洞穴，有的洞壁上，还依稀可见描绘动物的图画。

这些洞穴什么时候住过人？住过什么人？他们为什么要到这荒无人迹，远离人类群体的地方来生活？崖画没有说明，也不可能说明。洛克在他的文章和书籍中，描述过这一发现，但也无法以确凿的资料得出什么结论。尧宇以一个画家的眼睛仔细观察了那些崖画，也无法判断作画的时间。即使能判断作画的时间，也不能以此判断人类居住的时间——万一穴居者不是一批一代而是若干批若干代呢？或者中间出现过断代呢？

虎跳峡沿岸的人类穴居洞

其实，人类何时来居住？居住的规模（人数）有多大？崖画是何时画的？只是问题的三个方面，重要的是他们为什么来此居住？是基于什么考虑或出于什么心态？

我们一行中没人研究历史研究人类学，当然也不知道。

专家、学者们对发现什么洞穴或崖画之类的东西，几乎一开口就是几千上万年历史，就是远古文明，却很少去分析、论证人类为什么要去洞穴居住的社会原因和心理原因。

排除社会原因，穴居者的心理与行为构成，显而易见反映了一种心态；这种心态，不会是进取的，张扬的，而是退缩、躲避和防御的，是精神上的隐遁与自我囚禁。这种悲剧性的心态，必然导致悲剧性的选择和悲剧性的结果。在有的洞穴里，我们还看见了人类残遗的骸骨。

在中虎跳临江崖壁驿道上，慕蓉不小心踩到一块松动的石头，连人带石头一起掉进江里。尧宇把照相器材交给我，迅速找到一处垂直江流的岩石，纵身跳了下去。这一段江流比较平缓，与驿道落差只有十几米，尧宇很快就抓住了在江水中沉浮的慕蓉……

慕蓉获救了，我们却一路心有余悸。

夕阳的光辉，缓缓从峡谷高处淡出，空旷的峡谷里，只有江水滔滔奔流的声音。

——好像什么也没发生过。

金沙江崖画不仅带给我们一种原始文化、原始艺术的视觉冲击，也带给我们一种神秘的感觉冲击。看金沙江崖画，我们看到了人类对文化和艺术的景仰，看到了人类追求文明的原始渴望。

## 文明的原始渴望

从中虎跳、下虎跳一路艰辛到大具（地名）后，我们就在大具住下了。镇上有简易客栈可以洗个澡，一路走下来，又脏又累。再这样走上两三个月，我们就会被紫外线照晒成与藏羌人一样的肤色了。天卉和慕蓉脸上，已呈现出些微的棕红色。在悬崖峭壁的驿道上行走，是根本不能戴遮阳帽的。

吃了晚餐后不到1小时，木秀就为我们联系好一个第二天就可带我们去看崖画的向导——一位两次去过崖画洞穴的教师。正值暑假，他有时间。木秀认识这位教师。

第二天行程安排好后，我们便到街上去逛逛。大具镇的街道，与我们去过的一些乡镇街道，如龙蟠、鸣音、大东也差不多，有很多相似的特征。

从沿街铺面和纵横交织的街道规模看，大具镇作为历史上就小有名气的商贸集散地，其遗韵还是感觉得到的。

我们在街上散散步后，便回客栈休息了。

第二天早上7时50分，那位教师准时来了。有些出乎我和尧宇意料——30多岁，身体结实，相貌英俊。

木秀介绍：他姓和，纳西族人，中学教师，喜欢写作。

木秀也将我们一一介绍给他。当他听说我是作家、自由撰稿人时，便伸出那双蓄满阳刚之气的手，紧紧握住我的手。那双厚实、有力的手，使我在心里质疑他是位拿粉笔的教师——两双手的悬殊太大了。

半小时后，我们上路了，先乘一辆吉普到江边，然后步行。尧宇给我找了一根木棍，并叫天卉一路扶助我。

天卉与我一样高，也是1.7米的个子，身材窈窕，五官端正，面庞清秀，扎根马尾松辫子。她曾做过时装模特。天卉这次来，是想跟尧宇学学摄影，也给我们些力所能及的帮助。天卉来自胡柏随州农村，性格内向，话不多，单纯质朴，处人处事认真、谨慎。

同行者当然还有木秀和慕蓉。

我们走的这条驿道，实际上是过去通往住古（地名）的古驿道，与虎跳峡北岸峭壁上的驿道一样，路面只有五六十公分宽，且高低不平，坑坑洼洼，有的路段已被泥石流冲断，有的路段已被藤蔓等植物覆盖，有的路段已塌陷下去，除了行走艰难，还充满危险——相当一些路段，一侧是悬崖峭壁，一侧是万丈深谷，谷中礁石嶙峋，惊涛骇浪。

金沙江两岸峭壁上的崖画

大约2小时后，才听到走在最前面的和老师一声惊喜呼喊：到了！有崖画的地方到了。

我长长松了口气，身不由己靠在一块岩壁上。

恢复体力后才注意到，我们已经走到一个崖洞前；走进崖洞后，看见了那些崖画。画的大多是岩羊、马鹿、野牛，还有蛇、猴和一些似是而非的图像，画得夸张和抽象。崖画线条粗细不一，但笔触粗犷有力，质感生动。

和老师又引导我们走进另一个更大的崖洞，虽然画的大都是一样的动物，但画面更大，颜色更清晰。我目测了一下，最大图画的直径可能有1米多，最小的不过10余厘米。还有交叉重叠的线条，有单线、双勾等手指画的图像。有的图像，表现的是狩猎场面和动物交配场面，既写实，又夸张，笔力酣畅，遒劲豪放。崖画的颜色，多数是赭红色，也有黑色。

尧宇认真观察了这些崖画的颜料后说：红色的，可能是用动物血调和赤铁矿粉制成的颜料画的；黑色的，可能是用动物血调和铁矿砂再加未烧尽的木炭制成的颜料画的；有的就是用烧过的木炭画的。

摄影家盖明生在他的《灵魂居住的地方》一书中分析说："能在这种地方画画的人多半是猎人。猎人猎后在此剥皮剔肉，生火小憩，随后兴之所至，才在岩石上画上这些画。"

盖明生的分析有一定道理，但也不排除是居住、生活在洞穴里的人画的。住洞穴的人，比狩猎者更有时间，更有闲情。从绘画的笔触和风格来看，也是由不同的人画的，有的用手指，有的用树枝，有的用炭条。

和老师还带我们到一些地质结构、地质环境不同的地方去看，令人不可思议的是，有的崖画，竟然是画在高不可攀的岩石或悬崖上的。是什么人画的？他们是怎样攀登上去的？如果用手攀住悬崖，他们用什么画画？如果用

下虎跳入口

下虎跳大具对岸的泥石流景观

手画画，他们用什么攀住悬崖？崖画不仅带给我们原始文化和原始艺术的视觉冲击，也带给我们神秘的感觉冲击。

看金沙江崖画，我们看到了人类对文化和艺术的崇拜与敬仰，看到了人类追求文明的原始渴望。

我们在大具乡下虎跳至鸣音乡洪门口金沙江沿岸，至少发现了5个崖画点。这些崖画，多数以动物和狩猎场景为主，而云南沧源、苍山、元江、怒江地区的崖画，除了动物，还有人物。以人物为主的崖画，甚至表现了人类生殖繁衍的生动情景。

金沙江流域崖画体现的文化和艺术价值，主要是自然、质朴、生动，与人类朴实的文化审美理念很融合。

前路难行，和老师又将我们一行从原路带回大具。

一路上，再次备尝艰辛，历尽风险。

在石头城最值得感动的，是纳西人在绝境般的生存环境中显示出来的顽强生命意识和精神意志，是这两个因素，神灵般地助他们走过了近千年的苦难历史。

# 长风里的石头城

木秀建议去宝山石头城，语态极其诚恳。

我说在查阅的资料中，没有洛克到过石头城的记录。

木秀坚定地说：石头城是值得去的，你不可能查尽所有的资料。据我所知，洛克是去过石头城的。

看到木秀认真的样子，看到她那对纯洁、清澈的眼睛，我同意了。尧宇是个良善、厚道的人，没表示反对。天卉和慕蓉是不会有不同意见的，她俩一直很尊重我的意见。

其实，我在心里也很信任木秀，她是个有胆识的向导。

## 噢！石头城

宝山石头城在丽江城北110公里处的金沙江大峡谷中，百余户纳西族人家，聚居在一座高高兀立形似蘑菇的巨石上。石头城三面是悬崖峭壁，唯有南面一道天生石门可以出入，可谓一座天然城堡。

纳西语称石头城为“刺宝鲁盘坞”，“刺宝”是最早居住在此地的纳西族首领的名字，“鲁盘坞”意为白石寨，后来又改为“拉伯鲁盘坞”，意为“宝山石头城”。

宝山石头城海拔2326米，东临金沙江天堑，南靠岩可渡绝壁，西依牦牛岭险峰，北据太子关屏障，地形地势十分险要。站在石头城上，可阅尽一段滔滔东流的金沙江水。

石头城周围，是绵延的梯田。我们去时，正是稻子由青转黄时节，谷黄色的稻田，在秋日阳光抚动下，芳菲灿烂。

石头城果然让人惊奇：城内青砖瓦屋高低错落，巷道纵横，民居内，大多是利用天生岩石改造、打磨、雕凿的柱磉桌凳、锅台炉灶，有的甚至将居室中岩石，打凿成石床、石桌、石水缸，从居室到生活用具，粗糙简陋，原始古朴，一览无余。

在一些居民家里，看见一些老人、妇女和孩子，偶尔也看见一两个中年男人和青年妇女。从服装上看，穿得极其简朴，多数人的服装，都已汉化。也许他们见惯了各色各样的旅行者，一点异样的表情都没有，大方点的，就腼腆地笑笑，点点头。石头城里纳西人的肤色，比藏羌人的稍浅一些。与他们交谈中，感觉到他们受教育程度很低，上年纪的人，几乎没有受过教育。他们的生活，与他们的居所一样简朴、苍凉，简朴、苍凉得有点接近原始状态。

这种生活状态，显然与他们所处的地质、地理环境有直接关系。石头城如果不是作为一个供人游览、考察的“旅游景点”，路恐怕是不会修过去的。唯一可行的路，便只是驿道了。石头城里的纳西人，在这条驿道上风雨阳光地走了近千年。

站在一家民居前，忽然有一种沧桑、苍茫的感觉。我想起一位哲学家说过：人的命运是由性格决定的。而在宝山石头城，却会联想到一个相关的命

清晨阳光下的宝山石头城

题：人的性格是由环境决定的。因此，最终决定命运的还是环境。是环境决定性格，性格决定命运。

我不知道最早到这金沙江大峡谷千山万壑中来定居的纳西人是基于什么考虑，但我认为，考虑中一定包含了安全因素。选择这样偏僻、荒凉、闭塞的地方作居住环境，无异于自我禁锢，没有生命安全的考虑，再愚钝再憨厚的人，也不会选择到这样贫困的地方来。由此可以推断，当时的选址者，无论从能力到心态，一定是很贫弱的，一定有一种逃避者的苦涩心态。是逃避权贵者的霸道势力还是逃避大自然不可抗拒的侵袭？谁也不清楚。

巍峨耸立的石头城

在石头城最值得感动的，是纳西人在绝境般的生存环境中显示出来的顽强生命意识和坚韧意志。是这两个因素，神灵般地助他们走过了近千年的苦难历史。

## 历史长风

当石头城以它奇特的原始状态一下成为人们络绎不绝来参观的“景点”时，我心里生出一些疑问：这些旅行者千里万里摩肩接踵而来，是来看什么？体验什么呢？就是这些原始、古朴的民居和同样原始、古朴的生活状态吗？他们兴致勃勃，千里万里而来，就是为了看看这些吗？这是一种什么心

石头城里的巷道和背柴禾的农民

态，什么心理呢?不管怎么说，人类以及人性中的真善美与假丑恶，全都汇聚到了这里。每个人的表情、神态、举止，都在这里表达了最自然最真实的张扬。在这些旅行者当中，我最鄙视的，是那些想从某种落差中寻找刺激与满足的丑陋灵魂。

木秀一直陪着我。她知道我“书卷气”来了，也不打扰我。

我问木秀：平均每天约有多少人来这里?

木秀说：大约在200人左右吧。

每天大约有200人来，每月就是6000人左右，每年就是72000人左右。这么多人来，他们给石头城的纳西人带来了什么呢？给他们带来教育、文化，带来现代生活和现代文明了吗?

我问木秀：改革开放后，云南旅游业已经风光了20多年，而石头城纳西人的命运并没有改变到哪里去啊!

木秀说：这能改变吗？如果这里与城市一样都是花园小区，都是现代生活，谁还会来呀？你难道会来吗?

难道就眼睁睁看着石头城的纳西人这样世世代代生活下去？我问木秀。

木秀说：总要有人这样生活呀，不然就没差别了……

我无语。倏然想起5年前在一篇文章中写的“没有差别，就没有竞争，没有竞争，就没有发展。”木秀用最深入浅出的话语，表达了这个意思。

虽如此，我觉得对生活在石头城里的纳西人，还是太残酷了。难道不能适当拉些距离，为他们建个小区，为他们的后代建一所学校吗？总不能让石头城里纳西族人的后代，也永远生活在这座西部原始荒凉的“拉伯鲁盘坞”里吧。

石头城里的巷道和民居

在石头城的高处，木秀指给我看了看阳光照耀下波光熠熠渺渺茫茫的金沙江。逶迤东去的江水，像一条金色飘逸的哈达。

我双手合十，做了个祈祷。我想为纳西人的命运做一个吉祥、好运的祈祷。

木秀见我凝神沉思的样子，就说：石头城的活力是在晚上。晚上有歌舞表演。纳西人的智慧与生命活力，都是在晚上奔涌出来的。

而半小时后，我们就要离开石头城。我们看不到纳西人的智慧与活力了。石头城留给我们最深刻的印象，就是石头——那才是它的本色本质。

我和木秀终于在天生石门等到了尧宇、天卉和慕蓉——不知道他们是何时走散的。天卉和慕蓉一脸兴奋，异口同声说：我们听城里的几位长者说，洛克到过石头城，还为石头城和石头城里的纳西人拍过照片。

木秀表情平和、含蓄，幽微一笑。木秀一定知道洛克是到过石头城的。

下山不久，便感到有阵阵凉风从河谷袭来。

慕蓉脱口而出：风中的石头城。

不知慕蓉说此话是否有特别的涵义，一想到石头城里纳西人走过的千年沧桑，果然就有了一种风的感觉，一种由远及近的历史长风。石头城就在这历史长风里，坚如磐石地存活了上千年。

它们怎么会如风一样摧折到这么遥远、美丽的地方来？

泸沽湖之行，在我们心里留下了美好印象，也留下一抹阴翳。

好长一段路，我们都行走在沉默里。

## 沉思泸沽湖

洛克先后为美国《国家地理》杂志提供了8张泸沽湖的风景照和3张永宁土司大总管阿云山的全家照，但没有对泸沽湖的文字描写，而在后来出版的《中国西南古纳西王国》中，竟用了八分之一的篇幅去写永宁和泸沽湖，说明永宁和泸沽湖给了洛克异常深刻的印象。

泸沽湖距宁蒗县城72公里，是横断山脉地壳运动，使金沙江畔一个群山环抱的高原盆地中央塌陷蓄水而形成一个美丽湖泊，面积约50多平方公里，平均深度45米，因湖的形状如曲颈葫芦，故名泸沽湖。湖中有5个岛屿、3个

泸沽湖和雄奇的格姆神山

半岛、17片沙滩、14道湖湾，其中黑瓦吾岛、里无比岛和里格岛如“蓬莱三岛”，兀立于烟水浩渺，波光潋滟的湖泊中……

## 让自然之气渗入心灵

走进泸沽湖，一如走进诗情画意境界，顿时体会到洛克为什么要用那么多的文字来描述泸沽湖的心境。他的心境一定是波涛激荡的。泸沽湖会让洛克，会让所有走近它的人产生同样的心境。

我们一行到泸沽湖时，刚下过雨，氤氲弥漫，黛色空濛，湿漉漉的空气，一阵阵漾溢过来。

也许因为兴奋，还未安顿下来，木秀就为我们租了一条可乘6人的超长木舟。划舟的是一位摩梭姑娘。舟刚到湖心，便听到一种婉悦、甜美的声音，从远处徐徐飘溢过来。

木秀说，那是摩梭少女唱的渔歌，而我的感觉，仿佛是梦的声音、天籁的声音。

泸沽湖的天空

再前行，进入黑瓦吾岛和里格岛之间水域时，忽然闻到空气中飘荡过来一阵混合了植物芬芳的温润气息。这是一种很特别的气息，是我们在云南万水千山才感觉到的，令人心旷神怡的气息。玉龙雪山、哈巴雪山、格姆神山的气息，是高山大河、长天大地彰显阳刚之气的气息，而泸沽湖的气息，则是一种滋润、温婉、空灵的气息。这些清纯、丰润的自然之气，会让人呼吸到天地自然之浩气，会扶正人脆弱的心志，会提升人沉沦的精神。这种气息，是争斗在仕途密室和嚣嚣名利场上的人体悟心悟不到，也不可能体悟心悟到的。

木舟靠岸时，淅淅沥沥下了一阵小雨。我们没有撑伞也不想撑伞，就让雨水拽着芬芳、甘甜的自然之气，渗入肌肤，渗入骨髓。

## 木秀讲了一个残酷的“故事”

尧宇带天卉、慕蓉拍照去了，我去采访摩梭人。我们分道而行。木秀为我做向导和翻译。

摩梭人依山傍水而居，多数居所建筑在湖岸边，木质结构，俗称木楞房，自然、质朴、实用。

木秀把我带进了一个四口之家。

也许泸沽湖的摩梭人也像石头城的纳西人一样，每天都会见到形形色色的旅行者，见到我和木秀时，表情十分平和，一点都不意外。家中是一个老妇，一个中年妇女，一个十四五岁的女孩，一个八九岁的男孩。老妇和中年妇女穿着藏青色的裙子，腰间系着像是麻布做的素锦带子。老妇面目慈祥，神态安然。中年妇女和女孩一见我们，就起身让座，去里屋拿来茶杯和茶壶。木秀用摩梭语与他们说了些什么，很快又为我作了翻译：主人欢迎你的到来；请随便用茶；需不需要在这里用餐？

我问木秀：能不能在这里住宿？

木秀咨询了老妇人后告诉我：可以。

商定下来后，木秀在与尧宇约定的时间和地点，把尧宇、天卉和慕蓉带到了这户摩梭人家。

这家摩梭人的生活条件，与他们的住房一样简朴。最引人注意的是正门上方挂着的一个鹰头蛇身木刻和一些图符。图符上的文字，有些像藏文，但木秀说是东巴象形文字。

此外，我还注意到她们家好像没有男人。老妇、中年妇女和女孩都是单独住的。中年妇女看上去30多岁，轮廓端庄，丰满隽秀。

也许木秀看见我没有说出的疑问，便悄声告诉我：这是个走婚家庭，男人除了有时来过夜，是不与她们住在一起的。

因为语言不通和出于礼貌，我没打听这老妇人和中年妇女的姓名。

第二天，我们又走了两户摩梭人家，虽然大同小异，都住在简朴的木楞房里，但我观察到一个普遍现象，无论男女老少，五官轮廓都十分端正，尤其是妇女，大多很俊秀，给人一种漾溢着自然生态美的感觉。

我想起顾彼得在他的《被遗忘的王国》里对摩梭人的一段描写："他们是个俊俏的种族，属于纳西族，男人身材雄伟高大，体格魁梧，女人苗条清秀，面貌俏丽。他们使人想起古代罗马人、希腊人的类型。无论男人还是女人，举止温文尔雅，很少粗鲁。妇女和少女，穿着拖到地上的长裙，系白色或红色腰带，头戴帽子或头巾……"

20世纪20年代摩梭妇女与她的两个孩子

顾彼得对摩梭男人的描写夸张了些，但对女人的描写是客观、准确的。

洛克从澜沧江傈僳族人种植玉米和土筑瞭望塔联想到美洲印第安人，顾彼得从摩梭人联想到古代罗马人、希腊人，这些丰富的联想，会不会有什么血脉渊源呢？

在泸沽湖待了五天后，我们即要北上永宁，我建议再到湖边走走——恐怕以后难有机会再来了。

在泸沽湖岸边，木秀给我们讲了一段永宁土司大总管阿云山夫人、罗桑益世活佛母亲格则永玛投湖自杀的“故事”：

1958年5月，一个春光明媚的早上，格则永玛在无休止的精神压抑与折磨中，独自走进泸沽湖冰清玉洁的水泊中，再也没有回来……

这是个真实的“故事”，时间是1957年反右斗争第二年。

就在同一年，格则永玛的大儿子阿比益世被打成右派，含冤死在丽江大研劳改农场。阿比益世是罗桑益世活佛的哥哥。

格则永玛是泸沽湖畔下落水村一位美丽的摩梭姑娘。1925年，德高望重的永宁土司大总管阿云山不顾家族势力的反对与阻挠，执意娶了这位平民少女为妻。格则永玛比阿云山小30岁，温柔、善良、贤惠，不但善理家政，对永宁和泸沽湖地区的父老乡亲也十分友善。

洛克对格则永玛有非常好的印象。他在日记里说：“这位恬静美丽的少妇，是那样楚楚动人，无论对奴婢还是对客人，她都是那样和蔼可亲。在美丽的尼洛浦岛（摩梭语叫“黑瓦吾岛”），她种的花草散发着芬芳；在风雪弥漫的冬天，这位年轻貌美的总管大人，就在房子的屋檐下，用簸箕盛满谷子，给数百上千饥饿的小鸟‘发放布施’。”

1932年秋，从西藏哲蚌寺来了几个神秘的僧人，他们来寻找1929年圆寂的甘丹赤珠活佛传世灵童，竟选中了格则永玛年仅三岁的儿子塔龙·罗桑益世。罗桑益世便是后来丽江、永宁地区的著名活佛。

也许就因为格则永玛是土司大总管夫人，又是活佛的母亲，所以在劫难逃。

——从1905年云南澜沧江、金沙江地区焚烧教堂杀害传教士到1957年“反右”迫害知识分子，我在冥冥中看见了一道一脉相承的血色光影。

这个残酷的“故事”，与淡泊、静谧、涵养心性的泸沽湖生态环境太不和谐了。他们怎会如长风一样摧折到这么遥远、美丽的地方来？是“革命”是“统一”还是什么衔接、贯穿了他们的心态与仇恨？

泸沽湖之行，在我心里留下了美好印象，也留下一抹阴翳。

好长一段路，我们都行走在沉默里。

刚拿出日记本来准备记点什么，忽然听见楼上传来一阵窃窃私语，随即是喜悦的笑声，继而是楼板有节奏的吱嘎声。

——我听见了人类性爱那种动人心旌的声音。这个声音，让我一夜都未睡好，让我想家。我已经离家3个多月了。

直到凌晨6点，才听见开门走人的声音。

## “走婚”能走多远？

很难理解一直独身的洛克，怎会对摩梭人的“走婚”产生兴趣？他的日记和著作，多次提到摩梭人的这一奇特婚姻形式。

走婚是摩梭人“阿夏”婚姻的一种形式。“阿夏”是摩梭语，意为情侣。

走婚的特点是男不娶、女不嫁，只建立“阿夏”（情侣）关系，男女双方，仍住在各自的家里，只是男方暮来晨离，仅在女方家过夜。生育后，子女由女方家抚养，生父与子女不在一个家庭中生活，男女双方在生产、生活和财产上，也没有共同关系，男方也没有法定的抚养子女义务。男女双方一生可以建立多个“阿夏”关系，但不可同时建立两个和两个以上，只有当一个关系终止后，才能建立另一个。“阿夏”关系的保持，因年龄而异，二三十岁时不大稳定，中年以后才渐趋稳定。无论年龄大小，如一方不愿再保持“阿夏”关系，女方闭门不纳，男方不再上门，“阿夏”关系就算是自然解除。

摩梭人也有实行一夫一妻制的，但多数是走婚，即“阿夏”婚姻。

“阿夏”婚姻是以自由恋爱为基础的，男女双方选择对象都很认真，女方要求男方不仅要体格健壮、英俊，也要忠诚、勤劳。男方则要求女方要美丽、温柔、贤淑、善理家务、抚育子女。

洛克在《纳西人的历史与文化》里说：“在永宁和泸沽湖，摩梭女子留在家中，依照自己的选择，接纳一个钟情的男子为夫，维系或中止这种关系，父母也不干涉，完全取决于双方的意愿。女子的意愿是主要的。这是一种自由和浪漫的婚姻关系，比西方和欧洲国家还要开放。”

洛克没有对这种婚姻形态进行述评。

——也许他力不从心，因为他没有婚姻体验。

## 观察走婚

走婚相对于一夫一妻制是神秘的，不可思议的。

为了观察走婚，我与尧宇分别带木秀、天卉和慕蓉到两户走婚人家附近潜伏下来。因为是“偷窥”，心里总有些忐忑不安。

据木秀说，走婚的摩梭女子，一般是单独住一个房间，男方在晚上8至9点之间到女方家来，有时约定，有时不约定。也不一定每天都来。

我和木秀从8点一直等到9点都不见人来，便悻悻而归了。而正当我们快走近我们下榻的老妇人家时，忽然看见一个男人从交叉的一条小路上径直走进了老妇人家宅院。

大约10点，尧宇和天卉、慕蓉回来了，见到我和木秀时，天卉含蓄一笑，尧宇和慕蓉一脸兴奋。

尧宇说：今天我们是大开眼界，看见了“走婚”序幕。

——他们看见走婚的男人到女人的房间里去了……

我们在堂屋里洗漱完毕，就各自回屋休息。我与尧宇正好住在那中年妇女楼下。

刚拿出日记本来准备记点什么，忽然听见楼上传来一阵窃窃私语，随即是喜悦的笑声，继而是楼板有节奏的吱嘎声。

20世纪30年代拍的摩梭少女

“走婚”的摩梭人

——我听见了人类性爱那种动人心旌的声音。

这个声音，让我一夜都未睡好，让我想家。我们已经离家3个多月了。

直到凌晨6点，才听见开门走人的声音。

第二天见到天卉和慕蓉，脸上有些红晕。她俩住在那中年妇女隔壁。那墙只是一排有缝隙的圆木……

木秀不知怎样说服了那中年妇女的女儿梅珠，她答应带我们到里格岛对岸的山坡上去看她的父亲。

木秀与梅珠住一个房间，也许晚上给梅珠做好了工作。她们的房间就在我和尧宇房间的斜对面，是很晚才熄灯的。

很感谢木秀——这个机会太难得了。

去里格岛水路上，梅珠一直沉默不语。随着木浆“噗噗”的吃水声，我想起摩梭人孩子唱的一首歌：“阿爸这一边，阿妈那一边，只有孤独的我，游走在其间……”

我的心情一下变得凝重起来。

靠岸时，我们没看见梅珠的阿爸。他不知道梅珠和我们要来。

一上岸，梅珠就疾步往坡上一排木楞房走去，最后竟是踉跄小跑。

梅珠的爸爸见到梅珠时，有些惊异，不知说什么才好，只是喃喃地重复：你来了，你来了，好久没见着你了……

梅珠的爸爸与我握手时，我看见他眼里含着泪水。

回头看见尧宇、天卉和慕蓉，他们的眼睛也是湿润的。

尧宇没有拍照。这种情景是不能拍照也想不起要拍照的。

## “走婚”能走多远?

男女因爱情深挚而结合，因爱情淡出而分离，走婚双方的分合，都是以感情深浅为基础的。这种自然形态的婚姻，展示了婚姻的自由与人性空间，就婚姻的质量与内涵而言，是无可厚非的。

去永宁温泉路上，我一直在思想“阿夏”婚姻。我想分析它与社会的依存关系。

走婚的存在，有它存在的自然、历史、文化和环境条件，因此，也必然有它的合理性。它的问题，只是与社会秩序如何协调。走婚是不需要法律约

“阿夏”（情侣）约会

束的，而社会却需要法的规范与约束。一定的规范与约束，是社会稳定不可或缺的条件。婚姻存在于各种社会关系中，存在于社会结构中，因此，婚姻不可能是绝对自由和绝对人性化的。婚姻在一定程度上，必然要受到以法为基础的社会规范的约束。没有这种约束，包括婚姻在内的社会问题和社会矛盾，就会凸现出来。这些问题和矛盾的激化，必然会危及社会稳定。人类并不希望生活在一个充满矛盾和问题的无秩序环境中。因此，相对牺牲婚姻的一些“天性”和自由，既是社会的需要，也是人类自己的需要。

台湾作家柏杨先生说：“男女爱情与婚姻的分合，是任何人没有资格阻挡的。”这种认识的视野太个性化太逼仄了，完全没有考虑婚姻与社会的关系，至少没有从宏观上去考虑。

柏杨先生还认为：“爱情是会变的，谁不相信，谁就要付出代价。感情的特质就是不稳定和不一贯。”

我在一定程度上——只在一定程度上——肯定柏杨先生这种认识。因为肯定这种认识，所以也就逻辑地肯定了社会约束的必要性。社会约束不会必然地导致婚姻不幸，真正导致婚姻不幸的是婚姻自己，是没有把握好、处理好的婚姻。

从感性认识上看，我是赞赏摩梭人“走婚”的，但深入、理性地看，很容易发现一些问题，如父子父女在相当长时间里不能共同生活，如夫妻生活

夜幕下“走婚”的摩梭男子

疏离与财产分割，如父亲对子女不承担法律责任和义务。这些问题，不仅在感情上是残酷的，在婚姻责任和婚姻维系力度上也是脆弱的，蕴含的可变因素太多。

一夫一妻制对婚姻确实像一条冰冷的锁链，但没有这条锁链的走婚同样也存在问题，后者的问题甚至更多。走婚最大的特点是洛克说的“浪漫”，而这种“浪漫”，很大程度上只属于走婚的男女双方，他们的子女及男女双方的父母，是感受、体会不到这种“浪漫”的，相反，他们感受得更多的是没有父亲没有女婿没有媳妇的痛苦。这是一种难以言喻的情感与精神深处的痛苦。

——不知摩梭人的“走婚”还能走多远？

在他预感到生命这颗流星将陨落时，他让人把他抬到落地窗前，用饱含深情与眷恋的目光，认认真真仔仔细细浏览了一遍青山碧水环抱的泸沽湖，然后让美丽贤惠的夫人格则永玛，把他的印鉴投入湖水深处。印鉴沉没后，他才安详地闭上眼睛，完成了62年的人生之旅。

阿云山是辛苦的也是幸福的，他终于明智地找到了生命与灵魂的归宿。

## 灵魂的家园

洛克说的“神仙居住的地方”，其实就是黑瓦吾岛。

黑瓦吾岛位于泸沽湖正中央，是泸沽湖五个岛屿中的一个。岛上芳草碧树，奇花异卉，清馨幽静。洛克在云南时，这个岛的主人是永宁土司大总管阿云山。

阿云山一家与永宁土司（中）

20世纪二三十年代的永宁，虽然在政治上相对稳定，但并不富裕，周边地区匪患猖獗。为了防止土匪侵袭，阿云山在沿岛四周构筑了寨墙和碉堡，除了两条进出水道，环岛水域沉放了大量削尖的树叉和鹿砦，戒备非常森严。

因为黑瓦吾岛比较安全，附近的土司家族，都把金银珠宝存放在这个岛上，因此，黑瓦吾岛也叫“金银岛”。

1926年，岛上挖掘出许多雕刻着精美狮子图案的基石，阿云山将它们改造为祭祀格姆女神的香炉座。岛上至今还能找到这些雕刻有狮子图案的残遗基石。

1931年，阿云山在岛上修建别墅。据说最高处一幢房子是按洛克的意图设计的。这幢房子有一个能容纳百余人的大客厅，客厅三面是大玻璃落地窗。站在大客厅里，可阅尽泸沽湖烟水如梦，青山如黛的秀美景色。

——这幢别墅，融合了阿云山与洛克的创意，也融合了中西两种文化理念。

## 洛克与阿云山

因为泸沽湖的美丽、神秘与幽静，洛克在云南丽江时，多次到过泸沽湖。

1924年元月，洛克从丽江去木里，往返都经永宁到泸沽湖。1928年11月至1929年2月，他又专程到泸沽湖，在黑瓦吾岛上度过了一个漫长的冬季。洛克在他的日记里写道：“在尼洛浦岛（黑瓦吾岛），我不仅尽情地欣赏了泸沽湖秋冬两季层林尽染，万里雪飘的奇美景象，而且静心地思考、研究了摩梭人奇异的民风民俗。”

洛克给美国《国家地理》杂志写的一些文章，就是在黑瓦吾岛上草拟的。

黑瓦吾岛为洛克提供了一个充满生活温馨与创作灵感的生态环境。

1929年3月，洛克经永宁、木里到康定探险贡嘎山，由木里返回时，再次辗转到永宁泸沽湖。这一次，洛克经历了一场惊心动魄的生死之劫。据说这一年里贡嘎岭一带下了一场铺天盖地的冰雹，毁掉了藏民种的青稞。贡嘎岭的藏族首领扎西宗布认定是洛克逆山环行触怒山神所致，于是组织藏民追杀洛克。阿云山获此消息后，悄悄派人把洛克接到黑瓦吾岛上。为防意外，阿云山又秘密召集了22个擅长游泳的纳西汉子，不分昼夜，用20只羊皮筏，将

黑瓦吾岛对面的格姆女神山

洛克一行及行李、马匹安全渡过金沙江。

事后洛克才清楚，事情的起因是因为他给阿云山传递了一个信息。

1929年3月，洛克在木里无意中听到贡嘎岭的藏族首领扎西宗布给木里王项此称扎巴写信，要求木里王同意他们越过其境偷袭永宁。洛克及时派人将此情况通报给了阿云山，使阿云山加强了防御。扎西宗布获悉是洛克通报信息后，恼羞成怒，便派人追杀洛克。指责洛克逆山环行触怒山神引发冰雹，不过是一个煽动藏民追杀洛克的借口。

洛克与阿云山相互关照，加深了他们之间的信任与友谊。

## 灵魂归宿

1933年，阿云山随着体力心力的衰弱，身体也日渐衰弱。他终于走进了弥留之际。他太累太疲惫了。他需要安静休息。而他过于温和、缜密的性格，又决定了他缺乏坚强的精神意志。他在黑瓦吾岛上构建的水上城堡，其实是他缺乏进攻性缺乏男性阳刚气质的象征。

在他预感到生命这颗流星将陨落时，他让人把他抬到落地窗前，用饱含深情与眷恋的目光，认认真真仔仔细细浏览了一遍青山碧水环抱的泸沽湖，然后让美丽贤惠的夫人格则永玛，把他的印鉴投入湖水深处。印鉴沉没后，他才安详地闭上眼睛，完成了62年的人生之旅。

也许在他一生中，还是第一次静下心来这样认真、仔细地回望诞生他滋养他的故乡山水。

阿云山是辛苦的也是幸福的，他终于明智地找到了生命与灵魂的归宿。而这个归宿，是世界上最美丽最安静的寓所。他可以不再辛苦不再劳累了，可以心泰神闲地休息了。

洛克闻讯阿云山逝世的噩耗后，风雨兼程赶到黑瓦吾岛上，一见到格则永玛和她的两个儿子（其中一个是塔龙·罗桑益世），眼泪就夺眶而出。他拽住她的两个儿子，一路狂奔，要去看阿云山的墓地。格则永玛看见洛克拽着两个儿子疯狂奔去的背影，泪水潸然而出。跑得精疲力竭后，洛克才反应过来，摩梭人施行的是火化，是不墓葬的。

洛克牵着阿云山的两个儿子踅回来时，格则永玛身披一袭素白褰裙，静穆伫立在门口，清丽冷艳，凄楚动人，脸上仍有两行泪痕。

连续两天，洛克一人徘徊在格则永玛为他安排的房间里一言不语，要么就是独自一人到阿云山生前为他专设在岛上的书房里待上几个小时；进餐时，也是相对无言。整个黑瓦吾岛，弥漫在一片悲怆、萧然的氛围里。

走进摩梭人家

台湾作家李霖灿先生当时也在岛上。洛克离开黑瓦吾岛时，他与格则永玛和两个儿子，一直目送洛克，直到看见他上岸，看见他上路，直到早已看不见人。

洛克走后，李霖灿才在洛克书房的墙壁上，发现洛克用英文写的留言："阿云山走了，我心里十分难受。也许这是我最后一次到泸沽湖了。"

我们到黑瓦吾岛上时，洛克在书中和日记里描述的防御森严的景象和阿云山修建的那幢别墅已经不见了，但寨墙、碉堡以及别墅基础遗址还依稀可见。看见这些遗迹，就会想起洛克，想起阿云山，想起格则永玛。

——秋水长天，还会有几人记忆、缅怀他们呢？

## 关于城堡的思考

"逝者如斯夫，不舍昼夜。"人的一生，十分苦短，除了奋力博弈，还在不停地寻找生命与灵魂的归宿。

阿云山的最后几年，实际上也在寻找这个归宿。他是在人与人、权力与利益的格斗中疲倦了、厌倦了才想起要去寻找这个归宿的。其实，当他潜心在黑瓦吾岛上构筑完全是防御性的城堡时，这种心态，已经用最生动最形象最悲壮的形式表现出来了。

而与"阿云山心态"相悖的心态，则一定是进攻、张扬、恣肆的。

这两种心态，构成了人性的对立统一。而两者的矛盾与冲突过程，则是文明潜移默化的演进过程。

人类的这种冲突与格斗，是荡心骇目，惊心动魄的。本质是愚昧、野蛮与文明的冲突——虽然充满血腥、暴力，却不可避免。政治的、虚伪的和平口号，是遏制不住这种冲突与格斗的。因此，维护人类文明与和平的最好方式，就是打击文明与和平的敌人，不让这些人类的邪恶者和邪恶势力有繁衍、猖獗的生存环境和生存空间。

从这个意义上说，单纯防御与虚伪的"和平"嗥叫是非常消极的。单纯防御与虚伪的"和平"嗥叫在一定程度上，是对野蛮与邪恶的妥协让步。

——"和平与发展"，只是我们内心和骨子里追求的目标。

## 寻找生命家园

我们在岛上住了一夜。

木秀带尧宇、天卉和慕蓉看摩梭人跳舞去了。

我想独自待一会。我想在这座历尽岁月沧桑的小岛上体会思考的孤独美。思考与孤独是如影相随的。

我想起18世纪德国诗人兼思想家诺瓦利斯给哲学下的一个非常生动非常有内涵的定义："哲学原就是怀着一种乡愁的冲动去寻找家园。"

其实，每个人都在寻找自己的家园，只是思路不同，方式不同，路径不同。

阿云山隐退黑瓦吾岛是在寻找自己的家园，洛克苦心毅力行走在中国的万水千山是在寻找自己的家园，乃至我们——为了一部书稿和摄影图片——跋涉在滇、藏、川长天大地、江河湖泊，也是为了寻找自己的家园。

自我设计，自我奋斗，自我实现，都是在寻找自己的家园。没有对自己家园的追求，生活、生命就会黯然失色。因了这个家园，我们还要坚定不渝，风姿傲然地走下去，不管风雨阳光、山高水远。

忽然感到有人在我身旁。

是天卉先回来了。她怕我孤独。她不知道我有时很喜欢孤独。

第二天，曙色熹微，我们又启程了。

烟水空濛里的黑瓦吾岛

我们看见的罗桑益世活佛，已经是79岁高龄了，岁月与历史，给他留下一脸沧桑，却没有掩盖住他的非凡气质。慈祥的面容上，闪烁着一对与他年龄不相称的深邃目光，一种智者才会有的目光。他的智慧与思想，都深藏在这目光里。……

与罗桑益世握别时，感到他手心里有一泓血气注入我的身体，注入我的灵魂。

# 罗桑益世活佛

塔龙·罗桑益世活佛的父亲阿云山和母亲格则永玛是洛克的朋友。洛克经常去永宁泸沽湖看他们。洛克给美国《国家地理》杂志写的一些文章，就是在泸沽湖黑瓦吾岛上写的。洛克在其著作中，把那座岛称为尼洛浦岛。

## 活佛的父亲母亲

阿云山名阿夺奇，字云山，永宁土司大总管。

格则永玛是泸沽湖落水村一位美丽聪慧的摩梭姑娘。

阿云山与格则永玛相识相爱后，受到家族势力的强烈反对与阻挠，但阿云山坚决娶了这位比他小30岁的摩梭少女为妻。当时的土知府、土司家族和总管家族，是不允许与平民百姓通婚的。这个百年孤独的家族，只能在蒗蕖、盐源、木里和永宁土司、总管家族内通婚。

洛克对阿云山和格则永玛的评价很高。他在《中国西南古纳西王国》中说："与云南和中国其他动荡不定的地方相比，永宁是一块被统治得比较有秩序的地方。阿云山是一位称职的总管，他使永宁在宗派势力倾轧、弱肉强食的大环境中始终处于比较稳定的状态。"

洛克对阿云山在政治上的作用夸大了些，其实，除了做总管，阿云山更适合做一个好丈夫、好父亲和好家长。他在政治上太过温和、儒雅、内敛了。

洛克在评价格则永玛时说：“这位恬静美丽的少妇，不但聪慧谦和，善良厚道，而且善理家政。”

罗桑益世活佛是阿云山和格则永玛的第二个儿子。

罗桑益世（中）与哥哥阿比益世和母亲格则永玛

阿云山怀抱里的罗桑益世

阿云山夫人格则永玛与三个孩子（中为罗桑益世）

## 寻找转世灵童

1932年秋，从西藏哲蚌寺，风尘仆仆来了几个神秘的僧人……

1933年，罗桑益世被宣布为西藏哲蚌寺甘丹赤珠第五世措钦活佛。1935年，年仅6岁的罗桑益世举行坐床仪式，然后到永宁扎美寺读藏文，继而到西藏拉萨哲蚌寺读藏传经文。哲蚌寺在西藏是很有影响的喇嘛寺，在哲蚌寺讲学的，大都是宗教界很有名望和学问的人。

罗桑益世从1940年到1955年，在哲蚌寺整整攻读了15年佛学经典。从《八亲》到《窝玛》，从《独瓦》到《志》，从《大藏经》到《密宗道次第广论》，从《密宗十四根本戒释》到《戒律本论》等，一部一部地精研细读，一部一部地心领神会，殚精竭虑，皓首穷经，内容涉及历史、哲学、天文、文学、医学、逻辑、道德等。

1955年，罗桑益世获最高学位——格西学位。

1956年初，罗桑益世到永宁扎美寺。从1956年宁蒗发生“叛乱”到1957年“反右”到1958年“大跃进”直到“文化大革命”，罗桑益世一直是在生活坎坷与精神苦难中度过的。1958年，他的母亲格则永玛和哥哥阿比益世在同一年里，一个投湖自尽，一个冤死农场。

《女儿国诞生的活佛》（罗桑益世著），对罗桑益世活佛的经历和思想有详细的记录，读完这本书，我的灵魂曾受到强烈的震撼。《女儿国诞生的活佛》，是我在宁蒗拜访罗桑益世活佛时，他亲笔签字当面送给我的。写这篇文稿时，我又重读了一遍。当我合上书本，再次看见封面上罗桑益世活佛那张贮满智慧也贮满艰辛与沧桑的面容时，泪水再也控制不住地浸溢出来。我想起瑞士心理学家荣格的《灵魂的拯救》。纵观人类历史，有些人的灵魂确实是需要拯救的。这些人的灵魂不获得拯救，就会伤害千千万万人的灵魂，人类的灵魂就不会有真正的安宁。

也许因为读书多，经历丰富，罗桑益世活佛理性，敏锐，高拔超然；他珍爱生命亦热爱人类热爱和平。

——珍爱生命热爱人类热爱和平的人，常常是饱经忧患的人。他们对人类遭遇的不幸不公平不自由心有余悸也心存希望。

## 灵魂的声音

我们看见的罗桑益世活佛，已经是79岁高龄了，岁月与艰辛，给他留下一脸沧桑，却没有掩盖住他的非凡睿智、非凡气质。慈祥的面容上，闪烁着一对与他年龄不相称的深邃目光，一种智者才有的目光。他的学识、智慧与思想，都深藏在这目光里。

罗桑益世活佛请我们在他简朴、清雅的客厅里坐下后，便开始了长谈。

活佛所以接待我们，一是因为我们从贵州远道而来感动了他；二是我们沿着洛克的足迹千辛万苦跋涉在云南的万水千山；三是洛克与他的父母是莫逆之交；四是他知道我要写洛克，洛克是他景仰的前辈。

罗桑益世活佛简要介绍了他的经历，然后将话题转移到洛克身上。

罗桑益世提到“文化大革命”时，语态十分平静。他绕开了那段会触痛他的历史，但非常肯定地认为洛克不是“文化侵略者”。他说文化是属于人类属于世界的。他不主张以一种大民族和民族主义的狭隘眼光来看待文化，看待历史、文化资料。他说洛克的研究成果，不仅属于美国、奥地利，不仅属于中国，也属于全人类、全世界。

泸沽湖岸

罗桑益世活佛还谈到哲学、历史和文化问题。

谈到中国历史与文化，他收敛了笑容，一脸

塔龙·罗桑益世活佛

静穆，眼角浸出泪水。

罗桑益世的谈话，宏奥精深，但深入浅出；听他谈话，会感到有一种精神一种思想一种力量在震撼你的灵魂。

罗桑益世在谈到自然、生命、心性问题时说：自然就是湛然清流。生命源于自然，归于自然，如流星划过万古长空。既然生命如流星，就要涵养性情，清和其心，调畅其气；就要心旌无涯，云开天朗，厚德载物。

与罗桑益世活佛握别时，感到他手心里有一泓血气注入我的身体，注入我的灵魂。

走出宁蒗罗桑益世居所百余米，回眸望去，活佛还站在门口，站在天光下。

当我们一路苦行到当年蒙古10万铁骑革囊渡江的金沙江拉伯流段时，除了想象中的宏大场面，已看不到一点大军渡江的遗迹，听不见洛克革囊渡江时的呼喊，只有江流，在巍峨的峡谷和苍茫的天际下幽静地流淌……

——难道这就是历史、岁月？流走得这样迅速，这样了无痕迹？

# 历史像一条河流

洛克对元世祖忽必烈率10万蒙古铁骑在金沙江“革囊渡江”的重大军事行动“非常震撼”，他觉得这个场面，“悲壮而不可想象”。他先后4次到元军“革囊渡江”的金沙江流段考察，并拍摄了大量具有历史价值的照片，写下了震惊世界战争史的记录文字。

我们是从宝山经高山林场、增沟邱家、善美到奉科的。在奉科休整后，第二天就启程去了拉伯。拉伯是元军革囊渡江的重要驿站，元军10万铁骑，就集结在拉伯、巨甸地区，并从拉伯、巨甸分别进入云南腹地的。

革囊渡江的纳西水手

## 铁骑渡江

在拉伯住下后，木秀为我们讲解了元军革囊渡江的历史：

革囊渡江是黄河上游延续了数千年的习俗。革囊是把整头羊的肉和内脏掏空，只留下完整的羊皮，缝合好，在羊皮的脖颈上留下一个气孔，往里吹气，使之成为一个漂浮物；或将一个革囊绑在身上渡江，或将几个革囊绑在若干竹筒或木头上扎成一个皮筏载物渡江。

洛克到拉伯一段金沙江看见的革囊渡江，只是纳西族一个分支日西人的渡江情形。他在日记里写道：“他们在身上绑上一个或两个羊皮袋，吹胀后跃入江中，任凭水流冲下，随着湍急的江水，一直漂流到他们的村庄。他们宁愿冒这样的风险过江，也不愿走漫长的同样危险的驿道回家。”

因为没有桥，洛克到江边时，也只能靠革囊渡江，他与随从和马帮，就是靠羊皮革囊和两条残遗的铁索将马和行李捆上渡过金沙江的。

历史像一条河流。当我们一路苦行到当年蒙古10万铁骑革囊渡江的金沙江拉伯流段时，除了想象中的宏大场面，已看不到一点大军渡江的遗迹，只有江流在巍峨的峡谷和苍茫的天际下幽静地流淌……

革囊渡江场面

其实，这段历史，除了雄勃浩然的一面，还有惨烈悲壮的一面。

据光绪《永兆直隶厅志》记载：

元军在永宁稍事休整后，即翻越瓦哈山经直下到金沙江边，面对滔滔江流，蒙古10万大军凭借革囊和羊皮筏，神奇般地渡过金沙江进入奉科地带。

在浩浩荡荡的渡江过程中，有不少元军将士，或因不谙水性，或因革囊进水，或因触礁壮烈牺牲。元军渡江两三天后，下游水域发现了不少元军将士飘浮的尸体。

“元跨革囊”，加强了元对云南、西南地区的控制，进一步扩展了元统一中国的势力范围，结束了中国历史从唐宋以后分分合合的局面，为中国古代“四大统一—— 秦、晋、隋、元”画上了一个句号；同时，也促进了丽江、云南地区经济、社会与文化的发展。

## 体验革囊渡江

走到江边时，木秀用手试了试水温，然后问：想不想下水去游游？

尧宇问木秀：现在纳西人还用不用革囊渡江？还有革囊没有？

木秀向远处眺望了一下，在山坡上一片玉米地里看见一个纳西人，就用纳西语向那人呼喊起来，那人听见后，与木秀用纳西语进行了一番对话，就往一座村落走去。木秀转过身对我们说：他去拿革囊了。

还有革囊？尧宇有些惊讶。

慕蓉在胸前划了个“十”字——这是我们顺利时和遭遇困难时她的习惯动作。慕蓉的祖母和母亲都是信基督的。

木秀说：相隔一些江段，已经有了铁索桥和钢混结构桥，革囊渡江已成为历史。极偶然情况下，也有人用；多数情况下，只供旅行者和来考察的人

当年革囊渡江的流段已修建了铁索桥

洛克与他的助手在忽必烈南征云南时扎营的拉巴堆

观赏、体验，但要付钱。

不一会，两个纳西人拿来4只羊皮革囊。我和尧宇一人要了1只。

尧宇知道我是想体验革囊渡江的感觉，没有阻止我。

天卉见我也要下水，立即从我手里抢过革囊：你怎么能下水？你的股骨有问题，你不能去！

我认真对天卉说：我是从小在河边长大的，就是不用力，也不会沉下去，何况还有革囊。

天卉见我执意要去，知道是拦不住了，就说：我也要去，我也是在长江边上长大的。

木秀见此情形，就与其中一位纳西族青年商量，由他保护我们下水。

慕蓉不会游泳，木秀陪她在岸上等我们。

下水后才知道，看似平静的江水并不平静，湍急的江流，以温柔的形态，裹挟着巨大的力量，推动和控制着我们。很快我就感到力不从心。天卉一直在我身旁，赶快拽住我，又抓住游在前面的纳西青年身上的羊皮带。我镇静一下看尧宇，他正稳稳地游在最前面。尧宇是完全可以放心的，他一年四季都在坚持游泳。

到一处江水起伏地段时，我和天卉猝然被一股汹涌的波涛分离开，一下淹没到水里去，沉浮数分钟后，才凭借革囊的浮力和面临生死抉择时蓦然产生的冷静浮出水面。急切看天卉，她正被纳西族青年用臂膀撑托着，缓缓向岸边游去。再看尧宇，已被江流推出去几十米远。

纳西族青年扶天卉上岸后，又游过来接应我。我们上岸时，尧宇也在下游上岸了。

我们游历的这段江流，还算是相对平稳的一段，就是这一段，也够让人惊心动魄，心有余悸了。

不禁想起那10万元军，想起洛克，想起居住在这沿江两岸的纳西族人。

元军不去想它了，那只是早已消失在历史天空下的一个政治、军事行动。纳西人不去想它了，那是生存环境所迫。而洛克，则是经常在这条生死之旅上浮游的。

每次被洛克探险精神感动的时候，都会不由自主想起他在石鼓寻找“石人”那段经历。难道是我误解了洛克？抑或，是我不希望在洛克的精神品质上看见其他“问题”。

体验革囊渡江后，我终于理解“革囊渡江”为什么会渐渐淡出，直到成为绝唱——它的“终结”，是人类对生命的尊重与敬畏。

母亲的眼睛，就这样缄默地看着我，一言不语。

从她的目光里，我仿佛听见她的声音：就这样坚韧不拔，风骨傲然地走下去！

——我觉得眼睛湿漉漉的。我流泪了。

## 温泉与风尘之旅

终于到温泉了，我比谁都兴奋，干渴了两个多月的股骨，太需要浸泡了——我已经明显感觉到因长途苦旅引起的疼痛。温泉对于恢复我的体力与精力是不言而喻的，它直接关系到我们的未来行程。

永宁瓦拉比温泉，是洛克从丽江到木里的必经之地。每次到永宁，洛克都要到温泉里去浸泡，一是洗去一路风尘，二是在温泉里可以安静地思考一些问题。洛克在日记里说，“一到永宁，第一件事就是想到瓦拉比村温泉里去浸泡”。他说，温泉可以使他“恢复活力”。

### 永宁温泉

温泉在永宁约8公里远的一个叫瓦拉比的村子里。村子中央有一条土石路，从南向北，通向木里。瓦拉比村约有几十户人家，大部分是普米族人，也有纳西族人和摩梭人。因为经常有南来北往的旅行者和马帮赶马人来温泉洗浴，有的当街居民，已将自己的部分住房改造为客栈。

木秀认识一户普米人家，为我们作了食宿安排。

午餐是在小街上吃的，吃得简单、随意，就想早点去泡温泉。

温泉实际上是在一座两层楼的房子里，规模不大，设施也比较简陋。温泉前面不远处，是吉米奴河，后面是占梅子火山。吉米奴河正好是一段云南与四川的分界线。河的对岸是四川的前所。

温泉是男女分浴，有大塘、小塘和淋浴。我和尧宇选择了大塘。大塘顶上是一眼天井，可以呼吸到清新、湿润的空气，可以看见湛蓝的天空。

永宁温泉

温泉是从占梅子火山一块巨石缝隙中流淌出来的，水温近40度。

浸泡在活水循环的温泉里，感到有无数纤柔、温暖的手在肌肤上轻柔地抚摸，一种舒服、惬意的感觉沁透全身。渐渐地，我闭上了眼睛。

不知过了多久，忽然感到凉意，睁开眼睛，看见水面上有无数雨点溅出的水花，亮滢滢的。抬头仰望天井，天空一片空濛，雨点正从天井敞口处轻盈飘落下来。

尧宇的位置不在天井下，感觉不到天空在下雨。他好像睡着了，一动不动地依靠在水池边上。他太累、太疲倦了，走了那么多路拍了那么多照片还背了那么多行李。

## 温泉里的眼睛

一个小时后，我上岸舒展了一下身体，又下水。我渴望水的滋润。

浸泡在流动的温泉水里，我又闭上了眼睛——我想体验温泉给身心带来的那种美美滋滋的感觉。冥冥中，我看见了和树菊、罗桑益世活佛和我母亲的眼睛，他们好像注视着我，既温热，又蕴藉着期望。

和树菊的眼睛在说：你一定要把洛克在雪嵩村与我妈妈的感情生活写进

去，把洛福寿写进去，一是可以填补他感情世界的空白，二是可以让雪嵩村成为旅行者感兴趣的兴奋点，带动一下雪嵩村旅游经济和旅游文化的发展。我们太贫困了，需要一个契机，一个支点……

和树菊用憔悴、热切的眼睛注视着我，眼里噙着泪水。

罗桑益世活佛的眼睛说：上次我说人的生命如同一颗流星，并不是指所有的生命，而是指对社会对人类有意义的生命；只有这样的生命，才会灿亮。虚虚渺渺昏昏噩噩的生命也会像流星一划而过，但那是一颗黯淡无光的流星。人类有两种流星。

我正想向活佛请教什么，活佛那对宏博睿智的眼睛隐遁了，只听见他渐行渐远的声音：让生命是一颗灿亮的流星。

接下来是我母亲的眼睛，那对善良、慈祥、宽容的眼睛，那对有些沧桑、悲切的眼睛。她好像要对我说什么，却欲言又止。她转过身去，想看看背后有什么动静。她一定是想看看背后还有没有其他眼睛。母亲的父亲，是民国时期“里通外国”的留美博士。在她的艰辛岁月里，经常发现背后有窥视的眼睛。她对那些眼睛心有余悸。

母亲的眼睛就这样缄默地看着我，一言不语。

从她期望的目光里，我听见她的声音：就这样坚韧不拔，风骨傲然地走下去！

从木里来的马帮

——我觉得眼睛湿漉漉的。我流泪了。

母亲的声音使我不敢有丝毫懈怠。我一下醒了。我揉揉眼睛问自己：

——我睡着了？

——我似睡非睡？

——我是清醒的？

看尧宇，他正站在水池中。尧宇个子不高，一头艺术家自由、时尚、风流的长发，眼睛执著而诚实。尧宇是个有进取、创造精神的人，他一直在孜孜以求地追求生命价值。

## 远去的风景

我和尧宇回到木秀为我们安排好的客栈时，木秀、天卉和慕蓉还没回来。稍事休息，我与尧宇即起身去接她们，刚出门，就看见她们仨娉娉婷婷，容光焕发地走了过来。

——温泉使她们仨更靓丽妩媚了。

瓦拉比村小街的晚上很沉静，也没可走的地方，我们就在客栈里待着，看看资料、记记日记。

我们住的客栈是一家普米人开的，是他们自己的住房，虽简陋点，但还算干净、卫生。

我是第一次听说还有这个民族，正想到隔壁咨询木秀，忽然听见笃笃的敲门声，门开后，进来一位普米族妇女，身穿百褶裙，约30多岁，紫红色的脸庞上漾溢着健康的光泽，眼睛清澈明亮。

她是客栈的主人，给我们送来开水。

当她正要转身离去，我叫住了她。想咨询木秀的问题，不如咨询她。

她用审视的目光，看了看我和尧宇，同意了。

她的极不标准的普通话里夹杂着浓郁的地方口音，但我们还是听懂了：

温泉原来叫瓦汝热水塘，是一个天然温泉水塘。20世纪20年代，当地村民才用石头围砌成一个可容纳百余人洗浴的露天浴场，于是，浴场成了附近村民洗浴、休闲、聚会的场所，尤其是盛大节祭日，男女共浴，对歌跳舞，通宵达旦……

已经走了200多公里的马帮还要继续往前走

瓦拉比村和附近的村落，是普米人、纳西人和摩梭人共居的地方，只是聚居点相对分开。普米人与摩梭人可以自由通婚，因此摩梭人也把“走婚”的风俗带到了瓦拉比村。节祭日里，瓦汝热水塘便成了摩梭人和普米族男女青年结交“阿夏”（情侣）的场所。

普米族妇女遗憾地说：过去那个温泉已经不在了，已被改造成现在这个样子；他们说这是“精神文明”，可这文明里已没有了自由……

普米族妇女还说，听父亲讲，美国探险家洛克多次到温泉来洗浴，来了解普米族人与摩梭人的通婚情况。洛克特别能吃苦，永宁的山山水水，他都走遍了。

这位普米族妇女还用土语为我们唱了一首过去流传的民歌，大意是：

朋友呵朋友，你一路好走，长夜漫漫，岁月悠悠，别忘了温泉相见那一刻……

还没唱完，木秀、天卉和慕蓉就闻歌声拥挤进来了。

## 风尘之旅

第二天上午10点，我们正准备启程去宁蒗，忽然听见一阵清脆的骡铃声，然后是由远及近的马蹄声 。

有一种感觉告诉我：是马帮！

我与尧宇不约而同奔向门外。刚到门口，就看见一行长长的马帮，已走到客栈门前。有三四十匹骡马，七八个赶马人。除了赶马人的坐骑，几乎每匹骡马上，都驮了结结实实的麻袋和编织袋包裹。七八个赶马人中，有长者、中年汉子和妇女，还有两个十五六岁的少年。人与骡马，蓬首垢面，像涂抹了一层炭灰，只有眼睛清澈明亮，像心灵镶嵌在脸上。无论是年长者或年少者，都呈现出艰辛、坚毅的气色。

尧宇来不及拍下赶马人，马帮已走过了瓦拉比小街。

看见渐渐远去的马帮，我的感觉就像看见一行史诗的消失。这行史诗，便是赶马人的生命与命运——他们的生命与命运，就行走在这条苍茫无极的驿道上。

慕蓉在胸前划了一个涵意丰富的“十”字。

——她在为赶马人历尽沧桑的命运祈祷。

——她看见了赶马人生命与命运的悲壮。

从慕蓉冷艳、智慧的目光里，我看见了人性深处的真善美。

我读懂了慕蓉良善、温热的心，但读不懂人类的巨大落差。

我一直伫立在驿道旁远望着那行史诗，那行早已消失在山道上的马帮和赶马人，直到天卉过来说：他们早已看不到了……

几个月过去了，那队马帮，那些赶马人，那行史诗，还风尘仆仆行走在我的记忆里。

洛克说木里王一人独处时常会感到孤独。他当然会感到孤独。他的孤独是那座专制城堡带给他的。那座城堡在蓝天与阳光下却又隔离了蓝天与阳光。

## 消失的辉煌

木里在四川境内横断山脉深处，与泸沽湖格姆女神山仅一山之隔。

通往木里之路

木里在藏语里的意思是美丽、辽阔、深远。

20世纪二三十年代，木里在人们眼里是个神秘的喇嘛王国。

洛克在丽江听说永宁出去不远有这样一个神秘王国，便魂牵梦萦想去看看。

洛克给木里王写了一封信，表示想到木里去看看，但被木里王谢绝了。

1924年元月，不管木里王是否同意，洛克执意去木里。去木里的日子，距中国传统农历“过年”只有一个月，且气候情况极其恶劣。

几个纳西族助手拗不过性格倔强的洛克，只好不情愿地跟去了。

## 木里之行

玉龙雪山东麓是通往永宁的必经之路，多数道路都蜿蜒在高山密林间，加上冰封雪冻、寒风刺骨，一路艰险可想而知。

从丽江到宁蒗到永宁到木里，沿途的景色虽然很有特色，但恶劣的气候和艰险的道路，还是影响了洛克的情绪。他在日记里说："高山峡谷中崎岖的山路十分险恶，阴森寂静密林中的小路，多数被冰雪覆盖已很难找到，而更令人担心的是沿途土匪幽灵般的袭击……"

洛克一行到永宁时，受到永宁土司大总管阿云山的热情接待。

在永宁，洛克获得一个意外讯息：老木里王已病逝；他的弟弟项此称扎巴继位；新木里王谦和好客。

从永宁到木里再到木里寺的路更困难，多数地段是荒无人迹的古驿道。洛克一行在泸沽湖住了几天后，才经永宁瓦拉比村到木里。虽然已进入木里领地，但距木里寺还有两天路程。

洛克1928年拍的木里农民

木里王项此称巴扎

进入木里后，天气愈加恶劣，天寒地冻，风雪弥漫，马蹄无痕。洛克在日记里说，“有时候，我们沿着陡峭的驿道，像蜗牛一样慢慢蠕动前行，石缝里的树枝，像伸开的手指一样，紧紧抓住空悬的崖石。天黑后，万籁俱寂，寒风从山林间猛烈地劲吹过来，我们便在参天古树下，紧紧拥挤在一起。由于没有躲避处，不得不在豹子出没和风雪肆虐的山林中过夜，危险至极。”

北行路上，洛克观察、感觉到丽江纳西族与木里藏族之间，似有一条隐秘的血脉轴线。丽江地区的纳西族人冬夏两季都要祭祖，冬季称“祠本”，夏季称“塔布”。祭祖的主要内容是缅怀、凭吊纳西族祖先。举行开丧、超荐道场仪式时，要将死者的灵魂，从家中一站一站地沿着祖先迁徙的线路，送至木里以北的祖先故地。其艰辛与虔诚，令人浩叹。

洛克还认为，木里在地理、历史、政治、经济、宗教、文化上，都与纳西族有重要的渊源联系。

洛克一行从丽江到木里寺，经历了11天长途苦旅。

## 洛克与木里王

最后一天，雪过天晴；翻越过最后一道关隘时，一个纳西族随从突然指着远方兴奋地大叫起来：木里寺！木里寺！

顺着随从的指向望去，洛克看见一座宏伟壮丽的寺庙，海市蜃楼般从山峦里凸现出来。木里寺沐浴在灿烂的阳光里。

木里境内共有18座喇嘛寺，其中三大寺分别在木里、枯鲁和瓦尔。瓦尔在木里寺以北25公里处，有寺僧270人；枯鲁在木里寺东南40公里处，有寺僧300人。三大寺中木里寺最大，有寺僧700多人。木里寺也叫木里大寺。

木里是一个政教合一的王国，弥漫着神秘、浓郁的宗教氛围。

木里寺与藏族地区的多数佛教寺院一样，依山就势而建，殿堂层叠，佛塔林立，经幡飘扬，给人一种庄严、肃穆的感觉。从结构和布局上看，整座寺院错落有致，雄伟壮观。

洛克在日记里描述木里寺说："木里寺无论在艺术风格还是在建筑工艺上，都是藏、汉民族智慧的结晶。"这一评价十分独到、有眼光。

木里寺不仅把藏、汉建筑风格融为一体，而且抽象出无穷丰富的神秘空间。这种由低而高由近而远大气磅礴内涵深邃的力作，只有神游在长天大地高山巨川上的心智才构思得出来。

在气象森严的木里寺里，洛克见到了木里至高无上的统治者——木里王项此称扎巴。

木里王身高1.88米，体格魁伟，气宇轩昂，穿一身宽大的锦绣藏服，一副王者姿态。

洛克在日记里说："我进去时，他站起来躬了一下腰，并示意我坐到放着不少木里珍宝的一张桌子旁的椅子上，他也在面对我的一张椅子上坐下

洛克的随从在狩猎

来。我无法看清他的面容——他背对敞开的光线强烈的窗子，而我脸上的表情，却被他一览无余。我相信，这样的安排一定是事前缜密考虑好的。”

洛克还注意到，项此称扎巴的侍从一个个低眉折腰，诚惶诚恐，不敢正面看他们的主人；而洛克的纳西族随从，不卑不亢，甚至比木里王的大总管还显得自在。洛克不露声色，但心里很满意——这些纳西族随从，充分显示了他们独立、自由的身份和桀骜不驯的性格。

一番客套后，木里王提出两个问题：

——统治中国的是皇帝还是总统?

——你看我能活多久?

接着又问洛克有没有望远镜，他想看看更远的地方。

洛克一下洞察了木里王思想深处关心的三个“问题”：

——对权力的欲望；

——对长寿的愿望；

——扩张的野心。

洛克机智回答了他的问题后，他又让侍从拿来几张发黄的照片，照片上是美国的白宫，英国的温莎古堡，挪威的海湾。

洛克在为木里王作解说时，木里王显露出一副神往的样子。

洛克在木里待了一个星期，拍摄了许多在今天看来是十分珍贵的照片，其中有喇嘛、木里王、转经筒、佛像和寺院。

离开木里时，木里王送了一个金碗、两尊金铜佛像和一张豹皮给洛克。

四年后，洛克再次到木里。洛克此行的目的，一是以木里为大本营，为美国《国家地理》杂志考察四川境内几座著名雪山；二是兑现再访木里的承诺。

木里王见到洛克给他带来的《国家地理》杂志上洛克给他拍摄的几幅照片时，竟高兴得开怀大笑起来。

木里王听说洛克带了两个纳西族随从到美国去，兴致勃勃地让洛克叫来这两个纳西人为他讲述美国的奇闻轶事。听纳西人讲述完后，木里王十分惊奇：“世界怎么会这么大？种族怎么会这么多呢？难道它们比中国还大吗？”

洛克先后四次去过木里，每次都与木里王倾情长聊，共同进餐。

## 湮没的辉煌

因为木里王对洛克的信任，洛克走遍了木里寺的旮旯角落。洛克在拍照时，注意到一些排列有序的巨大转经筒。他看不懂转经筒上密密麻麻的经文，便请教精通经文的喇嘛。一位喇嘛告诉他，每个转经筒上都有上万条经文，借助风力或用手摇动转经筒，便可向空中传播出几万条咒语。

洛克想起在木里其他寺庙里看见的转经筒，渐渐对木里政教合一的土司制度有了进一步了解。虽然洛克对木里王个人的感觉很好，但他对木里政教合一的政治结构，还是作了客观的述评。他认为政教合一制度本质上是政治的、专制的。这种制度的基本特征，是利用宗教，从思想上、精神上统治民众，使民众对“神的土地上的统治者”绝对服从，顶礼膜拜。洛克在《中国西南古纳西王国》里说：“20世纪二三十年代的木里农民，比欧洲中世纪的农奴境况更加悲惨。虽然森林资源和草场资源很丰富，但仍然停滞在刀耕火种的原始农业方式上。农民无论对生产和生活，都是消极的。落后的生产力，加上寺院对农民无止境的剥削，农民几乎一无所有。就是这样，每年还要交纳两次赋税，养活数百近千喇嘛。农民还被木里王用严刑酷法牢牢束缚在土地上。比如农民离家三日以上即有罪；农民不允许吃白米饭、穿长裤；出生在木里的人不允许离开木里。除此之外，木里王还有一支从其他部落招募来的几百人的

洛克与木里王项此称巴扎

卫队。卫队和严刑酷法，使农民诚惶诚恐规行矩步。农民完全是在极度悲惨状态下生活的。”

洛克对木里政教合一制度是持否定态度的。他认为这是一种“不尊重人，缺乏活力”的制度。洛克对木里政治制度的尖锐批评，反映了他内心的正直与善良。

台湾作家李霖灿对木里政教合一的政治制度，则有不同的解释。他认为木里“民性极强，若不用重刑使其畏惧，一乱之下，不可收拾。”他说创造这种制度的立法者之伟大，在于“慧心妙用，深湛圆通，洞悉人性之私。”

李霖灿先生对木里政教合一制度的肯定，是很理念的——他没有像洛克那样深入了解木里。他的观念与立场，只是一种主观认识，一种纯文化认识。

其实，木里政教合一制度问题，还不在于二者的兼容共存，还不在于它的冷烈与残酷，而在于对当时社会条件下的主要生产力（农民）的压抑与桎梏。

木里虽然与北方政治中心相距甚远，但在闭关自守，妄自尊大方面，却与北方中心有惊人的相似。当木里王以极其傲慢、不屑一顾的神态睥睨他的臣民乃至睥睨整个世界时，洛克一定从他的目光和心态里，看到了中国历代皇朝统治者的图影。木里王只是因文化的局限，不会像北方统治者那样侃几句“化外蠢愚”“蛮夷之邦”罢了。

我非常惊愕是什么文化和思想有这么大的力量，把中国大大小小的统治者统一到了这条闭关锁国、夜郎自大的文化和思想经脉上？这究竟是一种什么样的文化和思想？

木里王向洛克要望远镜想看看外面的世界，是因为他对外面的世界怀着十分轻蔑的心态——他狂妄自大放荡不羁的朗然笑声证明了这一点。

闭关自守和妄自尊大是形影相随的。愚昧与狂妄的联袂，终于使木里王国从虚浮的辉煌里衰落、湮没了。

木里王国的真正悲剧，是高度集权、专制的宗教政治制度。这种制度，不仅严重桎梏了文化与思想的发展，也严重桎梏了生产力的发展。

我们到木里时，只看见了木里王国残遗的影子。它的存在与它的消失一样，都是必然的逻辑的。

洛克说木里王一人独处时常会感到孤独。他当然会感到孤独。他的孤独是那座专制城堡带给他的。那座城堡在蓝天与阳光下却又隔离了蓝天与阳光。

去过稻城，才知道不去是遗憾的。

如果不是因为要去理塘，是想放弃稻城的，是理塘之行，为我们获得了稻城。

## 淡出稻城

因为洛克去过稻城，并对稻城有过刻骨铭心的记忆，所以我们去了稻城。

从木里到稻城，汽车走了几个小时。进县城安顿下来后，木秀说她有个同学在稻城，想去看看，我要考虑明天的日程，也没在意。

稻城位于四川西南边缘，甘孜藏族自治州南部，面积7323平方公里，人口近6万，藏族人口占了95%以上。稻城周边自上而下按顺时针分别是理塘、木里、中甸和乡城。县城北部，是青藏高原最大的海子山古冰体自然保护区，中部是辽阔广袤的河谷和草原，南部是绵延冗长的深谷幽壑。稻城是以高山雪原、江河湖泊聚合著称的。

稻城县城与宁蒗、德钦的县城，没有太大的区别，一样的淳朴、厚实，一样的西部风情，只是一些新的建筑，与老城建筑样式极不协调，显得不伦不类。这是规划问题，而规划问题的深处，是文化和审美问题。

我们的行程目标，是距县城约83公里的亚丁核心自然保护区——贡嘎日松贡布雪山。洛克在给美国《国家地理》杂志的文章中，把这座雪山称之为“稻城古冰帽”。

当天晚上10点，我们正为木秀迟迟不归而忐忑不安时，她回来了，一脸的沮丧，想掩饰都掩饰不住。问她怎么了，她只说有些头晕，便上二楼休息去了。

第二天，平常早起的她，竟一直没起来。我们猜想她是病了，便嘱咐藏族房东悉心照顾，留下一纸条匆匆上路了。

贡嘎日松贡布雪山果然让人惊叹，光是远远地眺望它，就给了我们强烈的审美刺激。雪山主体是三座相距不远呈“品”字排列的雪峰，北峰仙乃日海拔6032米，南峰央迈勇海拔5958米，东峰夏诺多吉海拔5960米。三座雪峰，雄奇峭拔，冰清玉洁，银光闪烁，似三支粗犷的银剑直插云霄。三座雪峰周围，是几十座大大小小、千姿百态的峰林。主峰与周边峰林，构成了一副宏大景观，奇丽至极，壮观至极。

贡嘎日松贡布雪山是藏民心中的神山，也是洛克在《中国西南古纳西王国》中念念不忘的雪山。洛克曾两次攀登主峰仙乃日失败悻悻而归——当然是恨他自己力不从心。其时，洛克已近50岁了。

因时间和体力原因，主要是体力原因，我们没有去攀登这座雪山。

行程第三天，是去海子山的兴伊错湖。

木秀说身体有些不适，不想去。她有的是机会，我们也不勉强她。

兴伊错湖，是海子山最大也是最美丽的高山湖泊，海拔4420米，湖水碧蓝如玉，晶莹剔透；湖面辽阔浩瀚，波光潋滟；湖岸芳菲菁华，牧草丰茂。湖中和陆地上，星罗棋布撒落着奇形怪状的石头。这些石头，让人联想起远古的神秘与荒凉。

山谷里的喇嘛寺

尧宇是做美术和摄影的，艺术家的激情一下奔涌出来，携着天卉和慕蓉，持着照相机，像孩子一样东奔西跑。

我听见一声鹰叫，抬头看天空，几只苍鹰，卓尔不群，在湛蓝的空中自由翱翔。这种景象，不言而喻唤起我心灵深处关于自由与空间的共鸣。

回县城路上，我们看见一座分三个部分建立在半坡上的喇嘛寺，萧飒又不失雄伟地伫立在荒原上。天空很近，好像要俯身下来触摸大地。蓝色的天空，苍翠的山峦，清澈的河流，大自然把最和谐的美都给予了藏族人，也给予了我们。

回到县城，已近晚上9点，正想上楼去看木秀，她已站立在楼口，一副清秀、幽怨的样子。她早已在等候我们了。

一见面她就问什么时候走？

我与尧宇愣住了：怎么才来就要走？

我们的计划是明天再去茹布查卡温泉。没有非常特殊的原因，我是不轻易改变计划的。

第二天，我们按计划去茹布查卡温泉。木秀还是跟去了。她不像是有病，而是有情绪；一路上，沉默寡言。

兴伊错湖

茹布查卡温泉距县城约9公里，不到一小时就到了。

茹布查卡温泉是露天温泉，水质清澈，无色无味，水温约30多度。我们去时，已有好几个藏族妇女穿着内裤在那里沐浴、洗衣服。我和尧宇正想回避，木秀在身后笑了起来：人家都不回避，你们羞怯什么？各人找个合适的地方下去就是了。

我悄悄看了看那些正在沐浴的女人，果然没有回避我们的意思，神态安然得很。我与尧宇便找了一处相对背静的地方，宽衣下水了。虽然与那些女人有一定距离，但透过袅袅的水蒸气，彼此还是看得见的。

第一次在大自然原生态环境中看见人体生命原型，她们是那么美，那么自然，那么生动。

浸泡在温泉里，忽然感到一种境界，一种无法言喻的至高境界。

温泉洗尽了身心疲劳。

我们上岸时，看见木秀、天卉和慕蓉，也从另一方向姗姗走来，湿漉漉的秀发，显得更清新靓丽。

泡过温泉，木秀情绪好多了。

在路上，她终于告诉了我们发生的事情：

木秀在稻城有一个同学，也是她心仪的男友。她去找他时，他奶奶说，他到未婚妻家里去了。木秀吃了一惊，她不相信。木秀问清地址找到她的同学时，那同学果然与一女子在一起。他十分抱歉地向木秀做了解释，说他不好违抗父母的意愿。木秀听了，一言不语转身就走，在街上徘徊到近10点才回客栈……

这场情变，对木秀情感、精神打击很大，一路上都郁郁寡欢，缄默不语。

然而，稻城之行于我是有收获的，不仅看见了洛克描述的地质“古冰帽”奇观，看见了原生态环境中的生命与人体美，也看见了神山、圣湖……

月光下的央迈神山

我决定买下这把刀。

正当我掏钱时，天卉按住了我的手。

——她知道我心性里深藏的正义血性。她担心我控制不住时会让刀出鞘。

我忽然想起几年前在峨眉山想买把藏刀时也被我女儿青青按住时的情景。当时她是用眼泪制止住我的。

## 邂逅羿美

### 去理塘路上

也许是受盖明生那本《灵魂居住的地方》影响，去理塘的旅行者愈来愈多了，一路上都不断遇见车。

我们的车从稻城开出后不到两小时，已听见坐在前面右排的天卉和慕蓉发出轻微、甜美的鼾声。尧宇和木秀坐在后排，不知是否也睡了？没有一点声音。

我亦摇摇欲睡。

——这是乘长途车的经验。睡觉既可涵养精神，也可不去感觉时间的冗长。

似睡非睡间，突然一阵急刹车把我完全惊醒了。车子“吱嘎”一声停在一个深坑前。等车子绕开深坑继续前行时，我已睡不着了，一直眺望着窗外的景色。

坐在我旁边过道对面的是一位30多岁的女士，一头秀丽的短发，一对含蓄的眼睛，清雅隽美。她的邻座是一位上了年纪的老妪。一路上，她没与任何人说话，除了看看窗外的天空和沿途的风光，也时不时用审读、分析的眼光看看同行的旅客。那对眼睛里，显然储藏着丰富的思想。看得出，她是心气高傲的那档知识女性，是一人出行的。

也许是旅途太长，太寂寞了，她好几次试图与我说话，但又理性控制住自己。她以敏感智慧的眼睛观察到我不想说话。愈是这样，她愈想与我说话。快到理塘时，她终于开口问我：你们也是到理塘的吧？看你的样子，像是个高校教师，抑或是个职业作家？

我没回答她的问题，反问她：你是凭什么判断的？

她嫣然一笑，机智地说：就凭你这句问话。

一问一答，一下拉近了我们的距离。

我承认是作家，是自由撰稿人，并告诉她，我们是来旅游、考察的。

她告诉我她叫羿美，是北京某报记者，是利用休假专程来欣赏高原风光的。

那么，我们是大领域的同行了。我说。

怎么不多约两个人一起出来？我接着问她。

她说：一个人出来自由些，天马行空，我行我素。

我说：一个人太孤独，连话都找不到人说说。

她说：孤独单纯些。孤独能集中注意力观察、思考。

我说：思考主要是心静。

她说：环境会影响心静。

我说：关键是心境。心境安静情绪也会安静。

理塘的天空与大地

她说：心境要有条件。除了衣食住行无虑，环境优劣是重要条件。

我说：对社会对生命对宇宙的认识程度，比环境的影响更重要。

她说：心境是由很多因素合成的，包括物质的、精神的、情感的、心态的、环境的……

从木里带来的问题还积蓄在心里，我想轻松一下，便望了望窗外的天空转移话题说：理塘的天空好像要贴着高原了。

羿美瞬间理解了我的意思，补充了一句：那是天地的愿望，二者是不能合一的。人就生活在二者之间。生活在天地之间的人是幸福的，不仅拥有天空，还拥有大地。

我说：那要善于吸吮天地之精气，涵蓄天地之浩气。

羿美没再说下去。

汽车又刹住了。司机说：理塘到了。

我邀请羿美与我们同去一家已联系好的客栈。

羿美说：谢谢！我想自始至终一个人。

看着她远去的背影，我想起妻子。二者的风格差异仅在于，她比我妻子更有独立精神。

## 藏民、藏刀

理塘是典型的高原县城。理塘人说，理塘是离天最近的地方。

木秀说，理塘的平均海拔高度有4200多米，比拉萨还高。

因为海拔高，所以觉得离天空很近。理塘县城，就这样坐落在广袤无垠、顶天立地的高原上。

理塘最显著的特征是寺院与尘世的自然协调。理塘不仅是众多宗教领袖的诞生地，也有康南地区最大的寺庙长青春科尔寺。理塘珍藏着许多重要、珍贵的宗教文物，仅木版印经卷就有五百余部。丽江土司木增捐赠的大藏经《甘珠尔》《丹珠尔》，也珍藏在理塘。

理塘县城不大，但来来往往的人很多，尤其是店铺集中的街上，熙熙攘攘走满了人。除了穿民族服装的藏族人，其他民族的人很难甄别。相当一些少数民族，已不再穿民族服装。

理塘的儿童

店铺里大都是土特产品，如玛瑙珠子、象牙刻坠、玉环、火镰、牛铜铃、藏刀、转经筒，甚至还有价值昂贵的九眼石。

在十字街口看见很多藏民，男女都有，皮肤黝黑，男的高大魁梧，女的纯朴俊秀，显得粗犷而健康。他们远道而来，用带来的动物皮毛换取生产工具和生活用品，如马鞍、砖茶和布料等。

藏民无论在购物还是交易时，大都十分干脆、豪爽，不像汉人那样，唠唠叨叨，没完没了地讨价还价。这种豪爽和气魄，无疑是长空大地涵养出来的。

非常遗憾的是，藏民不接受我们拍照。他们不想张扬自己。

在一间卖刀的店铺里，我看见一把镌镂着精美图腾的藏刀，半尺多长，工艺十分精致，竟爱不释手。

我决定买下这把刀。

正当我掏钱时，天卉按住了我的手。

——她知道我心性里深藏的正义血性。他担心我控制不住时会让刀出鞘。

我忽然想起几年前在峨眉山想买把藏刀时也被我女儿青青按住时的情

景。当时她是用眼泪制止住我的。

——她们只是出于对我的关心。

——她们不理解刀的意义。

其实问题不在刀上。关键是刀掌握在谁手里。

道德与正义感在特定条件、环境下，只是一个精神软件，一个令人感动又无能为力的善良愿望。

理塘县城，色彩斑斓，充满了西部风情。

## 再见羿美

在理塘，最美的是天空。理塘的天空，又远又近，又纯净又温柔又强烈。纯净是像蓝色眼睛一样清澈的苍穹，温柔是舒缓飘逸的云彩，强烈是太阳灿烂的光芒。

阳光下的高原，像一副毛茸茸金灿灿的立体大绒毯。

木秀请了两个当地藏民带我们去毛垭坝。远远的，就看见一大群牦牛，在距离牦牛群不远的山坡上，是一座座错落序列的帐篷。还没走近帐篷，就听见了獒犬的叫声。獒犬与漫山遍野的牦牛，让人心里隐隐有些不安。慕蓉抓紧了木秀的手臂。

木秀说：有藏民与我们在一起，不用担心。

毛垭坝是个巨大的天然牧场，辽阔，悠远，苍茫。

尧宇、天卉、慕蓉在木秀和藏族导游陪同下拍照去了，我因股骨疼痛，就地坐在山坡小道旁等他们。

正当我聚精会神看地图考虑第二天行程时，忽然听见有叫我的声音，回头一看，竟是羿美和一个藏族导游从后面山道上走来。那导游20多岁，穿一身鲜艳的藏服，佩带了许多精美漂亮的饰物。

羿美问：怎么一个人待在这里？

受你影响。你不是说我行我素吗？我不假思索地回答她，一边站起来。

羿美笑了，笑得很开心。在车上的几个小时，从未见她有过这样灿然的笑容。

羿美约1.68米的个子，体形健美，端庄秀丽，尤其有一种智慧、气质美。

羿美说：一个人有什么不好？很多伟大的事业，都是孤独者做出来的，比如黑格尔、尼采、海明威、爱因斯坦、弗洛伊德……

羿美的观念引起我强烈共鸣。

羿美接着说：你听说过北京的蔡蓉和温普林没有？蔡蓉以巴荒的笔名写过一本《阳光与荒原的诱惑》，温普林写过《苦修者的圣地》《茫茫转经路》和另一本关于巴伽活佛的书。后一本书名我想不起来了。蔡蓉和温普林的书，都是写青藏高原的。蔡蓉在两年时间里，只身一人4次进出青藏高原，温普林先后在西藏漂泊“流浪”了10年。他们都是孤独者，都做出了自己的事业。

蔡蓉和温普林的书我都看过。蔡蓉的书我自己有一本。温普林的三本书是尧宇借给我看的。

我忽然开怀大笑起来：那你也是个孤独者了？

羿美说：我是来追寻美国探险者约瑟夫·洛克足迹的。再准确点说，是来寻找他的精神的。这种精神对我来说已经稀少了。洛克就是个卓越的孤独者。

我心里惊诧了一下。与此同时，想起一个与写作《寻找天堂》相关的问题。

羿美见我若有所思，主动伸出手来：告辞了；相信我们后会有期。

从羿美执著、自信和充满睿智的眼睛里，我已隐约感觉到我们还会见面。

——不是人的见面，就是文字的见面。

羿美与那藏族姑娘，转瞬间融进了高原阳光里。

## 谁的理塘？

我们一行回到理塘县城时，已近晚上8点。

临睡前，我翻了翻《理塘县志》，惊讶地注意到：历史上的理塘，竟是属于云南丽江土知府管辖的。

《理塘县志》说：元至元九年（1272年）置理塘州，归云南丽江土知府管辖，所治理塘城，即今理塘高城镇。明成化至万历年（1465—1620年），丽江木氏土知府曾管辖过现理塘一带。

这段经考证的历史，证实了洛克关于纳西族祖先在木里以北地区的分析与猜想。

洛克在《中国西南古纳西王国》里说："丽江的古纳西王国曾经扩张到理塘河流域的大面积领土。木天王在彝族走廊地区，建立了他神话般的王国。明万历年间，纳西王子木增（后来的木天王）为了强化统治，特邀三世达赖喇嘛索南嘉措在理塘城北的梭磨拉卡山下建立了黄教喇嘛寺院，并命名为长青春科尔寺。木增当年捐赠的大藏经就珍藏在寺院里。"

—— 这段文字，是洛克经过考察与查阅资料后才写的。

令我惊叹的是，近几年对长青春科尔寺的修葺、扩建，已使其规模、气派，远远超过了它的昔日风貌。

木秀告诉我：长青春科尔寺目前已是康南地区十三座寺院之首，有僧舍428间，僧人已达2千多人。

藏族少女

站在气势恢弘、金碧辉煌的长青春科尔寺前，看到阳光投射下的灰暗影子，我忽然产生了一种疼痛感，一种前所未有的苦涩感觉。

——我想起一路上看见的那些还非常简陋、寒碜的民居和学校；

——我想起一路上看见的那些还非常贫穷的纳西族人、彝族人、普米族人、傈僳族人……

我终于没有跨进那座豪华寺院大门。我想孤独地彳亍在这扇神秘大门之外。

——我不理解这是谁的理塘？

赵鑫珊教授说：男人追求的对象永远是两个：事业和女人。

那么，我们就取前者吧！

离开甘孜高原时，我再次回望那里的天空和大地，那里的天空和大地，多美多雄阔呵！

## 雄性的力量

在宁蒗县城那幢八角楼里，听罗桑益世活佛满怀缱绻之情地说起过甘孜高原。他说洛克去过那片高原。他在为我们描述那片高原时，眼睛里有一种温润、神往的光泽。他对那片高原最深刻的印象，是它的雄阔广袤，是生活在那片高原上的男人——康巴汉子。

### 动人的高原

离开理塘后，我们径直到了最具高原特征的甘孜。

甘孜高原给我的感觉是：大地和天空是亲密融合在一起的。仿佛一伸手，就可以触摸到天空和大地。

在一处山泉汇聚成的小溪旁，我们看见一排排迎风飘扬的风马旗。风马旗飘扬的声音，使高原显得更空旷。三五成群的牦牛，在山坡上懒洋洋地蠕动。牧民的帐篷，星罗棋布地撒落在溪涧旁和山坡上。

这种景象，使人想起莫奈、梵高的人生态感、生命感与宁幽静感的风景画。

我凝视天空，看见宇宙的恢弘浩瀚。

这样开阔、壮丽的天空，会使人产生自由飞翔的愿望，会使人大视野看世界看生命看人生，会使人欲望超拔、高贵。

甘孜高原的山脉不冷峻，绵延起伏的山峦，披满葱茏的植被，绿得透现出生命活力。山形很美，宁静而悠远。高原把天空把阳光连同诗意与神秘，一起赐予了我们。

天空与大地亲密融合

我们想看看高原落日景象，一直坚持到了傍晚。

太阳优雅地沉落，色彩斑斓，美轮美奂。接近大地时，尧宇、天卉和慕蓉，几乎同时按下了快门。

正当我和木秀等尧宇收拾摄影器材时，远远的天边突然席卷过来一阵烟尘。是牦牛。成群结队的牦牛在牧民高亢、悠扬的吆喝声中，如山洪般漫山遍野奔腾而来，然后又呼啸着从我们近旁掠过。等尧宇、天卉和慕蓉反应过来再拿出相机时，只看见一阵远去的烟尘。

除了在影视大片里，从来没见过这样令人惊心动魄的场面。

好长时间，神魂还在掠过牦牛奔腾和康巴汉子响彻云霄的声音。

## 雄性的力量

不容易再看见这样的天空和高原了，我决定再去一次甘孜。

这次去甘孜，除了想补拍一些照片，主要还想去领略康巴男人的风采。在温和的县城里，是看不见真正的康巴汉子的。洛克说，康巴汉子是中国的西部牛仔。昨天如疾风骤雨掠过的牦牛群中有策马扬鞭的康巴汉子，可惜因烟尘遮蔽没看清楚。

也许是天意，正当我们在牦牛踏出的天然路径上行走时，忽然从前方山梁上奔驰过来几个骑马的康巴汉子，一阵马蹄声响，已到了我们面前。

趁藏族导游与他们交谈时，我仔细观察了他们：身材高大，强壮，剽悍；长发飘逸，面孔黝黑，神色冷峻；每人胸前佩一把约1尺多长的藏刀。

尧宇想给他们拍照，康巴人看见后，面露愠色，用马鞭指了指尧宇。

藏族导游走过去对尧宇说：他们不喜欢拍照，但欢迎到家里做客。

还没走近康巴人的帐篷，就奔跑过来2只凶猛的藏獒。天卉和慕蓉一下抓紧了藏族导游的手。一个康巴人吆喝一声，藏獒一下变得温驯了，只走近来嗅了嗅我们，发出“狺狺”的不知是欢迎还是警惕的声音。看到近3尺高伸着长长舌头的藏獒，心里还是不寒而栗的。

刚走近藏族人的帐篷，就从各处帐篷里蜂涌出来许多老人、妇女和孩子。他们用惊奇的眼光看着我们。我们一下子走进了目光围困中。

那几位康巴汉子用我们听不懂的语言对他们说了些什么后，惊奇的目光开始转变，有的还漾溢出友好的笑容。

因为高原阳光紫外线的照射，男女老少的面庞，都呈现着紫红色，男人高大魁梧，女人丰满隽秀，无论大人和孩子，都彰显出淳朴、自然之美。

修行者的寓所

风采飞杨的康巴汉子

康巴人住的帐篷，是用牦牛皮缝合的，中间撑一根柱子，四周用绳索拴在地上的木桩上。帐篷顶部开了一扇可以关合的天窗。帐篷里置放着简单的生活用品。帐篷“壁”上挂着衣服、马鞍、马鞭和藏刀。帐篷中央有个火塘。火塘上正煮着奶茶，奶茶芬香的气味，在帐篷里袅袅弥漫。

康巴人烧的是牦牛粪，喝的是牦牛奶，吃的是牦牛肉，穿的是牦牛皮，甚至连舞蹈，都模仿牦牛动作。他们与牦牛有不解之缘。

康巴人豪爽大方。他们给我们每人端来一碗牦牛奶茶、一坨糌粑和一块烧烤好的牦牛肉。不管习不习惯，合不合口味，我们都坚持吃完了。

当我让天卉掏出钱来给他们时，他们不屑一顾，竟朗声大笑起来。

木秀通过藏族导游，向一位像是头领的康巴汉子表达了我们想到牧场去看看的愿望。那汉子很干脆就答应了。他果然是位头领。

连藏族导游在内，我们一共6人。那头领马上召集来6个康巴汉子，一人带一人，风驰电掣般向牧场奔驰而去。我听见天卉和慕蓉发出惊叫的声音。

康巴汉子一只手控制坐骑，一只手将我紧紧搂在怀里。我第一次体验到一种强悍的力量和人性充分释放出来的自由与狂野。

不知木秀、天卉和慕蓉会有怎样的感觉？

牧场袒露在天空下，广袤而苍茫。

走近牧场，看见有几头公牛在角逐，牛角撞击出沉闷的声响，如隐隐的雷声。我们还看见两头雄壮的公牛，霸气十足、雄性十足地跨在母牛身上。其中一头母牛想挣扎，但终于被那头强健的公牛征服了。与此同时，角斗中获胜的公牛，以胜利者傲慢的步态，走向近旁的母牛。令人惊异的是，母牛并没有走开，好像就在那里等待、迎接获胜的公牛。

这个场面，让我想起成吉思汗，想起上海社科院赵鑫珊教授在《人类文明之旅——有关人类文明递进和演化的哲学思考》（上海辞书出版社）里的一段文字：

“男性荷尔蒙的本质，说到底就是不断进攻和征服。

“成吉思汗正是这种男人。蒙古大草原的公马、公牛和公羊的雄性激素（荷尔蒙），养育了他的好斗、攻击性和征服欲。”

从强健、剽悍和充满雄性荷尔蒙力量的康巴汉子到勇猛强壮的公牦牛，乃至到山岗上高昂着头颅的雄性勃勃的羚牛（岩羊），我们看到了雄性的力

康巴汉子——中国的西部牛仔

量与风采。这种力量与风采是物质的也是精神的，是二者的合一。这种力量与风采，不是防御的、退却的，而是进攻的、征服的。

我理解成吉思汗——他的雄性精神、雄性力量太充盈了，但我不主张以攻击和侵略的形式来释放这种力量。这种力量应该用到使自己的民族和国家雄踞世界文明强国的事业上去。

赵鑫珊说：“男人追求、攻击的对象永远是两个：事业和女人。”

那么，我们就取前者吧！

离开甘孜高原时，我再次回望了那里的天空和大地，那里的天空和大地，多美多雄阔呵！

温泉面积不大，泉水清澈透明，几人同在水池里，既有距离也没距离，相互之间，一览无余。

# 男女同浴的亚挲温泉

又要去温泉了，心里特别高兴。对于温泉，我总有一种亲切的渴望。温泉于我局部坏死的股骨，似乎有一种治疗上的神秘联系。

虽然洛克去过亚挲温泉，但这个温泉对于我来说，不是非去不可的（没有太多考察价值）。决定去亚挲温泉，完全是出于恢复体力的考虑，而于尧宇、木秀、天卉和慕蓉，则是缓和一下长途苦旅带来的疲劳。

## 大自然里的温泉

亚挲温泉也叫脚屋擦温泉，在亚挲的一座山坡上。脚屋是山坡的意思，是地理位置；擦是沐浴的意思。因为温泉可以男女同浴，也有人叫它俄麦查温泉，意思是不必害羞的温泉。

温泉所处的位置，是在天然石林密集的华泉山上。当藏族导游带我们上到一个半坡时，我们在奇形怪状的石林之间，看见了这个椭圆形的温泉。它静态地袒露在那里，热气在水面上袅袅升腾、弥漫。

温泉完全是自然形成的，只是在它的周围，有人工用石块堆垒的痕迹。温泉面积不大，30多平方米，确切点说，是个热水池塘。与我见过的温泉不同的是，它的水源不是来自地下，而是从石林的乳峰之间流下来的。温泉水质好，水温在38度左右，清澄、纯净，1米多深的水池，一清见底。

温泉池旁边的岩石非常奇特，呈现出几种不同的颜色。有几尊竖立的石头，既像女性的乳头，又像男性的生殖器。这些给人以神秘感的石头，高30至50公分之间，有天然形成的，也有人为垒积的。人为垒积的，无疑是想表达一种愿望或彰显一种力量。那愿望显然是生命的繁衍与延续。彰显的力量，是对生殖器的敬畏。

洛克和盖明生先后到过亚挈温泉，但他们对这些显然涵蓄了什么意思的竖石，没有作心态与理念上的分析。

据当地居民介绍，这里原来是一个瀑布热泉，后来因地质结构发生变化，瀑布消失了，只遗留下这个温泉池塘。

从温泉和温泉池塘的地质地貌特征和周围生态环境看，我相信这一说法，但对男女同浴，我是不完全相信的。

## 距离与非距离

走近温泉池塘时，池塘里空无一人。我对三位女性说：你们先在这里泡泡，我和尧宇到路口边去写生，等你们泡好后再换我们去。

好长时间没画画了，觉得很惬意，线条流动也很舒畅。我请教尧宇，尧宇说，还真有速写的味道，表现也很准确、生动。

如果说真有“味道”，一是得益于我30多年前的绘画基础，二是得益于高原生态风光赋予我的灵感。

一个多小时后，木秀、天卉和慕蓉才姗姗来换了我们去。

距稻城茹布查卡温泉已一个多月了，对我来说，漫长得像半个世纪，我迫不及待下水后就闭上眼睛，让泉水温柔地滋润、抚摸我……

不知过了多久，忽然听到尧宇叫我：大卫，有人来了！

我睁开惺忪的眼睛，由模糊到清晰地看见六七个藏族男女青年边走边笑，径直向温泉池塘走来。他们老远就看见了我们，既不迟疑，也不回避。快走近温泉时，其中四个女性才停下来，就地坐下，把脸转向其他方向。3个男青年继续走过来，冲我和尧宇笑笑，就脱衣下水了。三把藏刀压在岸边衣服上。

我和尧宇与他们同池泡了一会就先上岸了。走出二三十米远再回眸看时，那4个藏族少女已在温泉池边脱衣服了，其中3个完全是赤裸身体下水的。走出近百米再回头看，温泉池里已飞溅起一泼泼晶莹的水花……

温泉池面积不大，泉水清澈，几人同在水池里，既有距离也没距离，相互之间，一览无余。

距离温泉不远的民居

与木秀她们仨会合后，天卉欲言又止，慕蓉不以为然，显然，她们也看见了那幕男女裸体同浴的情景。

尧宇说：这是生命的自然形态。从生命、人体和艺术的角度看，是很正常的。这种情景，与泳池、江河湖海中群体共泳的性质一样，只是形式上的区别。裸体沐浴，更展示了生命与人体的自然形象，展示了人类的生命身体美。

我完全赞同尧宇的看法。自然状态的生命是最真璞最生动最美丽的，而更美丽的是，生命形态在大自然生态环境里。

在亚拏温泉，心理距离是一个不存在的概念。

## 温泉里的“度”

回理塘路上，我想起赵鑫珊教授在他那本不朽的《人类文明之旅》中引用的一段成吉思汗的自白：“人所拥有的最大幸福是在征服中——征服你的敌人，追逐他们，夺取他们的财产，骑他们的马，拥抱他们的妻子和女儿。”

1206年，在蒙古诸部落酋长会议上，铁木真（成吉思汗）被推举为全蒙古大汗后，各部落酋长是这样向他表示忠心的：“我们推举你为大汗。当你，铁木真，成了大汗，我们甘愿冲锋在前，誓将敌国最美貌的少女和女人，还有他们的珍宝，统统夺取过来献给你……”（《人类文明之旅》）。

蒙古人在成吉思汗统领下，从黄河到多瑙河，从太平洋到黑海沿岸，横跨欧亚大陆，成为在世界征服史上对外侵略时间最长，征服地域最辽阔的军队。

成吉思汗与他的蒙古铁骑，将人性中最凶猛最残酷最贪婪的一面，以战争的形式，表现得淋漓尽致。

——恐怕连成吉思汗自己都不会想到，数百年后，他的后裔们还在深情眷恋他，赞美他。

法国思想家孔德有一句著名格言：观念支配世界。

成吉思汗对亚欧大陆发动的侵略战争，就是在一定观念支配下进行的。他和各部落酋长们的“观念”，在自白和表示忠心时，已直言不讳肆意张扬地表达了出来。

——这是个遥远的联想。

大自然里的圣湖

——这个联想与我对亚挲温泉的观察、体验和思考是相关的。

可以想象，如果在男女共浴时有人受某种“观念”支配心生邪念，并将其邪念演进为狂野行为，那温泉会是一番什么景象呢?

因此，我们在肯定、敬畏、赞美生命与人体自然形态时，不能忽视了对人性真善美以及道德文明“度”的把握。“度”是对立的协调。失去“度”，就会失去理性失去秩序导致混乱，就会走向文明的反面。推而论之，如果社会无“度”（法与秩序），人类心灵道德无“度”，又会是一番什么景象呢?

“度”是人类智慧的最高境界，是人类文明的灵魂。

“度”的概念就是理性、良知和秩序。“度”除了涵盖法的因素，还涵盖心灵道德因素。心灵道德与自由、自然状态是不矛盾的，相反，是对自由、自然状态的最好呵护。

在车上我问慕蓉：为什么你看见那些藏族男女共浴一池一点也不惊讶?

慕蓉说：那是他们的自由。为什么不可以呢?坦坦荡荡释放自己的天性与美丽有什么不可以呢?为什么要遮蔽真实呢?再说，他们并没影响和损害谁啊!

我无言以对。

天卉睁大眼睛看着慕蓉。

这次亚挲温泉之行，轻松亦不轻松，轻松是我们如愿以偿美美地泡了一个温泉浴；不轻松是温泉让我们思考了一些敏感的有争议的问题。

——人类总是要思考的。

——思考是人类智慧的光芒。

与尘寰相比，那是一片净化生命与灵魂的天空。我忽然大彻大悟，人类追求的文明之旅，其实就是生态之旅、精神之旅、人性之旅、灵魂之旅。

## 格聂神山

在理塘县城休整两天后，我们踏上了通向格聂神山之路。

在格聂神山，我的灵魂获得了一次重要洗礼，它不仅使我对纳西人、藏族人有了进一步的认识与理解，而且提升了我对人类生命的认识与理解。

我相信洛克站在这座神山前，也是思绪万千，慨叹不已的。

格聂地域除了格聂神山，还有肖扎神山和嘎麦龙神山，三座神山鼎足而立。三座神山中，格聂神山海拔最高，也最雄伟。格聂神山主峰海拔6204米，是康南地区第一高峰，是藏传佛教24座神山中名列前茅的神山。

月光下的嘎麦龙神山

从东北面上格聂神山，要经过嘎麦龙神山下一条清澈、湍急的河流。

当我们走近这条河流时，即被浓郁的宗教氛围包围了。桥头上插着风马旗（经幡），还有像玛尼石堆上扦插的法柱。这种景象与氛围，给了我们一种神秘、森严的感觉。

藏族导游扎西提醒我们：经过这里，必须下马按顺时针方向绕行。

我们还来不及引导马向右行，马已自觉引导我们按“神”指定的方向与路径自觉绕行了。

进入格聂神山第一站是冷谷寺。冷谷寺原是进藏的必经之路。康藏公路通车后，冷谷寺就冷寂下来了。冷冷清清的冷谷寺，使我们想起它的寺名；真是太贴切、精准不过了。

到冷达坝子时，老远就看见了一座祭台。祭台是一个连体狮子形状的巨大卵石。祭台后面，有一擎天大树，树上挂满了像哈达一样的颀长彩条。祭台再出去，是一片面积不大的湖。扎西说是鬼湖。鬼湖周围，簇拥着许多植物。植物之间，横七竖八布满了奇形怪状、色彩斑斓的石头。体积大的石头上，用藏文刻着大藏经和“庵、嘛、呢、叭、咪、哞”六字箴言。

远眺格聂神山

扎西告诉我们：这些刻着经文和箴言的石头，已有几百上千年历史了。

站在鬼湖边上，可以看见格聂神山。视线越过鬼湖岸边一片砂石地与灌木丛林相间呈平缓坡形的坝子，再越过坝子边缘上那些刻着经文的奇异石头，就是格聂神山了。

格聂神山是由无数山峦重叠组合而成的，巍峨挺拔，气势雄伟。山下是一片片苍郁蓊茂的原始森林。

我们到格聂神山时，是个难得的好天气，碧空如洗，层峦叠翠，气象瑰丽。

木秀说，格聂神山是古热氏部落的母系图腾，是藏族人心目中的圣女山。

面对宏博、雄奇、奥秘的神山，我感到有一泓热血在心里涌动。

扎西匍匐在地上长跪不起。

木秀与天卉闭目双手合十。

慕蓉在胸前划了个“十”字。

所有的人，都沉浸在虔诚、肃穆的氛围里。

忽然间，有风拂过来的感觉，凉沁沁的。我的感觉是神赐给我们的。

太阳在云层上空缓慢地移动，时而穿过云层缝隙，闪射出辉煌的光芒。

天空变得生动、飘逸、丰富起来。

不经意间，从地上飞流的云影里，看见了我的脚步，我的岁月，我的生命。他们走得多快、多艰辛、多悲壮呵！

我闭上眼睛：我的生命会像这流云一样飞掠过去了无痕迹吗？

冥冥中，我听见一种声音，一种非常神秘又非常清晰的声音：你不能这样无痕无迹地走过去。那样地走过去，你的精神会贫穷，你的生命会虚空。

我问：是我的生命和人生要求的吗？

那声音说：是你母亲在永宁温泉里用眼睛要求你的；是你的宿命要求你的。

我问：你怎么知道？

那声音说：其实你比我更清楚；你一直在追赶生命，甚至写了一本《追赶生命》的书。

我睁大眼睛想看看是谁的声音。我四处张望，除了我，谁也没有。尧宇他们在扎西引导下已不知到哪里拍照去了。

原来——

我是在慨叹，是在祈祷。

我慨叹生命的惊人时速；我在为生命意义祈祷。

我说不清楚，蕴涵其里的是痛苦还是幸福?

我只觉得，格聂神山正在提升我对生命意义的认识。

我抬头看天空，天空又远又近，圣洁得一尘不染。

——与尘寰相比，那是一片净化生命与灵魂的天空。

我忽然大彻大悟，人类追求的文明之旅，其实就是生态之旅、精神之旅、人性之旅、灵魂之旅。

约瑟夫·洛克镜头下雪山古道

冷谷寺周围，幽幽森森，阴气很重，而月光下巍然兀立的格聂神山和嘎麦龙神山，则凸现出凛然雄姿，峥嵘轩峻。

——这是大自然的神奇造化，是大自然的对立统一，是神的赐予。

# 心悟冷谷寺

一走进冷谷寺，就感觉到它的幽静、神秘与深邃。

1926年秋，洛克探险格聂神山时，曾在冷谷寺投宿过两天，不知他是怎样感知和体验冷谷寺的？

## 大自然的对立统一

冷谷寺在嘎麦龙神山与格聂神山之间。站在冷谷寺楼顶平台上，可以清晰地看见这两座神山。包括肖扎神山，三座神山像个“品”字结构。

冷谷寺正门前，有条用粗大树干支撑起来的路，原是康藏公路通车前进藏必经之路。我们看见这条路时，已经荒弃了。藏族导游扎西说，除了去格聂神山朝圣的香客，这条路已很少有人走了。

冷谷寺是一座石木结构的三层建筑，由山门、佛殿、配殿、大殿、僧堂、法堂等部分组成。寺院呈长方形，三重檐楼阁式建筑，结构和谐，内涵幽深。

我们到冷谷寺时，已近傍晚，第一感觉就是空旷冷寂，阴气袭人。

偌大的寺院里，只有两个喇嘛，一个叫洛泽仁，一个叫嘉谷。嘉谷静坐在那里念经，我们走到他身旁时，也只用木讷的眼睛平淡地看看我们，一言不语。接待我们的是面带微笑，浓眉大眼，高鼻梁，厚嘴唇，皮肤黝黑的洛泽仁。

洛泽仁使我想起美国影视大片中俊俏的黑人。

洛泽仁大约20出头。嘉谷看去要比他大十几岁。

晚餐吃得很素，很简单。冷谷寺没有条件做我们想吃的晚餐。匆匆凑合一顿后，我们就在洛泽仁陪同下，在寺院内外转了转。

一个小时后，天已经完全黑了。两个小时后，月亮缓慢升了起来。

月亮在云层里时隐时现。月亮被云层遮蔽时，大地一片漆黑，黑得好像整个世界忽然就消失了；月亮从云层里钻出来时，世界又朦胧地显现出来。

洛泽仁说三楼上离天近些，可以观天象，便带我们到了屋顶。

当月亮再次突破云层出来时，我们在天空与格聂神山、肖扎神山和嘎麦龙神山衔接的地方，看见了一幕动人心弦的景象：三座神山主峰上的皑皑白雪，闪烁出冷艳、瑰丽的银色光泽，天空则是悠远的梦幻般的深蓝色。

冷谷寺及周围，幽幽森森，阴气很重，而月光下巍然兀立的格聂神山、肖扎神山和嘎麦龙神山，则凸现出凛然雄姿，峥嵘轩峻。

——这是大自然的神奇造化，是大自然的对立统一，是神的赐予。

## 想做僧人的煌

第二天早上看见嘉谷时，依然是昨天留给我们的印象，除了悄悄地观察人，悄悄地倾听旅行者谈话，一直沉默寡言。嘉谷给人的印象很安静，其实是抽象出来的形式，他内心深处一定是不安静的，只是在恬淡隐忍。

相反，洛泽仁却很单纯，他看不透嘉谷，还对我们说嘉谷本分、老实。

嘉谷使我想起一个朋友，一个叫煌的朋友。这个朋友在遭遇一场镂心刻骨的官司厄运后，一直想离家出走，直到我远赴云南、四川前，他的出走意识仍然很强烈。他听说我要到云南、四川一些寺院去，想与我同行，但被我婉言拒绝了。我不想让一个情绪低落的人影响我的情绪。我深知云南、四川之行于写作《寻找天堂》的重要性。

我理解煌，我听见他心里的悲泣，但我劝不住他。他执意要出走，甚至要出家。他想找一个安放身心的去处。

煌是有妻室儿女的人，怎能一走了之？我为煌和他的家庭担心。

煌曾来找过我，神情很沮丧。他创办企业时那种雄勃英气已完全萎谢了，连声音都是悲怆的。煌的性格和命运好像完全改变了。

后来因忙于采访，忙于书稿，未与煌联系。

据煌的朋友说，他终于出走了一段时间，但最后还是心力憔悴地回家了。原因不清楚。也许是受不了做僧人的寂寞；也许是寺院不要他；也许是他放不下妻室儿女。

当我正因嘉谷联想煌时，嘉谷提了桶水从我身旁走过，依然一脸的木然，礼节性的笑容都没有。嘉谷的精神状态，是他内心世界的反映。

看到嘉谷，又想起煌。难道到寺院里，换个环境，一切就涣然冰释了？就没有痛苦？就心安了？

肖扎神山

其实，心灵的宁静，是在心态深处，在理性深处，在智慧深处。

煌需要考虑的问题，是如何调整心态和思路，做出理性的选择。

我是希望煌出来走走的，但不是到寺院，而是去虎跳峡，去金沙江，去梅里雪山，去甘孜高原……

## 冷谷寺的三件宝物

一提到冷谷寺的三件宝物，洛泽仁就喜形于色。

这三件宝物是海螺、心灵石和母鹿角。

洛泽仁将它们摆放在一张巨大的案桌上展示给我们看，并为我们作了解说。

海螺是块特大的花斑螺化石，横竖直径约20厘米，形状奇异生动，布满了岁月痕迹。因为海螺是在海拔5千多米的横断山脉上发现的，所以成了圣物。

心灵石是块直径十几厘米的石头，石头上显现出人类胸腹结构和心脏位置，且清晰可见。

母鹿角则是一对呈现着紫黄颜色的鹿角。

——这三件物品，确实因罕见而珍贵。

洛泽仁说，这三件圣物是不轻易示人的，尤其不能让邪恶者看，只能给好人看。

那么，我们在洛泽仁眼里是好人了。

其实，洛泽仁给我们看这三件宝物的背景是：主持不在；嘉谷不管事；他要炫示自己。

盖明生在他的《灵魂居住的地方》里，有一段让洛泽仁把海螺送回它出土的地方去的情节，十分生动：

当洛泽仁手捧海螺到它出土的冷达坝子则茸村时，那里的两户人家感动不已，一下就匍匐在地上。他们说天天都看见海螺洞，却从未见过海螺。

盖明生问他们：为什么不到冷谷寺去看呢?

其中一户人家的女人说：寺里的喇嘛说女人低贱，不准女人看。

盖明生要拍一张“海螺回家”的照片，让洛泽仁把海螺放到它出土的洞穴里去，洛泽仁怎么也放不好，盖明生急了，就上去帮助他，正当他回头勘测海螺与相机位置角度时，不经意地“看见嘉泽露出异常恐惧的神色”。盖明生心里掠过一丝不安，但还是拍下了那张他认为是“历史性的照片”。嘉泽是与盖明生同行的藏族导游。

从盖明生，我想起《人类文明之旅》作者赵鑫珊。为了完成《灵魂居住的地方》，盖明生前前后后在云南和四川的横断山区奔走了七个春秋。为了完成《人类文明之旅》，赵鑫珊做了20年殚思极虑，艰苦扎实的准备工作，其间包括风尘仆仆的考察苦旅。虽然二人视野、选题不一样，但其精神力量展示出来的生命意义是一样的。

他们的生命对我是一个启示。没有他们精神意志和生命意义的助推，我不可能在短短两年多时间里完成《寻找天堂》一稿、二稿、三稿乃至四稿、五稿。

冷谷寺的海螺、心灵石和母鹿角对冷谷寺是珍贵的，盖明生的《灵魂居住的地方》对盖明生是珍贵的，赵鑫珊的《人类文明之旅》对赵鑫珊是珍贵的，然而后两者的涵盖面却浩大、深远得多。

明天，我们又要启程去神往已久的贡嘎雪山了。那是一座更美丽更雄伟的神山。

我有了一种解放、超拔、飞翔的感觉。这种感觉，是自由的，是自然与神赐予的，是倾听与心悟带给我的——我听见了天堂的声音。

# 天堂的声音

洛克说，贡嘎山不仅是藏羌人、纳西人心目中的圣山，也是纳西人的祖居地。贡嘎山给洛克的印象，是至深至美的。

贡嘎山地处康滇地轴，最高海拔近7000米，险峻挺拔，高耸入云。在藏语里，“贡”是冰雪之意，“嘎”是白色之意。冰雪、白色是圣洁的象征。

洛克是1928年5月下旬去贡嘎山的。洛克是否攀登上连羚牛也上不去的圣山，谁也无法考证，但他去攀登了。攀登贡嘎山时，洛克已44岁，其气魄与雄伟的贡嘎山一样，令人叹为观止。

我们一行是从理塘经雅江、新都桥、康定、泸定到海螺沟，再从海螺沟去贡嘎山的。从南麓山门进去后，一路艰苦行走了6天，才到贡嘎山主峰下的贡嘎寺。贡嘎寺不仅壮观，而且神秘，我们却已疲惫得无力观赏，匆匆吃了晚饭，便倒头睡去。

第二天上午10点，木秀把我们叫起后，我们看到了一副神话般不可思议的景象：贡嘎山主峰在阳光映照和蓝色天幕衬托下，炫耀着橙黄色的光芒；山顶积雪被风扬起来，轻盈地在阳光里飘舞。是一幕神话世界里的舞台布景？还是一座瑰丽璀璨的天堂？我们简直惊呆了，目光一起汇聚在贡嘎山主峰上。

最激动最忙碌的是尧宇和慕蓉，他们选择各种角度，拍下了一幅幅精美绝伦的照片。

一个小时后，尧宇、木秀、天卉在导游引领下，向贡嘎山坚定地走去。

慕蓉身体不适，留下来陪我。

看到年龄比我还稍大一点的尧宇，我的眼睛湿了。我常被尧宇的倔强精神感动。

雪山时时处处有风险。我心里清楚：尧宇他们是走上了生与死的临界点。

为了更清晰地看见尧宇4人，我和慕蓉倒退了30米，走到一个最佳观察角度。

慕蓉在胸前划了一个“十”字。我知道这个“十”字内涵的意思。

在追寻洛克足迹的旅程上，我们先后去过玉龙雪山、哈巴雪山、梅里雪山、格聂雪山，但最震撼我们的，还是贡嘎雪山。贡嘎雪山及周边区域，虽地震活跃，水灾、雪灾、泥石流不断，但贡嘎山并未因此失色，依然气宇轩昂，雄姿华彩。最能与贡嘎山媲美的，是纳西文《创世纪》中描绘的巨那若倮神山，但巨那若倮神山只存在于文字中，没人见过真正的巨那若倮神山，上年纪的藏羌人、纳西人也没见过。据上过贡嘎雪山又研究过纳西历史、地理和文化的洛克说，巨那若倮神山其实就是贡嘎雪山。我完全相信。在我所见过的雪山中，再没有比贡嘎山更雄伟

肖扎神山

嘎麦龙神山

贡嘎神山主峰

更俏丽更神秘的雪山了。贡嘎山主峰不仅像一座银色的金字塔，更像一尊庄严、肃静的神。主峰周围，是近百座大大小小形态各异风姿绰约的山峰，如万众簇拥，顶礼膜拜。无论远看近看贡嘎山主峰，它都蓄满了王者气象。看到这样凌云绝顶，高拔雄伟，晶莹圣洁的雪山，血液都会沸腾。

两个小时后，尧宇4人已小如砂粒。

我闭目为他们做祈祷。

又过了约一个小时，他们终于下山了，速度极慢，像四只壁虎，在主峰前一座雪山上缓慢移动。我目测一下，他们至多上到那座雪山的五分之二。

时间在寂静中紧张、艰难地流走。

半小时后，贡嘎山倏忽闪耀出万道光芒，落日将余晖投向大小山脉，壮观至极。贡嘎山主峰在辉煌里肃穆、凛然地挺立，美轮美奂。雪山、夕阳、攀登者，我和慕蓉看见了一生中最独异最优美的黄昏。

再过半小时后，尧宇4人终于安全下山了……

当晚，我们宿营在贡嘎寺。万籁俱寂时，再仰望贡嘎山，已是一条于青黛天光中呈现的藏蓝色起伏曲线，朦胧、飘逸，如画如梦。顷刻间，一种悲壮与圣洁的感觉涌入我的灵魂。我知道，这是对“神”与自然的感动。这种感动，让我从凡俗中拔擢出神性，拔擢出坚不可摧的精神力量。

第二天，气象依然晴朗，天空湛蓝而纯净。走出贡嘎寺时，忽然遇到逆流般蜂拥而上的朝圣人群。从服饰上判断，大多数是藏羌人。

我问木秀，怎会有这么多人上山？木秀说，今天是信仰本教的朝山会。本教是藏传佛教的一个分支，每逢祭祀的日子，人们都要上山祭祀山神。藏、羌人认为：

——信仰是不可以没有的；

——信仰是在苦难与不幸中产生的；

——信仰是生命永恒轮回的精神支柱；

——没有信仰，人的精神就会萎谢。

我静观每一个“朝山”的人。我为他们祈祷。我知道他们需要有一个精神洗濯、净化灵魂的地方——他们心中的神山、圣地。

作为从小就接受“无神论”教育的人，上贡嘎雪山前，为了提醒我的所谓“唯物”哲学理念不被“神”感化，我草拟了《天堂的声音》：

天堂的声音

其实就是我们自己的声音

寻找天堂

其实就是寻找我们自己……

从某种意义上说，这首蕴含了佛意与哲学理念的“诗”，也没什么可挑剔的，但在贡嘎雪山，当我回望长龙般向山上匍匐前行的朝圣者时，这首诗的主体精神，在心里解构了，如同阳光下消融的冰雪。

我有了一种解放、超拔、飞翔的感觉。这种感觉，是自由、怡然的，是自然与神赐予的，是倾听与心悟带给我的——我听见了天堂的声音。

顺着尼珍手指的方向看去，果然有几只羚牛，时隐时现行走在对面山坡上。雨后的山峦，花木葱茏，青翠靓丽。羚牛在早晨阳光的照耀下，像几头金色的小鹿……

# 慨叹巴望海

从贡嘎山下来后，已是疲惫不堪了，可导游尼珍说：你们也许是最后一次到贡嘎山了，我们去田湾河吧，那是条美丽的河流，就在贡嘎山东麓山下，河的尽头是巴望海，也是你们难见到的。

尧宇用征求的目光看我。

那目光的意思十分清楚。

木秀、天卉表示同意。慕蓉不置可否。不置可否更多的意思是不反对。

我说：那就去吧！

## 田湾河，一条美丽的河流

田湾河寂静地流淌在贡嘎山下，寂静得像一首涌动着激情又含蓄不露声色的诗。走近它，才感觉到他的真正魅力——晶莹得清丽、静谧得幽美。

田湾河两岸，长满了绿茸茸的植物和娇艳的花卉，有的是我从未见过的，所有的植物与花卉，都蓬勃着生命活力。

河面上，有许多水鸟在飞翔，有的潜入水里去，有的紧贴着水面，羽毛美丽动人。

河谷远处，乳色的雾霭似动非动地漂浮在水面上，阳光照射到的地方，宛若一匹匹橙黄色半透明的丝绸飘带。

我问尼珍：河水来自何处？流向何处？

尼珍说：河水是贡嘎山积雪融化的，流向下游的巴望海。

再问尼珍：巴望海是不是有眼巴巴期望什么的意思？

尼珍点点头：可能有这个意思。

尧宇一年四季都坚持游泳，见到这样清澈、纯净的河水，早就动心了，他放下相机就准备宽衣下水。

尼珍立即阻止他：不能下去，河床里全是山上滚落下来的岩石，还有水草，很危险的。

寂静的巴望海

我这才看见，一清见底的河床里，犬牙交错地布满了岩石，岩石缝隙里，还生长着一丛丛类似海带一样飘动的水生植物。在岩石与水生植物之间，各种形态各种不同颜色的鱼类，三五成群地在水里潜翔、嬉戏。

尧宇认真观察一下水里的情形，还是固执地下水了。

尧宇水性好，轻轻松松就游了两个来回。上岸后，擦着湿漉漉的头发说：河床里确实很危险，但我不潜下去，只在水面上游，所以比较安全。

尼珍松了口气，叙述了两个月前发生在田湾河里的一桩事故：

几个摄影者在这条河里游泳时，一位男士潜水下去被水草缠住了，挣扎时脚又陷进石缝里拔不出来，其他几人找到他时，已窒息而死。他的妻子和另外几位同行者，在河边守候了两天两夜，才请当地藏民把尸体打捞上来。死者的妻子悲痛欲绝，几次要跳下河去，都被同伴用力拽住了。

天卉和慕蓉听了，不约而同看了看尧宇。木秀学慕蓉在胸前划了个“十”字。

不管怎样，田湾河确实是一条美丽的河流。尼珍没有误导我们。

## 巴望海的疑问

一听巴望海这个名字，就有隐喻了一种苦难的感觉。

巴望海实际上是田湾河河水汇聚形成的一个葫芦形状的湖泊。

巴望海河床很高，最浅处长满了竖立的根茎植物，一种我们从未见过的异形植物。这些植物纤细、枯槁，远远看去，就像一双双伸向天空的手。

田湾河水因河床隆起受堵分流后，又慢慢在下游汇聚成一条主流，静默地向下游流去。

田湾河源头的贡嘎雪山

巴望海最深的地方，水也是清澈的，几米以下的岩石、游鱼和水生植物，一目了然。

巴望海的水是淡蓝色的，像蓝色透明的梦，很美，很诱人。

巴望海使我想起九寨沟的孔雀湖，但巴望海是流动的。巴望海长流不息的水资源，滋润、涵养着下游两岸千山万壑的生命。

尼珍带我们沿着陡峭的山坡走了数百米后，在高出海面约30米的山坡上，看见了几个岩洞，有的洞口，还用树枝和石头搭了“雨棚”和垒了围墙。最大的一个岩洞里，还有几堆茅草和一堆燃烧过的灰烬，此外，还有一些空罐头盒、猎枪弹壳和野兽骨头。

尼珍说：是狩猎者在这里住过。巴望海附近，经常发现羚牛（岩羊）。他们是来捕猎羚牛的。

我们在山坡上辗转了2个多小时，正准备下山，气象忽然发生了变化，刚才还晴朗的天空，一下就乌云麇集，继而下起雨来。

看看天色已晚，又下雨，尧宇建议就在岩洞里宿营。尧宇每年都参加探险活动，在野外宿营已是常事。

木秀和尼珍不以为然。她们也常在野外露宿。

天卉和慕蓉有些犹豫。

我感觉已经走不动了，同意了尧宇的意见。

尼珍说：听贡嘎寺的老喇嘛说，洛克到贡嘎山探险时，也在巴望海的山洞里宿营过。

那好吧，我们今晚请木秀给我们讲讲洛克的故事。慕蓉见大势所趋，转个弯表示了同意。

我们出行的原则是少数服从多数，天卉也只好同意了。

岩洞里很干燥，比在野外宿营好多了。

四位女性睡里面，我和尧宇睡洞口附近。

深夜雨停了后，听见有动物嗥叫的声音，但没来侵扰我们。

第二天清早起来，尧宇欣喜若狂。原来是个好天气。尧宇对天气总有一种摄影者特殊

田湾河岸的奇花异草

的敏感。

晴朗的天空下，我看见巴望海周围的山峦，多处发生滚石流，大大小小的石头，从山上一直滚落到巴望海里。原来，海底河床的石头是山体垮塌坠落下去的。这些从山上坠落下去的石头，加上夏天山洪被石头拦截积淀的泥沙和迅速生长繁殖的水生植物，正在不断提升河床高度。就是日益隆起的河床，将田湾河分解成为几股水道。如果不遏制河床增高的趋势，巴望海迟早会被滚石、泥沙和植物堵截成为一片死海。

——忽然看见河床中那些像无数双手一样伸向天空的植物，竟觉得它们好像在呼唤、企盼着什么?

正这样思想时，尼珍忽然惊奇地叫起来：羚牛！你们看，对面山上有羚牛！

顺着尼珍手指的方向看去，果然有几只羚牛，时隐时现行走在对面山坡上。雨后的山峦，花木葱茏，青翠靓丽。羚牛在早晨阳光的照耀下，像几头金色的小鹿……

蓦地，我想起潜伏在山洞里的狩猎者，看见他们举枪向羚牛瞄准的眼睛。

那些潜伏、那些眼睛，与这美好、宁静的生态世界是多么不谐调呵！

我不理解，为什么总有一些趋利的不健康的心态和眼睛，在与自然与动物过不去呢?

——也许因此，巴望海才让人起了个蕴涵苦楚的名字。

在俄亚寻访一夫多妻一妻多夫家庭时，因担心被拒绝采访，我们连相机都不敢带去。后来在盖明生的书里看见一夫多妻一妻多夫家庭合影的照片，才后悔不已……

# 俄亚风情

从贡嘎山到泸定、康定、雅江，再经理塘、稻城、日瓦、俄牙同（地名）到俄亚，一路走走停停，竟用了9天时间。

俄亚是值得去的，不仅洛克去过俄亚，还因俄亚在一定程度上保存了自己独特的民俗文化和西部风情。

洛克在俄亚有过一次不愉快的经历，但并没影响他对俄亚的客观描述。他对俄亚以及俄亚人的印象与评价，仍是客观、真诚的。

## 俄亚风情

1926年春夏之交，洛克进入俄亚时，俄亚正举行盛大的祭祀活动，洛克的坐骑因受浩荡的人群和鼓锣声的刺激，一下狂奔起来，破坏了祭祀的秩序和氛围，被愤怒的东巴祭司和参加祭祀活动的人群，连人带马驱逐出了俄亚。

——这便是俄亚，有自己的情绪和性格。

俄亚是一座建立在半山坡上依山傍水的“大村”，确切点说，更像是一座山水环抱的城池，左右与背面，是绵延起伏的巍峨山峦，城的正前面，是清澈、湍急的俄亚河。

俄亚选址在这样的环境里，不仅有生态眼光，也有战略眼光。

从高处鸟瞰俄亚，完全是一个基于战略、战役防御的城堡结构。每幢民宅，都是紧密相连的，几乎所有门窗的朝向，都面对俄亚河，即面对同一方向。那些窗口，既是采光、透气孔，也是瞭望、射击孔。城堡正前方，是一览无余的庄稼地，稍远些，便是俄亚河，视野十分开阔。整座村落，显示出

俄亚的山脉、河流与民居

一种气魄，一种坚不可摧的凝聚力。

当地导游带我们“参观”几户民居时，我们惊异地发现，这些房屋的设计和结构，与丽江地区纳西族人的民居差异很大，每户住房不是相对独立的，而是近距离零距离依靠在一起的，非常有象征意义。

俄亚人的住房，大多是土木和石木结构，厚实而原始。

俄亚的居民，不仅有纳西族人、彝族人、藏族人，还有白族人和摩梭人，是一个多民族聚居地区。

俄亚大村里有一条小街，民居中有若干小道通向这条主流小街。街上零星有几家简易商铺和民居改造的“客栈”。所谓“客栈”，其实还是民居，只是可供外来人食宿。

小街稍宽的地方，竖立着拴马的木桩，有的木桩空立着，有的系着马。小街上，来来往往都有人行走，有当地村民，也有外来考察、旅游的。从服饰上判断，上述几个民族的人都有，也有穿汉族服装的。导游说，俄亚是纳西族人居多，但不管什么民族，住在俄亚就是俄亚人。

我们在街上遇见俄亚人时，他们除了用眼睛不经意地看看我们，几乎没有一点主动、热情的表情。

俄亚的男人粗犷、剽悍，大多长得高大魁梧。

俄亚的女人温柔、内向，丰满隽秀。

我们在一家店铺买东西时，遇见几个俄亚汉子，很干脆，讲好价钱，买了就走。从服装上看，好像是几个纳西族人，强壮、英俊，紫红色的脸膛上，透现出阳刚之气。

当尧宇注意到他们拿出相机时，他们已大步走到村头路口系马的地方。其中一个汉子看到尧宇跟在他们身后想拍照，与其他几人用土语讲了什么，那几个汉子即飞身上马，策马扬鞭而去。

尧宇伫立在一旁，惊愕地凝视着那片马蹄扬起的烟尘，一直看着他们消失在远远的山道上。

我蓦地想起俄亚民居防御性的结构。这种结构，使我迅速想起永宁土司大总管阿云山在泸沽湖黑瓦吾岛上建筑的水上城堡，想起长城……

## 多妻多夫家庭

俄亚是一座典型的似城非城的西部村落。

洛克在他的著作里提到过俄亚的多妻多夫家庭，但没做深入分析研究。

导游告诉我们，俄亚现在还有多妻多夫家庭。

俄亚的多妻多夫家庭对外是不张扬的，导游怎会轻易告诉我们？我有些怀疑。

导游说：看得出，你们是来“搞考察”的，不是来旅游的。

我睁大眼睛看导游：20多岁，中等身材，身体结实，一头微卷的头发，皮肤微黑，眼睛显现出单纯与机智。

我倏地想起他叫瓦力，一个很美很有力量的名字。

晚上，我们住进了一家客栈。选择这家客栈是瓦力的主意。他说：这家客栈的主人是纳西族人，已住了上百年，了解很多情况。

木秀为我们作了安排，并对主人表现出异常热情的态度。

我一下明白了木秀的用心。

晚饭是在这户纳西人家里吃的，吃得很一般，但主人给我们端上了一碗俄亚特制的猪膘肉。

店主说：这个猪膘肉已有一年多时间了，是用来招待“贵客”的，平时我们还舍不得吃。

猪膘肉有点像腊腌肉的味道，但色泽看上去不像腌肉，倒有点像鲜肉。

不管口味适不适应，我们还是当着主人的面，美滋滋地吃完了那碗猪膘肉。

结账时，我让天卉多拿了50元给店主。天卉心领神会。

我们拉近了与店主的关系。

店主是位60多岁的藏裔纳西族人，是上世纪初随父母从宁蒗迁徙到俄亚的。尤其令我高兴的是，他可以用汉语与我们交谈。

当我们将话题以极其自然的方式切入婚姻家庭主题时，他并没有回避我们提出的问题。沉默一会儿后说：明天我和女儿分头带你们去两户人家。这两户人家和我们都有亲戚关系，不会拒绝你们。

最后商定：我和木秀跟店主去一户人家，尧宇、天卉和慕蓉跟店主的女儿去另一户人家。

第二天上午9时，我们按计划分别去店主的两户亲戚家。

一路上，店主给我和木秀作了简短的介绍：

俄亚有一夫多妻家庭，一妻多夫家庭，也有一夫一妻家庭。一夫多妻和一妻多夫家庭大多数是20世纪四五十年代遗留下来的，也有六七十年代乃至八十年代建立的，但不是很公开。当地政府从“文革”前就企图遏制，但遏制不了。一夫多妻和一妻多夫是俄亚传统的婚姻形式，就像俄亚的建筑，沿袭了近千年，要改变是很困难的。

说话间，我们已到了一幢连体民居门口，店主往里喊了两声，就推开门带我们径直走了进去，刚到正房门口，就有两个妇女和3个孩子先后走了出来。店主介绍：这是我的两个侄女，两姐妹。又摸摸那3个孩子的头说，这是她们家的孩子，还有两个上学去了。他又问其中一个孩子：你爹呢?

那孩子说：打柴去了。

我心里明白：这是一户一夫多妻家庭。

店主告诉我：大侄女3个孩子，小侄女2个孩子，5个孩子的父亲加上孩子的奶奶，总共9个人。

店主的两个侄女，一个30多岁，一个30岁上下，虽人到中年，但身体健康，精力充沛。她们带我和木秀到后院看望了正在搓麻线的老人——孩子的奶奶。老人面含笑容，精神矍铄，示意媳妇和孩子给我们拿凳子。

看得出，这是一个和睦、亲善、温馨的家庭。

从店主侄女家出来后，我们在巷道里遇见一个约40岁的纳西族妇女，店主与她打过招呼后告诉我们：她有两个丈夫和3个孩子。

——这是个一妻两夫家庭了。

店主说：两个丈夫中有一个是走婚的。

我吃惊了：那她与这两个男人怎样相处？

店主说：好像也没有什么冲突。走婚的丈夫不受婚姻约束。

我感到不可理解。

回客栈后，我们等了1个多小时，才见店主的女儿带了尧宇、天卉和慕蓉回来。从天卉、慕蓉喜形于色的脸上，我知道他们的“采访”有收获了。

正想问问，天卉把她的笔记本递给我：你自己拿去看。

看天卉的笔记，我大吃一惊，她们居然去了一户一夫三妻四个孩子的家庭。

我问那三个妻子之间的关系怎样，慕蓉说：很好，很融洽。三个妻子前两个是两姐妹。

天卉补充说：只是大老婆二老婆有些嫉妒三老婆。

谈笑间，店主家已为我们准备好了中餐。中餐还有猪膘肉，味道感觉比昨天好多了。

在俄亚寻访一夫多妻一妻多夫家庭时，因担心被拒绝采访，我们连相机都不敢带去。后来在盖明生的书里看见一夫多妻一妻多夫家庭合影的照片，我们才后悔不已。

## 绕不开的问题

离开俄亚去螺髻山路上，我一直在想一个问题：一夫多妻、一妻多夫家庭产生的环境条件、文化条件和心理因素是什么呢？

这是个很有研究意义的课题，但难度很大，只有历史学、社会学和人类学专家、学者合作才能企及。

我唯一想到的问题是：这种婚姻家庭现象一定有它存在的“合理性”。因为它的存在是自然的、客观的，是一个有生命力的事实。既然它存在了，而且有生命力地延续下来，就一定有它生存的环境和条件。没有环境和条件，只是一种主观选择、感情选择，是不可能存在更不可能延续下去的——如同鱼类没有江河湖海这个生存环境与生存条件不能生存一样。

因而我认为：一种存在现象，既然来自于自然，就让它自然地存在下去，除非它自生自灭，自然地生长，自然地消亡。

其实，文明与非文明，并没有什么绝对的界定。因此，文明的抽象概念应当是：符不符合人类生理、心理、情感、道德、精神和正常生活的普遍要求？符不符合人类社会经济与自然生态的协调发展？如果不背离这个基本“原则”，婚姻家庭以某种特殊的自然形态体现出来，我认为是可以理解和接受的。

俄亚之行的最大遗憾，是没有拍到我们想拍的照片。我后悔当时为什么没多动动脑筋。

再翻过一座山梁，我们看见了洛克在日记里描述的杜鹃花山，上百种杜鹃花，几乎弥漫了所有的山峦，璀璨娇艳的花朵，在蓝天白云下，绽放出动人的风采。

看到这样的景象，我们的情绪一下拔升了。

## 残疾的美丽

螺髻离俄亚不远，在四川、迪庆和丽江交界点上，地属迪庆。

洛克在他的《中国西南古纳西王国》里说，他在丽江与迪庆交界不远的螺髻山上，发现了上百种杜鹃树，并在那里欣赏到了世界上最美丽的杜鹃花山。

于是，我们去了螺髻山。

去螺髻山的路很艰苦，山越走越陡，路越走越窄，路两旁全是茂密的树林。杜鹃树、灌木丛和各种苔藓植物，枝蔓虬盘，纵横交错。

行走在这样似路非路的丛林里，最害怕的还不是野生动物，如蟒、蛇，也不是布满尖锐刺锥的荆棘，而是反复无常的天气、突如其来的倾盆大雨。大雨不仅会使我们全身湿透，而且还可能被大雨汇聚的山洪切断去路。

进入螺髻山后，我们遭遇了一场大雨，不仅全身湿透，而且在一条沟壑旁被汹涌的山洪阻隔了2个多小时。

螺髻山

横断山脉地区的雨水有个特点，来得突然，去得也匆匆。雨停后不久，一阵雾霭散去，天空又清朗如洗，一片靓丽了。远远近近的山峦，经雨水冲洗、滋润，显得郁郁葱葱，生机盎然。

再翻过一座山梁，我们看见了洛克在日记里描述的杜鹃花山，上百种杜鹃花，几乎弥漫了所有的山峦，璀璨娇艳的花朵，在蓝天白云下，绽放出动人的风采。

看到这样的景象，我们的情绪一下拔升了。尧宇、天卉、慕蓉，几乎同时拿出了相机。寂静的杜鹃花山上，骤然响起一片按动快门的声音。

无数小鸟从我和木秀身旁的丛林里飞翔起来。

人与自然，漾动着生命激情。

整整2个半小时，我们才走出那片美丽的杜鹃花海。

而走过一片丛林后，我们突然被另一幅景象惊呆了：大片大片的杜鹃树林，被砍伐得只剩下一些密密匝匝的树桩，有的树桩旁，还剩有树木燃烧过的灰烬和未燃尽的树枝，半坡上两堆未燃尽的木柴，正袅袅升腾着青烟。

我和尧宇走近看了看，有的树桩是才砍了不久的，还有木头湿润、清甜、甘苦的气味。

美丽的杜鹃花山

我问木秀在螺髻聘请的导游：树是谁砍谁烧的？

导游说：是附近的村民。

为什么要砍呢？我追问。

导游说：这里的村民都烧柴。

尧宇插话：为什么砍得这么狠，一片一片地砍？

导游被问愣了，面露难色。

他不理解我们心里燃烧的情绪。

同样在螺髻山上，生态怎会有这样大的落差？我自言自语。

导游好像听清楚了我的意思，低声说：没被砍的树又不是谁保护的。

我也听清楚了导游的意思：你是说还没有砍过去，等柴不够烧了就会轮到它们？

导游无语。

我想起盖明生在《灵魂居住的地方》里一段杜鹃树被砍伐的描写：

“杜鹃树被砍过的痕迹是血红的……像一个个的血颈。

“我想再过五年，这里的索玛花（杜鹃花）就会彻底地灭绝。索玛花

杜鹃花丛

树是上等的柴料，按照平均每人进山一次砍伐10株算，也就是再有几年的光景了。”

看到杜鹃树被大片砍伐的情景，我与盖明生一样，也感到“一种深深的恐惧”。

——不是恐惧大自然，而是恐惧人类自己的愚昧与野蛮。

天空忽然下起小雨，好像是回应我们心里“保护生态”的呼唤。

小雨浇灭了那两堆木柴上冉冉升腾的青烟。

下山时，我们一直行走在沉默里。

也许是情绪不好，也许是走久了股骨有些支持不住，我一下摔倒在湿漉漉的岩石山路上。

木秀正好走在我后面，赶快上来扶助我，可我站不起来，踝关节被扭伤了，鲜血从左膝盖上慢慢渗透出来。

尧宇见我摔得不轻，便对导游说：我在这里照顾他，你带她们仨下山，到村里后，再叫两个村民上来。

天卉不等尧宇说完，就急切地说：陈老师，还是你和他们下山，我懂点护理常识，我来照顾王老师。天卉边说，边从旅行背包中拿出棉球、酒精和消毒弹性创可贴。

尧宇看看身高1.7米，身体矫健的天卉，同意了。

尧宇一行下山后，天卉迅速为我的伤口做了处理。

看到眼睛有些湿润的天卉，我说：这次出行太难为你们了。

天卉说：应该感谢的是你和尧老师，一路出来，学到不少知识，有的知识，是书本上学不到的。

天卉清秀的脸庞上，显露出真诚。

一个多小时后，尧宇和导游带了2个村民上来，轮流将我背到山下一座村子里。

回眸后面步履有些艰难的尧宇，我感动不已。

到村子里后，当地村民为我找来一位藏族民间医生。医生检查后说：没伤到骨头，休息两天，服两天药就好了。

临走时，他对正在给我服药的天卉说：你每天再给他做两次按摩。他为天卉做了一次按摩示范。

躺在村民家里，我脑海里反复出现螺髻山上杜鹃树被砍伐后那些残遗木桩的特写镜头，忽然又想起赵鑫珊那本《人类文明之旅》。

赵鑫珊认为，人类文明之旅，就是生态环境、人文环境文明之旅。很大程度上，我赞同这个观点。生态与人文环境文明，是人类其他文明的逻辑前提。没有这个前提，所有的文明都会是抽象和苍白的。

因为我，我们的计划被整整延误了三天。

三天后，尧宇、木秀和天卉轮流扶助我走出了螺髻山。慕蓉是个文弱女性，能照顾好自己已很不容易了。

离开那座村子时，有好些村民出来送我们。

看到他们良善、纯朴、厚道的面孔和布满老茧的双手——当然也是抡斧头砍杜鹃树的手，我心里涌起一种既痛苦又悲悯的复杂感情。

——皇天后土，这是谁之过呢?

车终于停在了海拔4300多米的高度。

稍稍适应后，我们看见了一副壮丽的景象：白茫雪山主峰在群山衬托下，巍峨峥嵘，晶莹炫目，山间一条乳白色的云带，皎洁如舒展飘逸的哈达……

白茫雪山给了我们一种气韵生动，苍劲超拔，高古透明的雄奇美感。

# 阿墩子忧思

我们是从四川乡城（桑披）过玛依河经得荣（松麦）到云南德钦（升平）的。

迪庆藏族自治州的德钦，是我们去梅里雪山、茨中教堂的必经之地。

因为不从原路返回，我们在德钦县城升平整整待了四天。

升平原来叫阿墩子。

因为我从感觉上喜欢原来的名称，所以还是叫它阿墩子。阿墩子比升平的称呼要亲切、丰厚得多；升平只是表达了一种善良、理想的愿望。

阿墩子是个藏族、纳西族、彝族、傈僳族等民族杂居的城镇。

阿墩子给洛克的印象和感觉是沧桑、丰润的，而给我们的印象和感觉是朴实、凝重的。

## 王法的声音

还没走近阿墩子，就被邻座《云南日报》记者王法一声叹息惊醒了：怎么又砍了这么多树？这是在砍自己的生态家园啊！

我向车窗外看去，有的山坡已被削去了三分之一，有的被砍得一片狼藉，稍近点的地方，还可以看见密密麻麻长长短短的树桩，未被砍伐的山林，虽然苍翠葱茏，但已给人末日不远的感觉。

王法40多岁，纳西族人，性格耿直、豪爽，是我在丽江考察时幸会的朋友。

王法是性情中人，情绪一直没平静下来：我三个月前来升平时，他们已经在砍树了，通报给县领导时，县领导还答应得好好的，说以后不允许再砍了；说话不兑现，怎么取信于人？更不要说取信于民了。

王法越说越激动：得民心者得天下，失民心者失天下。民心定乾坤！

天卉安静地听王法讲，一言不语。

慕蓉像思考者一样陷入沉思。

尧宇显示出愤怒。尧宇有强烈的生态环境意识，同时也是个品质、思想单纯的画家、摄影家。

我有些震动，却没有王法想得深远，但我想起了认为“人类普遍夸大了环境危机”的丹麦学者比尤恩·隆伯格以及和他站在同一观点立场上的一些学者。我深为这些学者淡化生态环境问题的不负责任言论感到悲哀。

我与王法谈到了隆伯格那本《多疑的环境保护论者》。我和王法都认为：如果隆伯格到螺髻山到阿墩子来看看，他就不会写那本书了——如果他还有责任和良知的话。

隆伯格会不会是一个“伪学者”活色生香的炒作表演呢？连隆伯格自己都说，他不是一个真正的环境生态学者。

我们的车转过两个弯时，又看见一片被砍伐的树林。王法再也控制不住

阿墩子的森林

情绪，对着窗外远远几个扛着树干的人大声诘问：你们为什么要砍树？谁让你们砍的？为什么要这样愚蠢？这是在砍你们的生存环境呵！

王法的声音尖锐、冷冽、悲壮。

——我听见远远近近此起彼伏的声音在山谷里回荡，像王法的声音又不像王法的声音。

## 碉楼心态

洛克拍的阿墩子附近的牧民和民居

洛克1925年拍的阿墩子农民

当我们的车再次沉入到海拔3000多米高度时，阿墩子已清晰呈现在眼前了。

阿墩子的地质地理与生态环境十分奇特。从高山公路上鸟瞰阿墩子，就像一座凝固在深谷里的城镇，幽静而倔强。

洛克当年一定是站在谷底仰视阿墩子的。他看到的阿墩子，“雄傲、古朴，有寺院和碉楼，是一座非常奇特的城镇。”只有仰视阿墩子，才可能看见那些寺院和碉楼，看见它的雄傲和古朴。

无论仰视阿墩子还是俯视阿墩子，阿墩子都是气势恢弘，深厚凝重的。它的雄傲，是大峡谷给它营造的气势；它的古朴，是历史与岁月留给它的遗韵。太阳照耀的时候，阿墩子是清晰、灿亮的；云层遮蔽太阳的时候，它则笼罩在幽深的冷灰色里。冷暖交织的色调，使它显得更静态更神秘更丰厚了。

洛克在阿墩子拍的照片

阿墩子错落有致地陈列在大峡谷里，既不卑微也不炫耀。

阿墩子始建于唐代，清光绪年间才改名为升平镇，一直延续至今。但不少的原住居民，仍然叫它阿墩子。

我们到阿墩子时，在地势较高的地方，看见了洛克在著作中提到的“碉楼”。碉楼其实是一种结构与造型独特的民居。但显而易见，也同时具有瞭望与防御功能。这是一种心态结构。碉楼粗犷、雄勃，与谨慎的防御心理好像极不协调，但认真琢磨，却是很统一的。愈是怯弱、防备的心理，越需要表象的强悍。这是弱势者和弱势民族的心态特征。这种心态是历史、地理、文化、经济、政治集合镌铸的。

——站在山坡下仰望碉楼，竟有一种沉甸甸的沧桑、悲凉感袭上心头。

## 文明的碰撞与交融

刚走进县城，便看见有许多人在街上行走，不够宽敞的通衢小街，流淌着来来往往熙熙攘攘的人群。

木秀见我有些惊异，便说：今天是祭祀“山神”的日子，多数人是到梅里雪山去朝圣的，少数人是来旅游的，也有当地居民。

我注意观察了一下行人的肤色与服饰，确信木秀的判断是准确的。

透过或悠闲或行色匆匆的行者，我们看见了一些商店、客栈和发廊。

阿墩子左临西藏，右临四川，平均海拔3400米，地处云南最北端横断山区。看到这样的景象，我有些惊讶。

木秀安排我们住进了一家客栈。客栈里正播放着张曼玉、林青霞主演的《龙门客栈》。与《龙门客栈》里的客栈比较，这家叫“旅行者”的客栈显得逼仄、冷清多了。

晚饭后，我们到只有500余米长的主流街上逛了逛。

这座边远城镇，正遭遇“现代化蚕食”，有的老街和老式建筑已被局部拆除，钢混建筑正在伺机扩张。原始文明与现代文明在这里发生了前所未有的碰撞与交融。二者既是对峙的、相互挑战的，同时也是逐渐趋于协调的。

洛克1927年在阿墩子拍的一座瞭望塔

开始我有些伤感，有些怀旧者的伤感，但理性与理解突破了我的思维视野、思维空间。历史与历史思维打造的物语虽然古朴、典雅，但支撑这种历史文化语境的硬件——建筑材料，并没有恒久的力量。云南作家三木曾在一篇文章中说：“那些岌岌可危的土基墙和早已不堪重负的木头梁柱，已经很难再维系我们渴望永久保留在心中的东西了。从实用的角度说，不仅难以抵御风雨，要是来一次地震，将惨不忍睹。”

三木的意见是冷静、理性和前瞻的。他不像有的作家、艺术家那样，只停留在主观感性认识层面上。

老街与老式建筑的存在价值，除了让人记忆、顾盼到一点历史物象一点历史回光，更多的是为怀旧者提供怀旧的精神缱绻——虽然这些怀旧者自己都不愿意住在老街和老式建筑里。他们看疲倦了高楼大厦，享尽了打打电话按按遥控就召之即来的各种资源与服务。什么都应有尽有了，心理上情感上精神上行为上就想去寻找一种远古、原始、苍茫、野性物语的刺激。他们忧心忡忡地担心这些原始物语的消失。他们害怕割断一种连自己都说不清楚的什么情结。

——人的思想深处，总涌动着一种不安静的追求异质刺激的“元素”。

我理解人类这种复杂的心态，但更理解历史与文明的非感性演进。

人类文明之旅必然有个是是非非曲曲折折的过程。但它总是前行的。它有内在的规律与趋势。规律与趋势是感性怀旧者看不见的。

## 哭泣的白茫雪山

白茫雪山很美。

白茫雪山在距升平县城2小时路程海拔5000多米高的群山环抱中。

木秀为我们聘请的藏族导游扎屹在上雪山前特别强调，如果要接近主峰，必须准备氧气袋。

我怕麻烦，就对扎屹说：我们不接近它，只在远处看它。

扎屹毕竟是我们聘请的导游，也不再多说什么。

汽车从盘山公路缓慢爬上海拔4000多米时，公路像施展魔法一般，把白茫雪山划分成了两个景象截然不同的板块：上边是冰清玉洁的雪山，下边是苍翠茂密的树林。

再往上行走的时候，我们渐渐感到一阵冷气从车窗缝隙中拥挤进来，寒气袭人，空气也开始

白茫雪山

澜沧江最平静的一段江水

稀薄起来。

首先受不了的是慕蓉，很快就轮到每一个人。先是觉得胸闷、气短、呼吸困难，接着是心慌、头晕，再就是头剧烈地胀痛。

我这才意识到，没听扎屹的话是犯了一个错误。

太阳时隐时现。

天空越来越近。

车终于停在了海拔4500多米的高度。

稍稍适应后，我们看见了一副壮丽的景象：白茫雪山主峰在群山衬托下，巍峨峥嵘，晶莹炫目，山间一长一短两条乳白色的云带，皎洁如舒展飘舞的哈达……

天卉、慕蓉一下复苏过来，生气勃勃地跟着尧宇找角度……

因为没带氧气袋，我们在山上待了不到半小时，就被迫下山了。

上山的时候，我是坐在车厢右边的，只看见右面的山麓，而下山的时候，则看见了另一面山麓。就在车子下行到3500多米海拔高度时，忽然又看见两片被砍伐的山林，面积约1000多平方米。

我的情绪一下从亢奋状态跌落下来。

我仿佛又听见王法那声悲怆的呐喊。

一阵风掠过山林，被砍伐的那片山坡一片沉寂，未被砍伐的山林，发出一阵幽怨的林涛声。

——是白茫雪山在哭泣？

当天晚上，我在那家播放《龙门客栈》的“旅行者”客栈里，草拟了这篇文稿。

洛克是不是冲了梅里雪山的峥嵘和冷艳去的，没人知道。梅里雪山确实很美，但我在太子庙遇见的老喇嘛，却给我留下了比梅里雪山更深刻的印象，尤其是他那对锐利的蓄满智慧的眼睛。那对眼睛，是高翔于云霄的苍鹰才会有的。

## 深藏的冷艳

梅里雪山——光听这个名字，就会让人心动。

梅里雪山位于云南省香格里拉藏族自治州西北部与西藏自治区东南部交界处，是藏传佛教朝觐圣地，是青藏高原八大神山之首。雪山主峰卡瓦格博海拔6740米，是人类登山活动至今未能企及的雪山之一。1991年，中日联合登山队遭遇大雪崩袭击，17名登山队员全部遇难，成为世界登山史上罕见的悲剧。

雄伟的卡瓦格博峰

我们是从丽江经中甸、德钦到梅里雪山的。到明永村后，木秀在村里找了一位熟悉路径的藏族向导。稍事休息，我们便在向导引领下，慢慢登上了太子山。太子山是观察梅里雪山主峰的最佳位置。

木秀在太子庙旁为我们找了一家小客栈。

据洛克日记记载，他上太子山时，是住宿在太子庙里的。

我问木秀：为什么不住太子庙呢?

木秀说：我们有男有女，住寺庙不太好。

我问：寺庙里有这规定吗？

木秀说：没有。是我认为不妥。庙里还住有喇嘛。

想住太子庙，其实是想体验一下洛克当年住庙的环境与感受。

在客栈安顿下来后，我和尧宇还是到寺庙里转了转。

太子庙依山而建，因受地理地质条件制约，与我们见过的扎美寺、东竹林寺等喇嘛寺比较，显得简陋和逼仄。寺里只见到一个老喇嘛和一个年轻僧人。老喇嘛80多岁，身高近1.8米，面目慈祥，目光蕴涵智慧。他见到我们，双手合十，表示欢迎与理解，然后一边机械、熟练地拨弄着念珠。他引领我们仔细观看了他的寺庙，并开启其中一扇门，通过站在他身旁那位年轻僧人告诉我：这是洛克70多年前住过的房间。他还通过那年轻僧人告诉我们，他在国外生活了30多年，根本没想过会到这太子庙里来。

木秀在一旁迅速对我耳语：老喇嘛20多岁时就去了印度，主要是去学佛经，一去就是30多年，回来后，已不懂汉语，只会藏语、印度语和英语，英语讲得最好。为他做翻译的年轻僧人，是他的孙子。

我忽然对老喇嘛产生了兴趣，并通过他的孙子，与他进行了交谈。

我问他：你喜欢做喇嘛，喜欢住在这太子庙里吗？

他说：喜欢。我喜欢清静。清静的环境，能使心气平和，心理平衡。

我问：是尘寰繁杂喧嚣吗？

他说：不完全。

我又问：你不觉得孤独、寂寞吗？静到极处是很孤独的。极度孤独会使人心神不宁，情绪波动。

他说：我时有孤独感，除了以平和心态对待，还用意念来排除。我经历过许多坎坷和痛苦。我常常以精神意志战胜痛苦。多数情况下，我能做到。对我来说，最高的理想境界，是寂静的涅槃状态。

我说：没有痛苦的体验，就不会有幸福的体验。两者是同一存在的。生活中充满矛盾，矛盾对立的双方，都会有不同程度的痛苦，也会有不同程度的幸福。幸福与痛苦是相对的。因此，对于生活中遭遇的痛苦，同样可以用平静的心态来对待。心态的安详与平静，有时比环境的安详与平静更重要。

他不语，只闭目做了一个双手合十的动作。

这是一个精深宏奥的动作，是一个容纳了千言万语的动作。

万千经幡“朝拜”梅里雪山

梅里雪山缅茨姆峰

送我们出门的时候，老喇嘛锐利看我一眼，莞尔一笑。

第二天早上，我们被一阵山呼海啸般的声音惊醒，奔出门一看，是雪崩。大大小小的雪团，或集合或分散，从我们旁边的山峰上倾泻下来坠落到山崖下，发出雷鸣般的声响。尧宇以摄影家的敏感，不失时机拍下了这幕让人惊心动魄的景象。

倏然，我看见老喇嘛站在寺庙前，左手拨弄着念珠，右手摇着转经筒，口中念念有词，双目注视着雪崩的情景，神色平静而安详地做着每日例行的功课，丝毫没因雪崩的巨大声响影响他的情绪。显然，他已进入一种常人难以企及的境界。

雪崩过后，天气又晴朗起来。

正当我们收拾行李准备下山时，忽然云开天阔，一轮红日高悬蓝天，梅里雪山主峰卡瓦格博及周围数十座峰林，一下清晰可见，高低错落的山峰，造型各异，冷艳生动，壮观至极。卡瓦格博主峰在蓝天与阳光映照下，更是巍峨雄奇，银光闪耀，气势磅礴。

木秀说，梅里雪山多数时间深藏在蒙蒙云雾中，要想一睹真容极不易，有的旅行者、摄影者雨季过后苦等十天半月还不一定见得到。

远远地，我看见几个朝圣的信徒，正面对卡瓦格博雄峰顶礼膜拜，长跪不起。

面对这种情景，我想起一个储存在心里的问题：信徒们对“神山”如此虔诚，“神山”会赐予他们什么呢？如果有所求无所获，为什么还会这样虔诚呢？难道仅仅是一种精神信仰、一种精神诉求吗？

下山前，我正想去与老喇嘛告辞，他已健步迎上前来，并送给我一支拐杖。

——也许是昨天言谈间，他知道我股骨有问题。

我很感动，紧紧握住老喇嘛的手。他含蓄一笑，做了个双手合十动作。

下山约百余米远，忽然听见右边山崖上发出一阵沉闷、轰然的声响，抬头一看，是雪崩。纷纷扬扬的雪团，裹挟着石头从山上倾泻而下，从我们身旁几米远的地方呼啸而过。天卉正好在我身旁，当我转身叫她拍下这组镜头时，突然踩到路边一个空凹里，顷刻间就从山道上翻滚了下去。我听见天卉一声惊叫。一个生命即将陨落的意识迅速掠过我的头脑。突然，奇迹发生了，我紧紧攥在手里的那支拐杖，竟神奇地挂在了一棵直径约八九公分的小树上。尧宇、

雪崩掉下来的大冰块

天卉和木秀用抛下来的绳子，合力将我拉了上去——我获救了。

慕蓉在胸前划了一个“十”字。

木秀一下注意到我手里的拐杖，竟盯住那支拐杖凝神看了良久。

——难道她看到的不是拐杖，而是老喇嘛的手？

下山的路上，我才顿悟，是昨天与老喇嘛的对话，引起了他内心深处的共鸣……

从梅里雪山回贵州已好长时间了，只要想起梅里雪山，只要看见那支拐杖，就会想起老喇嘛，想起他那对锐利的蓄满智慧的眼睛。那对眼睛，是高翔于云霄的苍鹰才会有的。

隐隐约约中，我忽然看见欧福德主教，他孤独地站在长满青苔和藤蔓的教堂门口，时隐时现，眼睛闪烁着智慧与期盼的光芒。他安静地看着我。他想寻找对话——没有对话，他会陷入更深的孤独。思想与对话，是智者的精神灵魂。

## 寻访茨中教堂

茨中教堂好像对洛克有一种莫名的特殊魅力，洛克竟一路苦行，沿着澜沧江东岸驿道走了整整七个昼夜去寻找它。

茨中教堂的欧福德主教，也感到有一条心灵信息：洛克可能要来。于是，请茨中村村长渡江到东岸去迎接洛克，并叮嘱他告知洛克：从茨姑的双溜索上过江。

洛克在1926年8月的美国《国家地理》杂志上写道："渡江前，要在滑

山谷里的教堂

茨中下游的铁索桥

板上涂上牦牛油。前来接我们的村长提醒我，头要离绳索远一点，以免靠岸时碰到岩石。开溜后，我犹如脱弦之箭，飞向了空中，瞥一眼身下波涛汹涌的江流，令人心惊胆战。马在过河时非常恐惧，绝望地用力乱蹬乱踢，张着口，尾巴卷缩起来；到对岸时，由于过度的惊吓，竟站立不起来。两个小时后，我们一行终于安全过江。整个过程，惊心动魄……"

到茨中教堂时，洛克非常惊讶，他万万没想到，在这么遥远、偏僻的澜沧江畔，竟然会有这么一座讲究的教堂。

茨中教堂坐落在德钦县燕门乡茨中村。

这座融合了中西建筑风格的教堂，规模宏大，造型独特，风格别致。教堂有大厅、会议室、办公室、卧室、书房、厨房和图书室。教堂内古木蓊郁，花卉异木，芳菲飘逸。教堂后院还种植了法国葡萄。据说，传教士在教堂里就能酿制出地道的法国葡萄酒。

欧福德主教热情接待了洛克，并为他在教堂里安置了一间舒适的住房。洛克已有几年时间，没有体验和感受过欧美生活，没有听过莫扎特和斯特劳斯了。他的文化和精神饥渴，一下获得了巨大的填充。

为了方便经常到茨中教堂去，洛克把茨中作为一个植物标本采集点，同时作为怒江、澜沧江、金沙江三江并流区探险基地。

我们一行去茨中，当然不会像洛克一样去走驿道，也不会去乘溜索。溜索还在，但只是两条陈列在江面上供人观赏的“历史文物”了。

我们在茨中看见的教堂，也不是洛克在他的著作和日记中描写的那座教堂，它早已没有了昔日的风韵与辉煌。

我们看见的教堂，是“解放思想，改革开放”后重建的；原来的教堂，“文革”时已被夷为平地了。

洛克20世纪二三十年代去的茨中教堂，是清政府镇压了反洋教运动后，用赔偿法国传教团的银子重新修建的……

在茨中安顿下来后，已是傍晚。我想独自待一会，便漫步走近茨中教堂。孑然四顾，除了天光下熠熠闪烁的澜沧江水，天地一片朦胧。隐隐约约中，倏然看见欧福德主教，他孤独地站在长满青苔和藤蔓的教堂门口，时隐时现，眼睛闪烁着智慧与期盼的光芒。他安静地看着我。他想寻找对话——没有对话，他会陷入更深的孤独。思想与对话，是智者的精神灵魂。

我不知道主教想说什么。我伫立不动。我想听他说。

他终于说话了：我们远渡重洋，历尽千辛万苦到这么偏僻、荒凉、贫困的地方来，难道是为财物、为掠夺、为享受？传教士带来的，不仅是《圣经》知识，还有天文、地理、数学、测量、解剖等自然科学知识，如《历象考成》《数理精蕴》《授时通考》等科学知识。

溜索渡江

欧福德主教还提起英国的塞缪尔·柏格理（Samuel Pollard）牧师。他说柏格理在滇、黔最边远、贫困的乌蒙山区从事传教、教育、体育、医疗、慈善事业28年，最后因救助中国苗、彝族学生病逝在那片苍凉、贫瘠的土地上，至今还长眠在贵州威宁石门坎。他生命的大半个世纪，完全献给了中国。

主教的话很触动我，但我仍然无语。

主教好像心悟到什么，语态平静地说：中国几千年的传统文化，虽然有精深的内涵，但其中消极、蒙昧、保守的理念，也在一定程度上桎梏了中国文化、思想、政治的进步与发展。

主教最后说：文化与宗教，是人类文明的知识力量和精神支柱。

主教见我欲言又止，孤独地隐没了。

主教的真知灼见和非凡智慧，令我惊异，令我慨叹。

夜色空濛，山麓萧然，远处传来天籁的声音。

忽然看见尧宇、木秀、天卉和慕蓉走来。他们是来寻觅我的。我很感动。从他们身上，我感觉和体验到人类最珍贵的品质——人性中内蕴的良善。

回茨中村路上，我又想起洛克，想起这个被“上面”认为是“文化特务”“文化侵略者”的洛克。就是这个洛克，用28年的生死之旅，用28年的生命与心血，为人类为世界奉献了数百万字研究纳西历史研究纳西文化的社科巨著。

——洛克做了我们应当做而没有做的事情。

天地悠悠，当年的茨中教堂，没被湮没也被遗忘了。

**注：因欧福德主教的提及，《寻找天堂》完成后，不停歇就去了乌蒙山区寻找石门坎、柏格理……历时三年，终于完成《寻找那些灵魂》。遗憾的是，这本涉及传教士的书，只能在“境外”（香港）出版，且不能进入大陆图书市场。悲哉！**

划独木舟的怒族人身材矮小，皮肤黝黑，身体结实，一头蓬松的未梳理的长发，全身赤裸，只在下身处系了一块麻布，眼睛时不时盯着慕蓉，有时竟忘了划船。他内心潜伏的欲望，是用原始、纯真的情态自然表达出来的。

——他使我们想起美洲的印第安人。

## 走进怒江流域

怒江是必须去的。怒江的原始、狂野与神秘，给洛克留下过深刻印象。

怒江是我国西南地区大河之一，源于青藏高原唐古拉山南麓，斜贯西藏东部，入云南后折向南，经怒江傈僳族自治州、保山地区和德宏傣族景颇族自治州出境进入缅甸，全长2260公里，江水渺渺茫茫，浩浩荡荡，一路蓬勃着生命活力。怒江流经怒山、高黎贡山峡谷时，水深流急，恣肆奔腾，惊涛澎湃。

怒江的石月亮

## 感觉中的原始部落

洛克是在欧福德主教帮助下，从茨中出发到茨开进入怒江流域的。

从茨中到棒当到茨开，有一条用石板铺达的驿道，是法国传教士出资用五年时间修建的。驿道沿溪谷一侧蜿蜒而上，一路上常遇见山泉、瀑布飘然而下。有的路段，是用树木搭架的小桥，因空气湿润和山泉、瀑布淋溅，长满了绿茵茵的青苔。此外，还会遇见被泥石流、滚石流折断或连根拔起横陈在驿道上的大树，有的树干树枝上，缠满了绿色、黄色和紫色的藤蔓，颜色斑斓丰富。

洛克一行整整走了12天，才进入怒族人聚居区。

虽然一路走得辛苦，但沿途自然景象，却让洛克兴奋不已。他在日记里描述说："沿着陡峭的山麓下山，沿途的风景，随着海拔的降低，渐渐变成了亚热带雨林。这些雨林非常美，地毯似的苔藓植物，覆盖着地面，从未见过的黄色、紫色藤蔓，竟像彩带一样，悬挂在巨大的树枝上，而绵延不绝的杜鹃树丛林，则形成了一片绚丽灿烂的花海，美艳无比。"

想起在沿途上看见的珍稀动、植物，洛克用植物学家的专业知识写道："是多种类、多品质野生植物的生长、发育，给动物的生存与繁衍，提供了优异的自然生态环境。这是珍稀动物得以生存的最重要条件。"

进入怒族人聚居的村落后，洛克非常吃惊，他在当天的日记里写道："我在感觉上进入了一个'原始部落'。"（《洛克日记》）

怒族是生活在滇西北高原怒江流域的一个古老少数民族，人口约2.7万。洛克到怒江流域时，还不到3千人。

怒族的语言很复杂，总体上属藏缅语系，但部落之间，土语差别很大，有的部落，甚至仅隔一座山就无法交流。

洛克深入到这些村落时，怒族人还生活在以物易物的原始交换阶段。怒族人编织的竹器和麻制品，以及简易加工的黄连，是与外界交换盐、骡、马和生产、生活物资的主要产品。怒族人不喜欢用货币进行交换，多数怒族人没有货币，也不太相信货币。

——这与封闭和知识有关。

洛克1927年拍的怒族妇女与小孩

洛克1929年拍的怒族人及其居所

洛克与怒族人

怒族人的生活环境和生活条件非常简朴，大多数人都栖居在用土木搭建的粗糙房子里。房子中间是火塘，火塘和屋顶之间悬挂着一个竹篮，以便烘干放在竹篮里的木柴和需要烘干的食物。火塘不仅用来取暖，还用来煮食和烘烤打湿的衣服。为了保留火种，火塘里的火一年四季都不熄灭。

怒族人的主食是玉米。玉米是采用刀耕火种的原始生产方式种植的。想在哪里种植，就在哪里放把火烧掉一片丛林或树林，然后在烧为灰烬的土地上撒下种子，成熟季节就来收获。

现在的怒族人，已基本上不再用刀耕火种，但生产方式和生活方式没有质的改变。我们在怒族人居住的村落里，仍旧会看到洛克半个多世纪前描述的情景。

怒族人性格既粗犷豪放，又冷峻内敛。怒族人喜欢喝酒，酒量惊人。他

怒江丙中洛

们自己会酿制玉米酒——据说是法国传教士教会他们的。

怒族现在还有买新娘、换新娘的遗俗，只是相对少了，不太张扬了。

怒族妇女和怒族男人，身材比较矮小，身体结实，体型不美。我们看见的怒族人，比洛克半个多世纪前拍摄的怒族人情况稍好一些，有的个头，接近了中等身材的洛克，但与纳西人比较，平均要矮约十公分，形象也逊于纳西人。

慕蓉分析说，怒族人主要是缺碘和营养不良，其次是遗传基因问题。

在我的感觉里，怒族人在一定程度上还处于与世隔绝状态。

## 白汉洛村的教堂

走近白汉洛村时，木秀说：这个村子里过去有一座法国人的教堂，曾先后两次被菖蒲桶（地名）的藏族喇嘛烧毁。教会里的主教简内思特两次死里逃生，是1905年教会和传教士大劫难中唯一的幸存者。20世纪20年代教堂重建后，洛克到过这座教堂，因简内思特已回法国，洛克便拜访了接任的安德瑞神甫。两人因有很多共同语言，价值观相近，便一见如故，成为莫逆之交。洛克在日记里，把白汉洛的这座法国教堂说成是他“所去过的最可爱的一个教堂”。洛克与安德瑞的主要共同语言是：不关心政治和战争。

20世纪30至40年代的外国教会和传教士所以能相对稳定下来，是因为民国政府意识到需要借助传教士引进外国文化和先进科学技术。

1911年前的大清帝国，也曾意识到对外开放于中国发展的必要性，但其开放是摇摆不定的，变数很大，起伏很大。

中国人最早接触的西方文化和科学技术，是基督教、天主教传教士带来的《圣经》文化和近代天文历法、欧几里得几何学等科学技术知识，如法国传教士利玛窦带来的欧洲人绘制的世界地图和一些西方科学著作。

——这是政治家和历史学者去研究的问题，此处不去深入探讨它。

我们到白汉洛村的山坡上去看那座昔日风光无限的基督教教堂时，已是一座荒凉的废墟。据说，“文化大革命”又狠狠踹了它一脚，让它“永世不得翻身”。

站在这座教堂的断壁残垣前，我思绪万千，想追问些什么，又努力控制了自己。我担心“说过了”会影响图书出版。

## 独木舟上的怒族男人

怒江有的流段较平缓，怒族人便把大树掏空，制作成一种叫做“猪槽船”的独木舟渡河。在怒江支流多雍龙巴河，有一条溜索和一个渡口，除了雨季水流湍急浪涛汹涌须靠溜索渡江，平日里都用独木舟渡江。洛克说乘溜索有一种“特殊的浪漫感觉”，但他还是愿意乘独木舟，哪怕与喝得醉醺醺的怒族人同坐在一条舟上。

为了仔细观察两岸植物和地质地理情况，洛克雇用了一条“猪槽船”，逆水上行了数公里。他在日记里写道：“当我在河中缓缓划行时，好像进入了樱花、红枫、杜鹃和百鸟的包围中，进入了一个美妙无比的童话世界。”

我们沿着洛克当年行走的足迹到怒江时，在沿江两岸的一些村落里，还看见有怒族人在使用“猪槽船”。木秀为我们租了一条船体比较大，可容纳四五人坐的“猪槽船”。除了我们四人，只能再上一个划船的怒族人。尧宇水性好，又会划船，代替了一个怒族人。

我们先逆流而上，再顺流而下，来回大约 4 公里。开始感到船有些摇

怒族人至今还在使用独木舟

“U”字型的江流

晃，慢慢就习惯了。我小时候划过渔舟，便把尧宇换下来，让他带天卉、慕蓉拍照。两岸芳草碧树，奇山秀水，是绝佳的风景。

划独木舟的怒族人身材矮小，皮肤黝黑，身体结实，一头蓬松的未梳理的长发，全身赤裸，只在下身处系了一块麻布，眼睛时不时盯着慕蓉，有时竟忘了划船。他内心潜伏的欲望，是用原始、纯真的情态自然表达出来的。

——他使我们想起美洲的印第安人。

坐在独木舟上，漫游在原生态大自然环境里，偶尔看见几处萧飒在山峦上的民居，确实有一种到了中世纪的感觉。

我们是一行人，一次出行最多一两个月；洛克是探险者、考察者，一次出行至少半年一年。孤僻的驿道，孤苦的远行，孤独的岁月，究竟是什么精神和力量，支撑洛克在中国西部苍茫大地上苦旅了28年？

听纹面老妪说后，木秀便对我们说：老妪和她的妹妹，共一个丈夫，因此，这两个女儿，也是他们共同的女儿。这是个一夫多妻的家庭。

## 神秘的独龙族人

再艰险，怒江大峡谷是必须去的。去怒江大峡谷，不仅可观赏到世界第二大峡谷雄奇壮美的自然景象，还可体验到洛克在怒江大峡谷的非常经历。

### 怒江大峡谷

洛克是翻越高黎贡山到独龙江再深入到独龙族人村落里去的。

高黎贡山与碧罗山两大山脉形成的怒江大峡谷，长310公里，平均深度1720米，仅次于美国的科罗拉多大峡谷（长348公里，深1737.4米），为世界第二大峡谷。沿途有片马河、楚依河等40多条河流，以各种流量和姿态，潇潇洒洒注入大峡谷。

大峡谷两岸壁立千仞，凌云绝顶，神奇雄美，但也深不可测，险象环萦。

洛克在日记里记述说："我们的路线通向无比艰险的怒江大峡谷，江水从谷底穿过，两岸耸立的绝壁几乎垂直而立，有几百英尺高，很多地方危石摇摇欲坠。峡谷两壁，经常有山泉奔

住在山洞里的独龙族人

独龙江孔当

走进独龙江

独龙族的刀耕火种

流下来，路只有一两尺宽，有的深壑上，只搭着几根木头，人经过时，必须用手紧紧抓住岩石，不小心摔下去，就会粉身碎骨。山谷下江水咆哮，传来令人恐怖的声音。上到山顶后，才观察到，密密的针叶林和高山草地，已经取代了澜沧江边的阔叶林，而海拔4848米的高黎贡山主峰，还在前方山梁上……”

再走过一片树林，洛克“看见许多圆形和椭圆形的石头，石头间，有一泓泓山泉流出；清澈、晶莹的泉水，在绿色植物映衬下，翡翠般皎洁、美丽”。

上到高黎贡山，洛克看见了远远蜿蜒在孔嘎和迪郎当之间的独龙江。

“高黎贡山常年云雾缭绕，第二天下山时，虽是大晴天，也是氤氲弥漫，云蒸霞蔚，直到中午时，云雾才渐渐散去，显露出山脉清晰、雄伟的姿态……”（《洛克日记》）

高黎贡山之行，洛克不仅目睹了高黎贡山的峥嵘、险峻，也采集到大量珍稀植物标本。三天后，洛克从茨开到了迪郎当，走近了那条镶嵌在千山万壑中的绿色翡翠——独龙江。

## 丛林居民

独龙江由北逶迤而来，向南奔腾而去，惊涛骇浪，气势磅礴，令人想起苏轼的《念奴娇·赤壁怀古》。

独龙江不仅是一条美丽、狂野的江，而且是一条清纯、幽深、神秘的江。

独龙族主要聚居在贡山独龙族怒族自治县西部独龙江沿岸的龙元、绣切、孔嘎和迪郎当一带，约2万人口。洛克到独龙江时，只有2千多人口。独龙人一直被称为俅人。洛克到独龙人居住的村落时，也尊重当地的称呼，叫他们俅人。“俅”的意思是生活在世外的人。他在给美国《国家地理》杂志的文章中说：“跨过分水岭（指高黎贡山与碧罗山之间的独龙江），就是俅人的故乡，一个原始的，不伤害人的丛林居民。这个民族像猴子一样生活在独龙江沿岸的树林中，有的甚至居住在树洞里和大树上。”

独龙族人的居所十分原始、简朴，大多数是用树木、石头、藤蔓和茅草混合搭建的，居所顶上，盖的是树皮或茅草。居室中的生活用具，基本上是自制的。男人头发蓬松而散乱，皮肤粗糙。多数男人尤

独龙族狩猎者野炊

独龙族少女

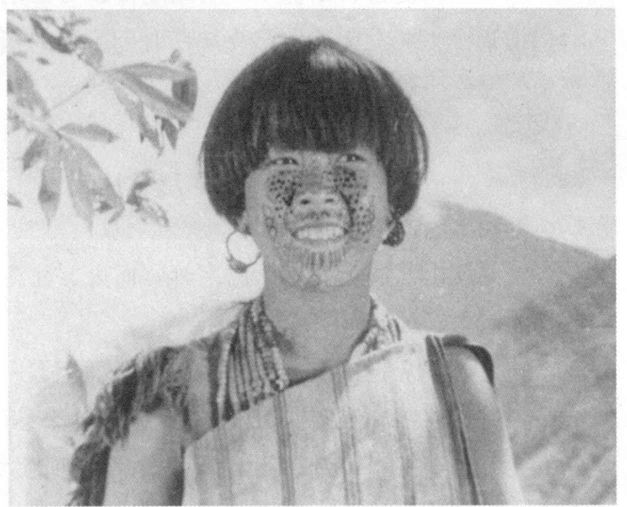

纹面的少女

织渔网的独龙族人

其是中年以上的男人，穿的都是自制的麻布衣服。妇女的皮肤与汉族和纳西族妇女差不多，但可明显看出生活磨砺的痕迹。多数妇女穿的也是麻布衣服。

独龙族人的平均身高比纳西人矮，但比怒族人高，男人平均1.67米左右，妇女平均1.6米左右，无论男人女人，大多数都赤脚。

独龙人与怒族人一样，也以玉米为主食，以采集黄连为主要经济来源。

贡山独龙族自治县地处中国西部边远地区、中缅边境地带。因为地理环境边远、贫穷和缺少教育等原因，独龙族人的性格大都温和、内敛、憨厚，缺乏张力。

我们到独龙族人聚居的村落时，他们只用怯怯的目光远远地注视我们，没有明确的态度——欢迎还是不欢迎，显得十分诚实和本真。

这种态度是无可厚非的。这其实就是多数中国农民的态度，一种缺乏活力与张扬的态度。几千年封闭、专制、高度集权的政治制度，几乎将中国人本性中的生气与活力压抑殆尽了。

## 一夫多妻家庭

20世纪60年代前，独龙族一直是一夫多妻制，即一个男人可以有两个或两个以上的妻子。他们认为几个姐妹或几个女人共嫁一个男人，可以和睦相处，亲上加亲，财产和劳动力不会流失，同时，也可增强家庭家族势力，抵御外族人侵犯。

云南省社科院东巴文化研究所王世英研究员告诉我，除了一夫多妻家庭外，独龙族还有一妻多夫家庭。他们的婚姻家庭形式是十分奇特的，很难分析他们深层次的精神与情感心理结构。

独龙族人与外界的沟通，是20世纪60年代修筑了一条从茨开到泸水的驿道。是这条驿道带来的“文明”，逐渐解体了独龙族一夫多妻婚姻形式。但是，“解体”只是相对的，只是一个量变。在两个人口较多的家庭里，我们看见了一夫多妻家庭人丁兴旺的景象。这两个家庭是60年代以前建立的，每个家庭老老少少加在一起大约有20多人。

因为地理、交通和教育的制约，“文明”带来的影响力是有限的。我们在独龙族人居住的村落和山坡上，还看见他们在使用原始的狩猎和自卫武器——弓弩，还看见有人住在山洞和树洞里，还看见他们赤着脚，半裸着身体。

在一户用树木搭建的简易居室里，我们看见一个上年纪的老者、一个中年妇女和三个孩子。老人惊愕一下后，又恢复为木然的样子。中年妇女有些羞涩地回避我们的注视。三个孩子怯怯地看着我们。木秀与那妇女对话后，我们才知道，老人的儿子娶了两个女人，一个女人已因病去世，一个就是我们看见的中年妇女。三个孩子分别是两个女人生的。老人的儿子上山狩猎去了。

我观察一下，居室里除了一口铁锅、两个木盆、2张弓弩和一些简易的生活用品、生产用具外，只有几处用茅草铺的“床”。

看到这种情景，一种原始、沧桑、贫困的感觉，一下侵袭到我心里。我想起金沙江、澜沧江、怒江和三江流域的纳西族人、傈僳族人、怒族人，想起人类生活与文明的巨大落差。

木秀说，传说中的独龙族人是住在树上和树洞里的。他们的祖先是一个住在树洞里的美丽女人。她从树洞里出来后，繁衍了现在的独龙人。所以，独龙族人崇拜古树，依恋古树，敬畏古树图腾。

独龙族给我的印象和感觉是还没有完全从原始状态中走出来；只有他们上学的孩子和孩子身上的棉布服装，才给我们传递了一点现代生活气息。

## 独龙族女人

独龙族妇女大都端庄秀美。据说以前独龙族归属丽江军民府的西番查瓦龙土司管辖，查瓦龙经常派人到独龙族人聚居地强制挑选独龙美女为奴。为了逃避被选中为奴，独龙族少女一到16岁，父母便会找来纹面人，用荆刺蘸上一种植物汁，刺入皮肤，汁渗透到皮肤里，就再也洗擦不去。

我们在孔嘎看见一个纹面的独龙老妪，脸上从眼睛以下，刺满了一个像蝴蝶一样的图案，结构和刺点都很准确。从五官和轮廓上看，这个老妪年轻时很漂亮。这样的纹面，并不使人觉得丑陋。有学者认为，独龙女人纹面，是种族审美意识的体现，是氏族的标志。也有学者认为，是对自然的崇拜或是一种信仰标志。

正当我们与这个纹面老妪进行艰苦谈话时，走过来两个30岁上下的妇女，轮廓分明，丰腴隽秀。老妪介绍说，这是她的两个女儿，其中一个是她妹妹生的，她和她妹妹以及这两个女儿，都是一家人。

听老妪说后，木秀便对我们说：老妪和她的妹妹，共一个丈夫，因此，这两个女儿，也是她们共同的女儿。

——这是个一夫多妻家庭。

与她们分手后，回望她们的背影，看到母女间亲密无隙的样子，简直不敢相信是两个母亲所生的女儿。

——忽然想起我的母亲，已长眠不醒的母亲。出行在外，好久没去看她了。唯一的安慰是，我正在力图以另一种方式去看她，为她献上一本她会喜欢的图书——这或许是母亲更期望的。

回到茨开后，整整休息了三天才恢复体力。在此期间，我又翻看了一遍由成都地图出版社2001年7月出版的《中国地图册》。

从地域分布上来看，中国少数民族主要聚居在中国西部的一条狭长地带。人类学家把这条地带称之为“民族走廊”。中国56个民族，在这条“走廊”上就占了一大半。“民族走廊”主要包括甘肃、青海、四川西部、西藏东部、云南西北部等十余个省区。洛克半个多世纪前在中国西部的探险、考察活动，主要行走在这条苍茫无极的“走廊”上。

洛克20世纪20年代至40年代对这些地区自然、地理、历史、文化、宗教以及民情民俗的纪实性文字，对地理学、人类学、社会学、历史学、民族学以及少数民族研究、宗教研究，都提供了具有文献价值的资料。

我们一行沿着江岸边走边聊，白天看见的景象，已在若明若暗中渐渐隐遁，只有滔滔流动的江水声，在夜空里荡漾。天空星光灿烂，苍茫深挚。宇宙万象，一切都进入自然、神秘状态。

# 史诗澜沧江

在贡山自治县怒江、独龙江流域行走了一个月后，我们又辗转到了澜沧江。澜沧江是一条恣意、美丽的河流。

我小时候看过一些作家对长江以及其他一些河流的描写，但印象最深最好的，却是一条我从未见过的河流——澜沧江。

澜沧江吊桥

对澜沧江的美好印象，主要源于我青少年时代读过的《南行记》。

今天，当我们沿着洛克的足迹走近它时，觉得它比那位南行作家描写的还要质朴，还要生动，还要美丽。

我们是从迪庆德钦（升平）去澜沧江的。汽车快驶近云岭澜沧江流段时，我们已嗅到它挟带泥土挟带植物挟带朝露的芬芳，已感觉到它迎上前来的清馨、温润气息。半小时后，透过岸边蓊郁的亚热带树林，我们看见了一条清澈、静谧、浩渺的河流自北向南逶迤流去。

——这就是澜沧江。是我从青年时代起就期盼一睹其真容的澜沧江。这条江，汇聚了我40年的夙愿与梦想。

澜沧江全长4880公里，跨越寒带、温带和热带三个气候区。澜沧江流经中国、缅甸、老挝、泰国、柬埔寨和越南六个国家，是东南亚地区第一大河。按河长秩序排列，是世界第六大河。作为流域各国文化走廊和天然商贸渠道，澜沧江也是云南西部地区与流域各国经济、文化交往的纽带。

兔峨峡谷

云南境内澜沧江流域主要是藏族、彝族、傈僳族、纳西族、白族、普米族、拉祜族、傣族、佤族、瑶族等民族聚居区。

洛克是1924年6月至9月到澜沧江流域鲁瓦、西当、云岭、燕门、巴迪、康普、白济汛、中路和维登的，以后还多次到过澜沧江流域。洛克第一次到澜沧江鲁瓦、云岭、燕门至巴迪流段时，按捺不住亢奋地在日记里写道："在这个海拔高度，空气沁人肺腑，白天天空晴朗，晚上繁星闪烁，使我忘记了一路的辛苦。"

晚霞映照澜沧江

洛克第一次到澜沧江燕门、巴迪时，看见的是一段平缓开阔的地带。这片流域有许多小平原和平缓的山峦，是澜沧江生态和自然风光最好的流经地之一。

我们在燕门待了两天后，就沿江而下，经巴迪、叶枝、康普到了白济汛。白济汛是维西傈僳族自治县的一个乡镇。

澜沧江流域的土筑瞭望塔

澜沧江边的纳西族弓弩手

在我们下榻的一家简易客栈里，借休息之机，我又翻看了洛克著作中关于澜沧江的几段描写。

洛克是个有苦心毅力和探险精神的旅行者、探险家，他在白济汛和维登待了不到9天，就往澜沧江峡谷去了。

从白济汛经中路（地名）经维登进入澜沧江峡谷后，洛克发现了两个让他非常吃惊的现象，一是傈僳族、纳西族人种植的玉米。洛克在给美国《国家地理》杂志的文章中说："难道在美洲大陆发现前，亚洲人就知道了玉米？"另一个让他吃惊的是在一处纳西人居住的村落附近，发现了一座500多年前纳西人建造的土筑瞭望塔。这座瞭望塔的结构和造型，使他"想起美国西部地区的胡比印第安人，那里也有相似的用石头建筑的瞭望塔。"洛克因此惊叹："这个世界究竟是很大还是很小？"

进入怒江傈僳族自治州

中排至石登至营盘至兔峨峡谷，景象虽然壮观，但越来越窄的峡谷和越来越窄的驿道，对洛克一行构成了巨大危险。洛克描述说："恐怖的澜沧江峡谷似乎要把我们吞没。我们的马帮看上去就像巨岩上的小壁虎……甚至会有呼啸的风从峡谷中刮来；对牲口和人来说，这样的旅行，不仅艰难，还充满危险。"

澜沧江源头

澜沧江峡谷给了洛克雄奇壮丽的审美感受，也给了他惊心动魄的震撼。

——风雨阳光，清风明月，惊涛骇浪……给洛克留下了多少悠远、深切的浩叹！

到白济汛后，我们就没再往大峡谷去了，一是大峡谷的驿道早已荒弃，已成为名副其实的"古驿道"；二是我们已力不从心；三是我们还要去维西（保和），再经鲁甸、巨甸到白水台去。我们只能站在白济汛的高山上，远远眺望静静流淌在千山万壑中的江流和两岸悬崖峭壁上若隐若现的古驿道。烟波浩渺的澜沧江，像一条飘逸在崇山峻岭中的墨绿色绸缎。

从山上下来走到江边时，正值雨过天晴，一条美丽的彩虹，渐渐清晰地显现在澜沧江畔，气象生动，瑰丽灿烂。

慕蓉在胸前划了一个"十"字。

——慕蓉身上有基督精神，一种良善、慈爱、宽容的精神。认真想想，这种精神才是社会真正和谐、安定的心灵因素。

晚饭后，天已擦黑，夜色朦胧，天空像一幅由浅灰色转至中灰色再转为幽深蓝色的巨大幕景。

我们一行沿着江岸边走边闲聊，白天看见的景象，已在若明若暗中渐渐隐遁，只有滔滔流动的江水，在夜空里荡漾。天空星光灿烂，苍茫深挚。宇宙万象，一切都进入自然、神秘状态。

澜沧江是一条产生史诗与神话的江。

在江边，我们为洛克的亡灵做了一个祷告。

木秀突然问我：想不想看那不苴跳东巴舞？

木秀把我注视那不苴的眼光拽了过来。我明白了木秀的意思，马上说：当然想看。

因为我们是庄主和尚礼推荐给那不苴东巴的客人，那不苴答应了。

当天下午，那不苴为我们表演了东巴舞……

# 遥祭白水台

白水台不是一条易走的路。

从迪庆与丽江交界的巨甸到白水台，我们竟一路苦旅了一周时间。

正当我有些后悔时，木秀说：走进白水台后，你就不会后悔了。

其实，我是后悔走了长长一段冤枉路。白水台就在我们两个月前去过的大具乡金沙江哈巴雪山以北十几公里处。从大具过江到白水台，顶多两天的路程。

## 神赐的花朵

一到白水台，首先映入眼帘的就是“仙人遗田”。

所谓“仙人遗田”，是些自上而下层层舒展、扩大的形状如梯田的造物。“梯田”是自然形成的，不是用来种稻谷的。

白水台在纳西语里叫“释卜芝”，意思是逐渐长大的花朵、神赐的花朵。

我们走近白水台时，看见清澈的泉水，正一级一级从白色的“梯田”里漫溢下来，的确像一朵朵异形绽放的花朵。

木秀说，白水台是中国最大的泉水台地。

在水台最高处，我们看见一个直径约30厘米的泉眼，泉水正从里面汩汩地涌流出来，扇形般地流向盛开的“花朵”。水中的碳酸氢钙在紫外线长期照射下，水分蒸发后渐渐生成碳酸钙白色沉淀，又不断覆盖地表，形成奇特

20世纪20年代的白地村农民

的泉化地貌。因泉化石层呈梯田和花朵形状，又是白色，所以叫白水台。

除了下游延伸出去的约3公里泉化石“通道”，白水台周围，都是苍郁茂密的树林。白水台在绿色植物拥抱中，涓涓不息地流动着清莹的生命。

白水台无疑是一种生化物理现象，但我更愿意接受“神赐”的说法。自然现象太平淡了，“神”才会触动人的神经。人的神经与情绪，常常需要一种神秘的刺激。刺激会让人清醒、清晰。

盖明生就是在清醒、清晰状态中，在高原在江河湖海，在自然与人的动态关系中，找到了一个关于生命与灵魂的丰饶世界。

白水台左侧，有一个宽大的泉台，形如凤巢，台上泉水温柔地漫溢；泉台下端，形似女性隐秘处，传说是纳西人供奉生殖女神的地方。

在这个传说里，我感悟了一种文化、一种理念，一种关于人类生命的文化与理念。

我相信白水台是神赐的花朵，是神的造物。在这个造物前，我做了一个虔诚的祷告。

## 生命与灵魂

东巴文化山庄庄主是文化站站长和尚礼，50多岁，棕色面孔，身体健壮，丰厚结实的手上，布满生活磨砺的老茧。

与和尚礼交谈后，很快获得一个印象：他对东巴文化是有研究有见解的。最重要的是，和尚礼是一个勤奋、坦诚且心志高远的人。

木秀认识和尚礼，还看过他编写的《三坝纳西族民歌》《金沙江岩画考》。

和尚礼毕业于丽江师范学校，但他的实际文化水平，远远超过了他的学历。

神赐的花朵

可能是感觉好、话题投机，和尚礼邀请我们到山庄后面一幢两层楼上去“聊聊”。

这幢二层小楼，既是他的休息室，也是他的办公室。

办公室像一个东巴文化展览室，陈列了许多与东巴文化有关的文字和图片资料，还有东巴祭司祭祀时使用的器物。当然还有不少的书籍，包括他自己的著作和一些手稿。

神奇的泉水台地

简直难以置信，他那双因劳作而结满老茧

的手，怎会写出那么多具有学术价值的文字？看了和尚礼的著作和手稿，我感到汗颜。

和尚礼说：真是有缘，明天一早，我就要到大研去，你们晚来一天，我们就见不着了（云南土语：见不到面了）。

和尚礼与我们交谈了关于生命与灵魂问题。这些问题，是他在写作与研究过程中遇到的难题，他正在思考这些问题。

和尚礼问：生命的概念是什么？

我理解的生命是天地宇宙永恒岁月里瞬间走过的生灵。但没表达出来。

和尚礼说：我理解的生命是一个痛苦与幸福合一的简短过程。每个人都会有幸福也会有痛苦。

这是个蕴含了哲学智慧的认识。

我以惊异的目光瞥了瞥和尚礼。

尧宇说：人对痛苦与幸福的认识、体验和理解是不一样的。

和尚礼说：自己感觉痛苦的人，一定是痛苦了；自己感觉幸福的人，一定是幸福了。痛苦或幸福，都是自己感觉和体验的，但二者是对立的统一。

壮观的泉化石瀑布

慕蓉说：世界上没有绝对的幸福和痛苦，只有比较意义上的幸福和痛苦。因此，幸福和痛苦是相对的。

天卉说：幸福是一个充满希望的等待过程。比如我，一直存在着对幸福的希望。这个希望，让我在精神上产生了某种幸福感。

尧宇说：幸福是一个创造过程及其结果，不是一个希望与等待。我在绘画过程中和作品完成后，都会有一种幸福感。因此，希望、等待的过程，应该是一个践行、创造的过程。

尧宇这段话，显然是针对天卉的，但说得十分中肯。

和尚礼：那么怎样认识灵魂呢？灵魂是什么呢？

和尚礼用眼睛看了看我——木秀刚才介绍我是作家。

我说：我理解的灵魂，是一个从物质状态（物质世界）抽象出来的思想、精神和情感世界；是一个介于理性与非理性之间的心灵世界，抑或说，是从生命血肉之躯里擢升出来的心理与精神世界。

和尚礼问：能不能具体点？

我打了一个比方：白水台是一个生化物理过程，是一个自然造物现象，既可以从科学上去认识它，也可以从感觉、意念和精神上去认识它。后者显然是缺乏科学依据的，但可以获得一种精神、情感和心理上的满足。前者则不可能。前者太理性太逻辑了。推而论之，灵魂就是一种感觉、意念的精神体验，是一种心理、情感、精神的感动。我们在梅里雪山、贡嘎雪山看见那么多的朝圣者，他们就是从心理、情感和精神上去感悟"神"的。那是一种灵魂状态，是灵魂在感悟和感动。

和尚礼最后感慨地说：东巴文化关于生命与灵魂的认识，感性认识的成分太多，如果再融合理性认识进去，就会更加扎实、更加丰富。

和尚礼坚持挽留我们在山庄里共进了晚餐。

告辞时，和尚礼抱拳道：今天的讨论给了我许多启示，感谢各位。

其实，和尚礼也给了我们许多启示。知识是互补的。

## 那不苴东巴及其背影

东巴文化山庄坐落在白水台下坎，在一个宽绰的院落里，建筑是清一色的木楞房。山庄周围，林木幽异，虬枝横逸，清气弥漫。

在一间木楞房里，我们见到了已80多岁高龄的那不苴东巴。

那不苴中等身材，鼻子大，颊骨突出，双目深邃，一脸慈祥。

一见到我们，他就从似睡非睡状态中站起来：和尚礼说你们今天要来，我正等你们。

那不苴是三坝地区的四大东巴之一。

跳东巴舞

他为我们介绍了东巴教的历史与文化渊源后说：东巴教的第一圣祖丁巴什罗为征服魔鬼，造福人类，千里迢迢携带99部经书和360名门徒，从西藏专程到白水台“灵洞”创立了东巴教。东巴教第二圣祖阿明什罗次年又在白水台修炼，创造出东巴象形文字。从此，白水台便成为历代东巴教的圣地。

那不苴还告诉我们，他十几岁时就见过洛克，至今还依稀记得洛克的音容笑貌。

那不苴描述的洛克，与我在照片上反复见过的洛克果然相差不大。

那不苴说，洛克先后五次到过白地，每次来都找他舅舅（大东巴）探讨东巴象形文字和东巴经，当时他也在跟舅舅学习东巴经，所以有机会接触洛克。他说洛克的《东巴什罗——纳西萨满教主的诞生和起源》中的许多资料，都是他舅舅提供的。

我们没有咨询那不苴太多的问题。我们不是为考察和研究东巴教而来。我们没有这个目的也没有这个能力。昨天与和尚礼讨论生命与灵魂问题，一是这个命题也是我们感兴趣的，二是我们的身体需要找到一种休息形式，三是我们对和尚礼有很好的印象。

听那不苴谈话，总有一种虚无缥缈和冗长累赘的感觉。我不适应这种缓慢的节奏。我希望简洁明快地切入问题，切入实质。

慕蓉从我的神态里看出了什么，便对那不苴东巴说：能不能带我们到附近走走?

那不苴同意了。

白地村的民居，大部分是用泉化石修建的，这些建材奇特造型奇特的房屋，不经意间构成了白水台的一大景观。

行走间，我们不断遇见一些旅行者和当地的居民。那不苴说，旅行者中一部分人是来寻找洛克足迹的，一部分是来看“神赐花朵”的。

真的？我吃惊地看着那不苴。

怎么不是真的？那不苴正欲放开话题时，木秀突然转过脸问我：想不想看那不苴跳东巴舞？那不苴东巴的舞跳得好极了。

木秀把我注视那不苴的眼光拽了过来。我明白了木秀的意思，马上说：当然想看。

因为我们是庄主和尚礼推荐给那不苴的客人，那不苴答应了。

准备了约40分钟后，那不苴为我们表演了东巴舞。

他头戴五佛冠，身穿燕尾袍，颈挂佛珠，腰系彩带，左手摇板铃，右手摇鼓，在山庄里的大草坪上，为我们表演了反映东巴教圣祖丁巴什罗的舞蹈《什罗蹉》。开始是表现丁巴什罗的母亲战胜恶魔，把他从腋下生出来，接着表现丁巴什罗学走路、学武术，与恶魔战斗，最后从天上召唤下来360个教徒助战，直至战胜恶魔。

绽放的泉化石形状

跳第一节时，节奏很平缓，但从第二、三节开始，节奏加快了，那不苴眼里焕发出光芒，面目也生动起来。整个过程，刚健柔婉，变化丰富，充满活力。

看那不苴东巴跳舞，简直忘记了他已是80多岁的老人。直到舞蹈快结束时，天卉才在我身旁小声说：他好像不行了。

我认真看那不苴，已是脸色苍白，气喘吁吁，步态踉跄了。正想过去扶助他，尧宇已眼明手快扶起了他。

他闭目伫立休息一下后，便松开尧宇的手，执意要自己走回去。

看见他渐行渐远的苍老背影，我忽然觉得，东巴的时代，也亦步亦趋跟着他苍老、走远了。

我们看见的东巴，其实已是一个远去的背影，一个历史的背影。

**注：虎跳峡水电大坝建设后，白水台也在殃及范围，加上渐行渐远的东巴历史，故拟定了这个让人有些伤感的标题——遥祭白水台。**

慕蓉闭上眼睛，在胸前划了一个“十”字。

我情不自禁蹲下去抚摸那片烧焦的土地。

我感到大地在颤栗。

尧宇举起了摄相机。

岩龙想制止尧宇，欲言又止。

不知出于什么考虑，岩龙干脆豁出来了：明天再带你们到南腊河流域去看看……

# 颤栗的南贡山

西双版纳勐腊境内的南贡山，是一座名不见经传的山。因为洛克在日记里说它是一片美丽茂密的雨林，而盖明生说它已被砍烧得不成样子，所以我们去了。

## 啊！南贡山

两个月后，我们从云南北端到了南端，到了著名的西双版纳。从景洪到勐腊，又整整走了三天。

盖明生在《灵魂居住的地方》里说，他是从补蚌到瑶区，再从那里进入西勐腊保护区上南贡山的。他走的是一条洛克当年走过的路线，而我们是直接从景洪到勐腊上南贡山的。

已离家3个多月的我们，从体力到精力，都消耗得要到底线了，因此，只要有车的地方，我

热带雨林

们尽量乘车。

进入勐腊保护区，那里的生态与丽江、迪庆和四川交界的横断山区，已完全是两种截然不同的景象。勐腊是一片片地道的雨林。

到勐腊，实际上已到了与缅甸和老挝毗邻边境。

真正行走在勐腊雨林里，比我们想象的要艰苦十倍，但精神上不觉得艰苦——雨林里生机勃勃的生命现象，给了我们丰沛的审美刺激。

木秀为我们找了一位业余向导、她在旅游学校时的同学岩龙。岩龙比木秀大两岁，1.67米的个子，身体结实，性格豪爽。岩龙从小生活在勐腊，毕业后又回勐腊工作，对勐腊和南贡山的行走路线非常熟悉。

岩龙听清楚我们要去南贡山，兴奋的表情一下淡然下来。

木秀即拽他到一旁说：他们是来寻访洛克当年行走过的路线，不是来旅游，也不是来采访的。

古树与天空

岩龙还是面露难色。最后提出一个条件：南贡山的情况，不要向外宣传。

木秀把岩龙的要求传达给我。

犹豫一下，我点头了。

尧宇睁大眼睛看我。他知道我是注重诚信的人。他不太相信这次点头。

走过两三座树林密布，藤蔓绵亘的山麓后，我们忽然看见了两座满目疮痍的荒山。

岩龙说：这就是南贡山！

纵目看去，未被砍伐和已被砍伐的地方，已形成一道明显的分界线，一边是蓊茂苍翠的原始森林，一边是只有些树桩的光秃秃的山坡。

被砍伐的大树，有的横七竖八躺在地上，有的已被拉走；远远的地方，还有人在砍树，还会时不时听见大树倒下时发出的轰然响声。

我问岩龙：为什么要这样成片成片地砍伐?

岩龙说：部分瑶族、傣族人聚居的偏远山区，还没有完全摆脱刀耕火种的生产方式，烧掉一片树林，就种一片地，地不理想再烧一片；为了烧林，须砍出一条隔离带，仅隔离带被砍倒的大树，就有数百棵；通公路的乡村，就把砍伐下来的树卖出去；有的乡村，就靠砍树卖树维持生活；砍树卖树，已成为一些贫困乡村农民的主要经济来源。

岩龙再带我们走过一个山头，看见了更为惨烈的景象：大片的树林已被大火化为灰烬，远远近近的山坡上，升腾着股股青烟，空气中弥漫着焦木的浓郁气味。

慕蓉闭上眼睛，在胸前划了一个“十”字。

尧宇沉重地举起摄相机。

岩龙想制止尧宇，欲言又止。

不知出于什么考虑，岩龙干脆豁出来了：明天再带你们到南腊河流域去看看。

第二天，我们在纳卓、勐伴、曼燕和曼蚌看到的烧林、砍林景象，与南贡山大同小异。

离勐腊时，岩龙来送我们，出乎意料地说：你们想曝光就曝光吧。曝曝光说不定是好事，可以阻止一下。

我握住岩龙的手：你放心，我们决不会为难你；我们会找到最好的曝光形式——不是批评，不是揭露，是提醒，是帮助。

雨林里的参天大树

## 人与自然，格斗还是共处？

南贡山及周边区域生态环境的人为破坏，使我想起在科学界尖锐争论的一本书——丹麦学者比尤恩·隆伯格的《多疑的环境保护论者》。隆伯格的主要观点是：人类普遍夸大了环境危机；环境问题并没有人们想象的那么糟糕。

隆伯格的书——当然也是他的观点——出来后，据《南方周末》科学版报道："在全球范围内掀起轩然大波，包括《自然》《科学美国人》在内的著名杂志纷纷卷入了这场争论。"

如果不上螺髻山、南贡山，如果不去纳卓、勐伴、曼燕和曼蚌，我会对这场争论莫衷一是，不置可否。而现在，我却毫不犹豫地站在了反对隆伯格的立场上。我认为生态环境问题并没有被夸大，相反，是非常严峻的。也许隆伯格的国家丹麦没有严峻的生态环境问题，但不等于其他国家和地区尤其是发展中国家和地区已没有生态环境问题。

中国有影响的报纸《南方周末》科学版上刊登了两幅照片：一幅是一片比美国罗得岛还大的冰架从南极大陆脱离，崩塌为一块块像小型船队似的冰山群，一幅是崩塌之前比较完整的卫星照片。两幅照片的强烈对比证明：人类的生态环境正在发生巨大变化……

引发我们去南贡山的动因，是洛克的足迹和他的日记。

洛克在日记里说，他在南贡山"看见了一片美丽茂密的雨林，采集到稀有的植物种子和标本。"

洛克是1924年为美国农业部采集植物标本到南贡山的，而大半个世纪前"美丽茂密的雨林"，现在已被蚕食砍伐得令人触目惊心了。在云南边远地区，被砍伐被烧毁的森林和雨林，远不止一两个地方。

因此，在这场争论中，我比较接受哈佛大学环境学教授约翰·侯德伦对隆伯格的驳斥。侯德伦说，隆伯格对环境学家所关注的"枯竭"问题的理解大错特错，环境学家所指的"枯竭"，并非"能源"的枯竭，而是生态环境的日渐枯竭，即空气、水土、植物和容纳这些资源（能源）的能力正在枯竭。

我所以赞成侯德伦的观点，是因为亲眼目睹了这种"生态环境的枯竭"。

其实，侯德伦与隆伯格的主题争论，本质上是人与自然格斗还是与自然协调的争论——虽然这种争论是以理性和理论形式表现出来的。

人与自然的两种形态是：格斗与协调。要么格斗——如我们在螺髻山在南贡山看见的那样；要么协调——保护生态环境维持生态平衡。

人与自然的格斗，表面上看是人的胜利——首先伤害自然，而事实上是人的失败，人破坏了自己赖以生存的家园——自然生态环境。

人与自然协调，是人与自然最赏心悦目的状态。用有点商业俗气、政治俗气的话说，是“双赢”。

在上述两种形态中，后者比前者困难。前者只需抡起斧头或点把火，后者则需要殚精竭虑思考、策划，苦心毅力践行、实施。

联系到螺髻山、南贡山特定的生态环境与生存条件，我并不反对抡起斧头，但不能盲目、愚昧地抡起，当砍的要砍，当留的要留。靠山吃山，靠水吃水，靠树吃树，总不能把山吃光把水吃光把树吃光呵！吃光了就没吃的了。没吃的怎能维持生存状态？

因此，吃山养山吃水养水吃树养树，才是人与自然最理性最明智的选择。

驱车去景洪路上，忽然想起岩龙那句“可以曝光”的话。这是我意料之中的。岩龙的眼光不会只停留在保住那份职业上。生存比职业更重要。

但我仍然恪守“不向外报道”（批评）的承诺——那次点头。

——这篇文章不是“曝光”，更不是批评，而是思考，是善意、理性的思考；是对螺髻山、南贡山父老乡亲及其子孙后代生存和生命问题的思考。

其实，当我在岩龙面前把头点下去时，就已经清楚点头的分量与内涵了。

从勐腊去景洪走的是108国道，比较平稳，我看了看坐在客车前面的尧宇四人，好像已经睡着了。他们大概和我一样，不仅身体疲惫，思想也疲惫。南贡山以及纳卓、勐伴、曼燕、曼蚌留给我们的思想太沉重了。

按原计划，我们还准备从曼醒分道去曼腊的，这个计划让岩龙取消了。

——岩龙说：曼腊的情况也好不到哪里去，看看南贡山就知道了。

在景洪，稍感欣慰的是，政府已在着手研究、制定防止砍伐雨林的措施了。

这个“信息”，或可告慰洛克在天之灵。

忽然想起在普济寺看见的那位僧人，当我从他身旁经过时，他表现出一副平淡、冷峻的样子，我心里有些不悦，便风影般傲然地从他身旁走过，而当我意识到什么蓦然回首时，却在他清朗的眉宇间，在他静穆的面容里，看见了一种至大至深的心境。我无视他的存在，而他以平和、泰然的姿态，证明了他的存在。其实，真正傲然的，是那个僧人。

## 蓝月亮山谷

半个月后，我们从云南的最南端回到了丽江。

在大研古城休息两天后，我们又沿着洛克半个多世纪前的足迹去了蓝月亮山谷。

蓝月亮山谷是玉龙雪山西南麓一条辽阔、幽静的山谷，是洛克在丽江心情不好时最想去的地方。洛克说，“那是个美丽、神秘和充满诱惑感的地方。那里会使情绪最不好的人安静下来。”（《洛克日记》）

木秀带我们到那条山谷时，还看不出它的神秘与诱惑，只觉得它很美，

蓝月亮山谷里的寺庙

草木丰茂的寺院

尤其有一种深蕴的静态美。远远近近的山峦，不像我们在金沙江、澜沧江、怒江两岸看见的那些巍峨凛然，雄奇挺拔的山，一座座蓊茸苍翠，玲珑媚秀，倒使人想起桂林至阳朔滢滢绿水两岸风光旖旎的青山。

其实，蓝月亮山谷最动人的，不仅是其山谷中的芳草秀水，奇花异木，而是这座山谷里的悠远历史和古刹寺庙。

## 山谷里的寺庙

蓝月亮山谷环萦在大研镇城北10公里以远的芝山腹地，这片广袤的腹地里，坐落着五座著名寺庙。

第一座是玉峰寺。玉峰寺周围松柏苍苍，山泉淙淙，凭栏远眺，可以清晰地看见玉龙雪山主峰扇子陡。

玉峰寺始建于清代顺治十七年，清康熙年间扩建，是丽江五大喇嘛寺之一，是目前丽江地区现存藏传佛教寺院中历史最悠久的寺庙。寺里绘有16尊佛像，次间隔扇绘有四大天王。寺庙布局雄伟壮观，气概轩昂。

寺庙北侧有两座四合院，下院有一株“十里香”，花朵娇媚，雪白如玉，清香四溢；上院一株被誉为“云岭第一枝”的山茶树，树干左弯右曲，形如虬龙盘绕。据僧人说，这棵山茶树已有五百年树龄，每年从立春到立夏，花期一百多天，先后开放20多次，每次千余朵，共开两万多朵，令人叹为观止。

第二座是福国寺。福国寺是丽江地区名刹，坐落在芝山和凤凰山之间，始建于明代万历二十九年，重建于光绪壬午年间。

福国寺恒纳岩南面，有托麦琮手书的摩岩梵文遗迹，东面岩壁上，有木氏土司木松、木高父子题的摩岩诗。凤凰山背面的芝山脚下，有明万历三十年（1062年）土知府木增命僧无极禅师营造的解脱林。“解脱林”三字是木增题写的。1628年，明熹宗天启皇帝赐名福国寺。清康熙十七年（1678年），土知府木懿从青藏地区迎来红教喇嘛都知、丁月二僧，福国寺便由汉传佛寺改为藏传佛寺，是丽江地区历史上第一座喇嘛寺，藏名为奥米南林。

福国寺选址是独具慧眼的。据明《福国禅林纪胜记》碑载：“延袤数里，松桧万章，盘桓夹层。林中之梵刹、飞观、绘椽薄栌，金碧辉煌者。”每至春季，福国寺内梅花、桃花盛开，寺内外芳菲缭绕。

寺中五凤楼为三重檐钻尖顶楼阁式木结构建筑，构思独异，造型精美，从任何角度看去，都似五只展翅欲飞的凤凰。

古朴的寺院

除五凤楼大殿，还建有僧房庭院13座，每座庭院内外，都栽种了梅、竹、桃，二、三月间，梅花、桃花相继开放，灿若落霞。

明崇祯十二年，丽江土知府木增于五凤楼前接待过大旅行家徐霞客。徐霞客在福国寺五凤楼住了9天，在他的游记中，对福国寺作了生动、详细的记述。

因为福国寺得天独厚的自然生态环境和精美绝伦的建筑风格，历代木氏土司，都退隐在福国寺颐养天年，吟诗作赋，享尽天伦之乐。

第三座是普济寺。普济寺坐落在芝山东麓普济山上，除铜瓦大殿，还环绕着12座僧人庭院。铜瓦殿前有两棵云南樱花，基围3.2米，树高7米。12座庭院，院院都有樱花，三、四月间樱花盛开，璀璨绚丽，芬芳弥漫，动人心旌。

身着纳西族服装的天卉和慕蓉

除了去福国寺五凤楼，洛克还经常到普济寺去。他赞美普济寺是座“樱花村落”，是躁怒者涵养心性的圣地。

第四、第五座分别是文峰寺和指云寺。

文峰寺坐落在文笔山怀抱里，大殿四周，装置了几个很大的转经筒，每个转经筒里，都放有经书。寺里的喇嘛说，朝圣者边走边转经筒，可以消灾避邪。僧人大院里有一棵巨大的茶花树，树龄已有200多年，上百年的茶花树就有17棵，错落有致地分布在僧房庭院里。其中一棵修剪成三层塔形的茶花树，一层各开一色花，神秘灵秀，娇艳动人。文峰寺的茶花树不仅树干粗大，枝叶茂盛，而且花色多达八九种。

洛克在日记里说文峰寺是“山茶花花神聚会的地方”。他抓住了文峰寺的神韵。

指云寺则是以荷花著称的。指云寺坐落在拉市落水洞旁，寺前有一大池塘，池塘里荷花盛开，娇艳妩媚，清香浓郁。

蓝月亮山谷是一条美丽、神秘的原生态山谷。

蓝月亮山谷会使人情不自禁地想起自然与生命，想起“香格里拉”。

## 山谷里的思考

蓝月亮山谷生机盎然，涵蓄丰盈。蓝月亮山谷汇聚了绝佳的环境生态和人文心态。

洛克到蓝月亮山谷寻觅的，正是这两样东西——生态与心态。这两样东西，深深潜藏在人类追寻的物质与精神世界里，是人类跋涉在文明旅途上两个充满诗意、美感又十分清晰的目标。

在文峰寺后院树林里，有一巨大磐石，石上有一狭缝，缝里有一块可上下松动的奇石。传说是释迦牟尼大弟子迦叶尊者来文峰寺传教路过时遗留下的钥匙。凡到文峰寺的西藏、青海、四川香客（信徒），都必须先抚摸这块奇石或从奇石下走过才能进寺朝觐。

这显然是一个集自然山水与人文灵感编织的神秘传说，但是幽默、有意思。

走出文峰寺，便见24座僧人庭院，安静地散居在溪谷两岸的树林间，环境幽静优美。

再往溪谷下游走去，有一座水磨房，一块草坪。草坪旁边是一个池塘，池塘里盛开着荷花。水磨房后面，有一泓清澈、晶莹的山泉，从林间山崖上轻盈飘落下来……

慕蓉感慨说，这真是涅槃圣地?

——“涅槃”是一个神秘、深远的轮回意境。

置身在蓝月亮山谷里，会让人产生强烈的生命意识，让人想起人类历史与人类文明。

人类历史本质上是一部文明演进史，包含了人类的苦难、希望与幸福。

最近看了一部《人与自然》的纪录片，纪录了一头小鹿的一生之旅。小鹿出生后，便能站立起来，不久便能走、能跑，继而跟着母亲，开始了长途跋涉。画面是：长空大地、高山密林、江河湖泊；小鹿紧随着母亲，或蹒跚而行，或艰苦跋涉，或疾速奔跑……

这些画面，使我想起人类，想起人的生命。人从出生到生命终结，不也是这样艰辛走完、奔完一生的吗?

人类文明之旅，既涵盖了痛苦涵盖了希望也涵盖了幸福。这就是生命的全过程。

我不知道每个思维、性格与知识结构不同的人对生命会有怎样的认识与理解，但我相信，任何一个从喧嚣环境尤其从政治喧嚣环境里出走到蓝月亮山谷的人，一定会感悟到生命存在的意义，一定会感悟到宗教文化和宗教文明给人类精神带来的温馨抚慰。

我在蓝月亮山谷获得的最大体验与启示是：生命是幸福的，而懂得珍惜生命和创造生命意义，则会更幸福。

我想起正在苦行中孕育的文字。这些文字，体现着我对生命的珍惜。没有对生命的珍惜，就不会有这些文字。将来的一天，我的生命会像流星一样划过，但这些文字，不会与我一起陨落。只要有一份对人类对世界眷顾的情感、有一缕思想的光芒留给人类和世界，我的在天之灵就会感到无比的安慰。

将走出蓝月亮山谷时，忽然想起在普济寺看见的一位僧人，当我从他身旁经过时，他表现出一副平淡、冷峻的样子，我心里有些不悦，便风影般傲然地从他身旁走过，而当我意识到什么蓦然回首时，却在他清朗的眉宇间，在他静穆的面容里，看见了一种至大至深的心境。我无视他的存在，而他以平和、泰然的姿态，证明了他的存在。其实，真正傲然的，是那个僧人。

从那僧人的眼睛里，我看见了一种非常罕见的智慧之光、浩然之光。而这两束光源，无疑来自于他心灵深处，来自于他身心合一的虔诚修炼。

驱车回大研路上，我想起赵鑫珊教授的《人类文明之旅》。

赵鑫珊在《人类文明之旅》里引用了白居易关于“家”的一首诗：“无论海角与天涯，大抵心安即是家。”心安不安，无论于个人于社会，都与命运攸关，与未来攸关。

因为心安，僧人们毫无孤独感地在远离尘世的寂寞环境里待了下来。

因为心安，洛克在中国滇、藏、川地区艰苦卓绝地苦旅了28年。

因为心安，我们无悔无怨地跋涉在云南的万水千山……

可惜的是，白沙壁画已成为远逝的图景。无论在琉璃殿还是在大宝积宫看见的壁画，都已斑驳脱落、模糊不清，有的甚至已面目全非、了无痕迹。除了岁月的磨蚀，当然还有那场在“文化”名义下发动的对文化的“革命”。后者的破坏，甚至更惨烈，更无以复加。

## 远逝的图景

从蓝月亮山谷回大研的第二天，从湖北迁徙到丽江的画家陶刚，便邀请我们到密士巷百岁桥边的“西雅阁”酒家吃饭。盛情难却，我们去了。微醉间，来了位三十几岁，束着长辫，高傲冷峻，一身西部装束的吉他歌手。陶刚兴致盎然，招招手，让他过来弹唱助兴。那歌手便昂然走来，放开嗓门，挥洒豪情为我们弹唱了《走进西藏》《青藏高原》和《父老乡亲》等几首民歌。歌声时而粗犷豪迈、高亢洪亮，时而缠绵悱恻、舒缓恣情，不仅唱出了大江大河、日月山川的瑰丽浩瀚，唱出了浓烈醇厚的乡情，也唱出了人类怆然雄傲的悲壮命运。

我们是临窗而坐。

楼下是波光滢滢，行色悠悠的流水，窗外是清风明月，华灯璀璨。

一瞬间，我们好像是置身到了明、清盛世秦淮河上舞榭歌楼温煦怡人的情韵中，心里蓦然生出缕缕温润、温馨的感觉。

也许是被吉他歌手浩然恣肆又怀恋缱绻词曲的感动，慕蓉竟一下啜泣起来。

众人的目光一下聚焦到慕蓉身上，看着这位性情的知识女性。

慕蓉揩了揩眼泪，声音有些哽咽地说：其实也没什么，我只是很感慨，太如诗如梦了……

走出“西雅阁”酒家，路过五一街陶刚的“山野村夫工作室”时，陶刚说：明天你们有什么安排？如果没有安排，建议你们去白沙看看壁画。

木秀也在一旁说：白沙壁画是明朝永乐十五年间画的，是壁画珍品，也是壁画绝版了，值得去看看。

我们接受了陶刚和木秀的建议。

第二天，便去了白沙。

木秀在车上为我们解说：丽江壁画源于明代丽江宗教文化的传播和佛教寺院的兴建。丽江壁画原有200多幅，分布在丽江境内15座寺院里，现仅存白沙大宝积宫、琉璃殿、大定阁、大觉宫4处，只有55幅了。因丽江壁画相对集中在白沙，也叫白沙壁画。

白沙壁画之二　东巴文化研究所

木秀还说，半个多世纪前，洛克也到过白沙，且数次去看过壁画，但没对壁画留下文字记载。听白沙雪山本草诊所和士秀医生说，洛克每次看后，只是伫立沉思，慨叹不已。

白沙位于丽江坝子北部，玉龙雪山脚下，距大研古城 8 公里，距雪嵩村2公里，因地表多为白色沙粒而得名。白沙是历史上纳西族进入丽江盆地后的最早定居点，也是元、明、清时期丽江政治、经济、军事、文化中心。至今尚存的琉璃殿、大宝积宫、金刚殿、文昌宫等佛寺道观，就是当时经济、政治、文化繁荣的见证。

走过一道有纳西族妇女歌舞迎候的通道后，木秀把我们带到了琉璃殿前。

琉璃殿坐西朝东，面阔两间，重檐歇山顶式建筑。琉璃殿柱脚未用基石，但结构坚固，造型美观，历经几次地震仍坚如磐石，丝毫无损。

大宝积宫在琉璃殿后面，也是重檐歇山顶式建筑。大宝积宫建于明万历十年，比琉璃殿晚160多年，宫内现存壁画12幅，是白沙规模最大，保存最完好的壁画。其中最具代表性的壁画是《如来会佛图》《观音普门品图》《孔雀冥王法会图》《莲花生祖师图》。绘于正壁的《如来会佛图》高3.68米，宽4.98米，是丽江壁画中面积最大的一幅，绘有各种神佛100个，主要表现无量寿如来（阿弥陀佛）召集圣众说法的场面。如来盘腿端坐正中，上列十八罗汉，两侧是道教尊神，下列正中是喇嘛教三位护法神，外侧为四大天王。整个画面，将汉传佛教、道教、喇嘛教神佛形象糅合在一起，组合为一幅创意独特，意蕴深邈，绘画精致的宗教巨幅图典。

绘于北壁正中的《观音普门品图》高2.03米，宽4.46米，正中画的是三面八臂观音，上方画的是10尊小观音，中间穿插了观音解脱各种苦难的佛经故事。右侧画了三个旅行者，左侧画了一个带枷锁跪在地上的赤膊犯人，右侧下部画了一些正在向观音顶礼膜拜的百姓。

绘于南壁正中的《孔雀冥王法会图》高2.03米，宽4.46米，与《观音普门品图》对称。主尊是孔雀冥王，正中是佛教密宗孔雀冥王大佛像，三张脸八只手，朱衣金身，手执孔雀羽毛，赤脚坐在莲花台上。佛像两侧，是道教28星宿以及龙王、雷公等100多个千姿百态的神。人与人，神与神，人与神之间，有的以圆光隔开，有的以彩云相系，色彩缤纷，光辉炫目，显得富丽堂皇。

绘于西壁后面的《莲花生祖师图》高2米，宽3.62米，正中画的是藏传佛教（红教）祖师莲花生，头戴七宝冠，双手合十，静坐在莲花台上。座下是两个神态优雅的美女，流丽隽逸，情韵深婉。四周是百工之神，姿态各异，神色安然。《莲花生祖师图》以纪实的笔触，宏大的场面，呈现了历史上丽江纳西族社会生活的丰富图景。

——白沙壁画从主题内容到艺术形式，生动展示了宗教文化、宗教活动与宗教艺术的精致融合。

白沙壁画产生的历史、社会背景，与丽江历史上所处的特殊地位有关。

白沙壁画之三　东巴文化研究所

丽江地处云南、四川、西藏交通要津，深受汉、藏文化影响，加上汉、藏、白、彝、纳西等民族杂居共处，又加速了汉藏文化的兼容与演进。据丽江教育学院学报主编何守伦教授说："汉地佛教从云南内地往北传，到丽江为止，喇嘛教从西藏往南传，也到丽江为止。而丽江纳西族地区，先是本民族原始的东巴教盛行，后又受到汉地佛教、道教、喇嘛教的影响，明代木氏土司对各种宗教采取了兼收并蓄政策，于是丽江壁画有了大胆突破，内容上融合了藏传佛教、汉传佛教、道教等各种宗教于一壁，成为独特的艺术珍品。"

从艺术审美角度看，白沙壁画结构合理，运笔缜密，线条流畅，刻画细腻，彩绘绚丽，已达到较高的艺术水平。

据《丽江府志》记载，白沙壁画的主要作者是浙江人马啸仙。马啸仙"工图画，山水臻神品，花卉人物靡不精妙，识者称之马仙画。"此外，参与壁画绘制的还有藏族画匠古昌、纳西族和氏东巴画匠以及白族画匠等数十位画家画匠。白沙壁画不仅在内容上呈现出宗教多元化特色，在艺术形式上，也兼容互补，呈现出多元化特色。

白沙壁画所以令观者慨叹，与观者产生共鸣，完全是因为观者从画面里看见了人类自己的历史自己的生活自己的文化自己的精神与信仰。

可惜的是，白沙壁画已成为远逝的图景。无论在琉璃殿还是在大宝积宫看见的壁画，都已斑驳脱落、模糊不清，有的甚至已面目全非、了无痕迹。除了岁月的磨蚀，当然还有那场在“文化”名义下发动的对文化的“革命”。后者的破坏，甚至更惨烈，更无以复加。

白沙壁画已不堪回首，已不是半个多世纪前令洛克感慨不已，深长思之的图景。

五凤楼凝聚了纳西人的文化、智慧和创造能力。五凤楼气象生动、神采飞扬，不仅蕴涵了美与力的语言，而且彰显了纳西民族的精神气质。

离开五凤楼时，尧宇竟是一步三回头。

我知道，有一种深刻、悲壮的文化艺术情结系住了尧宇。

——他是不是想起了蓝月亮山谷里那座被毁于一旦的五凤楼？

## 隐忍的语境

与纳西族书法家和向春先生共进晚餐时，他建议我到五凤楼去看看。和先生的建议，包含了两个要素：一是1639年正月明代大旅行家徐霞客在芝山福国寺五凤楼住了9天，二是洛克五次去过芝山福国寺五凤楼。去五凤楼，可以于冥冥中感受二人灵魂的信息。

### 五凤楼与民族魂

向春先生建议去的五凤楼，当然不是芝山腹地（蓝月亮山谷）里的五凤楼，而是1979年从芝山福国寺搬迁到丽江大研黑龙潭公园里的五凤楼。蓝月亮山谷里的福国寺五凤楼，早已在“文革”时连同福国寺一起被损坏了。

这次去五凤楼，是张翊陪同去的——她换木秀回去休息。

进黑龙潭公园后，张翊说：五凤楼基本上是原样迁移的。看看现在的五凤楼，就知道半个多世纪前蓝月亮山谷里的五凤楼是什么样子了。

站在黑龙潭锁翠桥上，老远就看见了五凤楼那五只展翅欲飞的凤凰。

五凤楼原名法云阁，是福国寺的藏经楼，因从任何角度看去都似五只展翅欲飞的凤凰，所以称五凤楼。

五凤楼为三层木结构塔式建筑，楼高20米，三叠八角，共有24个飞檐，楼基方正，结构对称，造型典雅。三层空间由下而上渐收，斗拱形式各异，丰韵而有节奏。楼角上翘曲线，使体积庞大的楼阁，显得飘逸舒展且有飞翔姿势。楼中32柱，粗壮厚实，使整幢楼阁予人磐石般的稳重感。楼尖贴金宝顶，玲珑隽秀。窗棂、格扇、栏板镌雕精美，彩绘华丽。天花板上绘有太极图、飞天神王、龙凰呈祥等图案，构思绝伦，色彩绚丽，意蕴深邃。

我们到五凤楼时，是上午9点，又是星期二，游人寥寥，整幢楼宇及周围环境，静谧且肃穆。

五凤楼两侧及其背面，林木深稠，清幽雅静，弥漫着泰和之气。

凝视五凤楼，忽然涌动起肃然起敬的感动。

我问张翊：知不知道它的设计者是谁？

张翊说：不知道。

我追问：五凤楼里会不会有介绍设计者的资料？

张翊：不知道。也许没有。据我所知，没有一个导游知道。

我仰天叹息：这么昆仑磅礴，气势雄伟，瑰丽斐然的建筑，竟然连设计者是谁都不知道。

我想起赵鑫珊教授在他的《散文精选》里提到的一件令他“颇为激动”的事（当然包括他的慨叹）：

“今年初夏，我在上海接待了德国汉堡大学一个师生代表团。有一次，我看见他们使用东西德统一后新发行的一百马克纸币，上面印有十九世纪德国杰出钢琴家克拉拉·舒曼（作家罗伯特·舒曼的妻子）的头像，使我颇为激动。

“东西德的统一是件很复杂的‘系统工程’。它不仅仅是政治和经济的统一，也是精神、文化和心理的统一。把克拉拉.舒曼的头像印在新发行的纸币上，正是为了完成精神、文化和心理上统一所采取的一个象征性步骤。因为克拉拉是属于整个德意志民族的——正如巴赫、贝多芬、舒曼、门德尔松、勃拉姆斯是属于整个德意志民族的。他们是德国人的骄傲，也是德意志民族魂的重要组成部分。”（《民族和民族魂》）

想起这篇文章，我浩叹不已。

——民族魂是一个民族的精神脊梁。没有民族魂的民族，不敬畏、尊重民族魂的民族，是不会有精神元气和创造力量的。民族魂是感动、振奋、复兴一个民族的重要精神力量。

中国也有不少“民族魂”，如五凤楼名不见经传的设计者，如孔子、老

五凤楼

子、庄子、韩非子，如屈原、司马迁、李白、杜甫、苏东坡、李清照……如果不是因他们的著作流传于世让世代炎黄子孙记住了他们，统治者们是不会铭记他们的，更谈不上会把他们的头像印在纸币上了。统治者印的是自己的头像。

当我伫立在五凤楼庭院里时，感到一种巨大的心理不平衡：一边是精美绝伦的建筑，一边是空旷渺茫的无名氏——不知道它的设计者？

人类文明的本质，是道德、精神和人性的文明，不尊重文化、科学、艺术的设计者、创作者，是人类道德、精神和人性的幽暗——当然也是人类文明的悲哀。

我不知道分管文化艺术、建筑艺术的官员们，是否会意识到文化艺术、建筑艺术与人类文明的重要关联？

## 关于“民居”的思考

这部分文字，似与“五凤楼”不搭界，但它是因“五凤楼”引出的——

《阿墩子忧思》手稿出来后，我征求了一位画家的意见——那位画家是舍不得放弃那些原始的土木、石木结构民居建筑的。

他认为土木、石木结构的民居里，有一种亲和的感觉，有一种温馨的情感交流，人情味很浓郁，应当予以保留。

他甚至认为：原始古朴的民居，会给人一种沧桑、野性、淳厚的美感。

听完那位画家的意见后，我想起三年前在一篇文章中对现代民居建筑的批评："信息社会与工业社会、农业社会的本质差别，主要是直接经济与间接经济、抽象社区与具体社区之间的差别。生活在城市环境的居民在物质生活方面，很大程度上是独立的。城市生活最基本的生活用品，如水、电、煤气都是自来的，当担水、砍柴之类的劳作被简化为打开各自"自来"的物质资源和信息资源开关时，生活本身也简化了，简化为通过挣钱、挣工资来向水厂、电厂、煤气公司等从事大批量生产的企业购买打开各种开关的权力。这样，看似把各家各户连接在一起的各种线路、管道，实际上已把各家各户分离开了。尽情享受各种自来资源的生活，使人们用不着去关心这些资源的来源，也不需要再去寻求别人的帮助。每个家庭都因这些举手之劳的便捷服务而成为自我封闭的独立单元。因而，家庭与家庭之间，人与人之间，已悄然形成毗邻若天涯的格局，成为孤独的群体。社会学家也因此把现代城市生活称之为没有共同感的共同体。这种看似生活在大群体中而实际上生活在文化、精神、情感荒漠中的生活，必然使人产生窒息感和压抑感。"（香港文汇出版社：《最后的纸质图书》）

丽江大研古城中临水的民居

这篇文章是我三年前去贵州贵阳近郊一个农村考察

回来后写的，当然也内蕴了我20世纪60年代在农村生活那段怀旧情结。

而当我今年再到那个叫甘井村的村落去时，村子已发生了很大变化：先富裕起来的农民，都推倒了原来的土木、石木结构房子，重建了类似城市花园小区里那种砖混结构的两层三层现代居所。

我问他们：你们不喜欢过去那种土木、石木结构的房子吗？

回答是肯定的。

他们认为土木、石木结构的房子既不方便，也不安全，而且很难遮风避雨。

他们还认为土木、石木结构的房子顶多也就是十几年的寿命，风风雨雨的，心里很不踏实；不要说地震，一阵强暴风骤雨，就可能会摧毁房子。

贵州土木、石木结构的房子，与我在俄亚在阿墩子看见的差不多，区别只是结构、造型上的不同。

甘井村农民对民居的认识与务实态度，在中国农村具有普遍性。

那天临走时，甘井村村长朱正伦握住我的手，说了几句让我心里很震动的话：“很多作家、艺术家对我们的土墙、石墙民居很感兴趣，希望我们不要动它们，而他们自己怎么不愿住石板房、茅草房呢？他们一次次乔迁到更漂亮更舒适的现代房子里去，却希望我们为保护所谓的‘历史’‘文化’和‘文物’，世世代代居住在这样简陋、寒碜的土墙、石墙里。这是他妈什么心态，什么人性？”

我心里清楚，朱村长说了100%村民想说而没有说的话。

朱村长这番话，让我整整沉思了两个晚上。让我转变了观念。

其实，真正让人生活在文化、精神、情感荒漠中的不是建筑，不是那些钢筋水泥管道硬件，而是现代生活节奏、现代生活观念和现代生活方式。不是钢筋水泥管道把人变得冷漠、孤独了，而是激烈、残酷竞争的社会生活绷紧了时间之弦和神经之弦，改变了人们的生活方式。花园小区相对于分散的民居来说，为人们的精神、情感和文化交流，创造了更好的环境，提供了更多的机会，但人们没有时间和闲情逸致去聚会、去交流。是与时俱进的“信息”时代，把人演变成了竞争者、孤独者。

雪嵩村玉柱擎天风景区黄老板有一次在与我谈话时得意地说：雪嵩村保持了百年不变的历史风貌。而当我三次四次深入到雪嵩村考察、采访时，看到和感觉到的，却是一副让人悲悯的贫困景象。直到现在，我还会经常想起那里村民们渴望摆脱贫困的祈祷般的眼睛。雪嵩村的土木、石木百年老房，

丽江大研古城民居

并没有唤起我丝毫美感，当然也不会唤起黄老板的丝毫美感。他宁愿每天驱

车往返20公里进出他在新城里的花园小区，也不愿待在他的“风景区”里；而他却希望雪嵩村永远“百年”下去。

我理解一些文化、艺术界朋友对保护历史文物的善良愿望。这些天使般的愿望，是可以通过策划和规划来实现的，比如对真正具有历史文物价值的民居和建筑划定保护区；但是，决不能动辄以保护历史、文化、文物为理由，让老百姓世世代代生活在那些陈旧、粗陋、衰颓的历史烟雨里。

五凤楼不同，五凤楼不是民居，它凝聚了纳西人的文化、智慧和创造力。五凤楼气韵生动、神采飞扬，不仅蕴涵了美与力的语言，而且彰显了纳西民族的精神气质。

离开五凤楼时，尧宇竟是一步三回头。

我知道，有一种深刻、悲壮的情结系住了尧宇。

——他是不是想起了蓝月亮山谷里那座被毁于一旦的五凤楼?

这家四合院主人的大女儿和苓在文化系统工作，下班回来后，她为我们播放了古筝《汉宫秋月》《高山流水》《幽艳冷香》等中国经典名曲。

音乐、流水以及庭院中花卉植物飘溢的芬芳，一下使我们于宁静、温馨中有了种超拔尘世的高远感觉。

——这种感觉是自由、浪漫、神怡的，是丽江古城四合院给予我们的。

## 温馨四合院

我们最早下榻的大石桥客栈，因在大研古城“兴奋中心”四方街附近，不是很安静，便在张翊引荐下，住进了一家叫“清沁”的四合院。这家四合院在光义街忠义巷尽头，有一泓清澈的泉水从庭院里经过。

这家四合院符合我提议的四个条件：卫生、安静、有古城民居特色、有早中晚餐供应。

这是一幢木结构二层楼四合院，院子中央，是用各种不同颜色鹅卵石镶嵌的图案，组合得很美、很精致。院子四周，种了不少的花卉植物。整座院子，清心悦目，情韵深婉。

四合院的主人为我们在二楼安排了两个房间，每间两个床位，正适合我们4人住。张翊在新院巷光义街有她自己的住宅。木秀住在自己家里。

张翊30多岁，中等身材，皮肤白皙，面目清秀，有些深邃的眼睛里，灵动着机智的光芒。

作为业余演员，张翊参与拍过三部电影、两部电视剧，也是第一个将洛克推荐给我的人。张翊的婚姻家庭有些苦涩，但我无力帮助她。我只能在心里为她的未来幸福祈祷。

张翊为我们做好安顿后，便告辞了。

注视着张翊远去的背影，我忽然大声说：下午 6 点约木秀一起过来吃饭。

## 清沁四合院

整个上午，我们都在清沁四合院里清理自己的行李，包括彻彻底底洗了个温水澡。

天卉见我洗衣服笨手笨脚的样子，一边从我手里把衣服抓过去，一边说：你怎么就没有尧宇老师能干？

我没吱声，也没有理由吱声——我确实不能干。

尧宇开玩笑说：他是让老婆宠的。

慕蓉笑了：尧老师，回去后建议他老婆好好磨砺磨砺他。

天卉说：他老婆可能不忍心磨砺他。

慕蓉笑得更恣肆了：不忍心磨砺他？哦！可能的，可能的，谁会忍心磨砺他呀，连衣服都不忍心让他自己洗。

尧宇听出慕蓉话中的意思，笑得前仰后合，眼泪都差点流出来。

说笑间，门口进来几个中年旅客，背着挎着旅行袋，男女都有，年龄在40至50岁之间。

幽静的庭院

鸟瞰四合院

清沁四合院在古城边缘上，又是旅游淡季，院主很快为他们作了安排。

中午用餐时，又先后来了两批客人，一批是三口之家，两个大人一个孩子，一批是两对青年男女。

随着这三批客人的到来，四合院里一下生动、热闹起来。

用餐时我们才知道，第一批客人是AA制自助旅游的，第二、第三批客人已在这四合院里住了两三天，才从泸沽湖回来。

午餐是家常菜，价廉物美，做得也很干净，且主随客便，既可在客厅里用餐，也可在院子里用餐。

天卉和慕蓉用餐后，要我和尧宇陪她们到四方街去逛逛，我要整理资料，没与他们同行。

## 陈鸣一先生

下午3点，正记日记，忽然听见一阵轻轻的敲门声，开门一看，是木秀。

怎么就来了？不是讲好 6 点吗？我有些惊讶地问。

木秀说：早点来，是想带你到杨鸣一先生家去。你不是想深入了解洛克、了解丽江吗？杨鸣一先生可以说是丽江的“百科全书”了。

杨鸣一先生住在四方街坝子左角上一幢已明显倾斜了的木结构陈年老房里。

杨鸣一先生曾为洛克做过翻译，对丽江民居和东巴象形文字也很有研究。

因为木秀的介绍，杨老先生热情接待了我。

他先为我讲述了一些洛克在大研镇的情况，然后又展示了他用东巴象形文字书写的东巴诗词。

杨老先生已近90高龄，但气色、精神很好，他与80多岁的老伴，形神都很相似。

杨老先生与另外两户人家，共居在一座四合院里，这座四合院与清沁四合院比较，却显得沧桑、衰颓。

杨老与我谈起洛克时，表现得很兴奋。

当我问到洛克的感情生活，杨老像早有准备地说：洛克终身未娶，一直独身。

这种几乎是众口一词的回答，令我吃惊。我的感觉好像是事前统一好了的口径。

——不知是谁出于什么顾虑要如此处心积虑去统一口径？

——不知为何要如此遮蔽洛克的感情生活？

我没再追问什么。

杨老见我一直在仔细观察四合院，便在一旁作了介绍：

四合院院坝里的图案

大研古城在明清时期就已有相当规模，以四方街为中心的6

条五花石街道，依山随势，街巷相连，四通八达，交通极为便利。四方街早在明清时期，已是滇西北商贸枢纽、茶马古道集散中心。抗日战争时期，因丽江处在上通西藏、印度，下达大理、昆明的咽喉位置，一度成为物资转运要津……古城中石牌坊、关门口、大石桥，既为城中居民提供了早晚歇憩的场所，又为古城增添了人文风光和疏散能力。古城中的民居，多数为土木、土石结构的“三坊一照壁，四合五天井”瓦屋楼房，既讲究结构布局，又追求雕绘装饰，外拙内秀，被中外专家誉为“民居博物馆”……

在杨鸣一先生家门窗上，我看见精美绝伦的雕刻图案。这些图案，不仅具有文物价值，而且彰显了纳西人在文化艺术方面的杰出智慧。

近6点，我和木秀才告辞了杨鸣一先生。

与木秀回到清沁四合院时，尧宇、天卉、慕蓉已回来了。张翊也先我们到了。

晚餐是在院子里吃的。几乎所有的旅客，包括AA制自助旅行者和那一家三口，都在院子里进餐。

这家四合院主人的大女儿和苓在文化系统工作，下班回来后，为我们播放了古筝《汉宫秋月》《高山流水》《幽艳冷香》等中国经典名曲。

音乐、流水以及庭院中花卉植物飘溢的芬芳，一下使我们于宁静、温馨中，有了种超拔尘世的高远感觉。

——这种感觉是自由、浪漫、神怡的，是丽江古城四合院给予我们的。

## 话说四合院

四合院富有象征意义。一座四合院，就是一段历史一种文化一种心理一段缘分。

丽江的明智之举，是没有推倒旧城，没有推倒旧城中“三坊一照壁，四合五天井”民居建筑，也没有在旧城中建设“城中之城”，而是在旧城之外，兴建了一座新城。

遗憾的是，新城太一般化，没有创意，也没有特色，甚至谈不上与旧城有什么精神、内涵上的协调与默契。

我七次到丽江，只去过新城两次，一次是去客车站购买车票，一次是去新华书店买《灵魂居住的地方》。行走在新城街上，就像行走在我去过的许多中小城市的街上，没有一点独异的感觉，更找不到一点与旧城的审美、文化联系。二者完全是对立的，彼此不相关的。

四合院院坝里的图案

第五次到丽江时，天卉和慕蓉坚持要到新城逛逛，我找借口推辞了。我对新城有一种莫名的排斥情绪，我极不想从那座刻有“世界文化遗产”（江泽民题）的标志碑前走过去，走进那片没有建筑艺术特色的钢筋水泥建构的世界里去。

最后是尧宇陪她们去的。尧宇也不喜欢新城，甚至比我更不喜欢，但尧宇的性格比我温和。

不出我意料，天卉和慕蓉回来后，并没有对新城留下什么特别的印象。慕蓉甚至说：新城与旧城完全失去了逻辑上的联系。

尧宇与我讨论过旧城保护问题，尤其是四合院的保护问题。尧宇对旧城保护有一种艺术家特有的非常情结。

我接受尧宇的一些理念，但不完全接受。

我非常赞赏尧宇关于连大环境一起保护的意见，但不同意他只要是远古建筑就想保留下来的情结倾向。这种倾向忽视了历史与文明进步的必然性。

丽江对旧城（古城），尤其对旧城中四合院的整体保护决策是明智的。但四合院有个新陈代谢问题。百年以上的四合院，经历百年风雨浸蚀，必然会逐渐衰颓，被新的建筑取代。而用什么样的建筑取代？是个挑战性问题。

我在大研古城新义街密士巷看见两座正在修建的四合院，结构、造型、颜色都给人以正宗四合院的感觉。这让我长长松了口气。

丽江大研对旧城实施保护和修葺的思路与决策是令人钦佩的，是值得其他城市参考、借鉴的。

历代建筑散居在全国各地，甚至散居在一个地区一个城市乃至一个乡镇，如果都要保留，必然会阻碍历史与社会的进步和发展。因此，保护具有人文价值的历史建筑，应该与建设和发展同步考虑同步规划，决不能因保护而排斥发展，也不能因发展而排斥保护。

从这个意义上说，我不太接受有些作家、艺术家对古代建筑乃至对古代民居都要求予以保护的立场。这种立场与时代发展是不协调的。

——我理解尧宇和那些作家、艺术家对历史文化宽厚宏博的情结。

——我也理解进步与发展是人类历史的必然趋势。这种趋势内涵了历史发展规律。

四合院是农业文明和工业文明时期的产物。现代住宅则是信息时代（知识经济时代）的产物。四合院与现代住宅都有其产生的历史背景和合理性，也有其存在与消遁的历史背景和合理性。二者的产生、存在、消遁与未来趋势，都是符合历史逻辑的。

我非常理解尧宇，他是位有浓郁民族感和历史感的画家、摄影家。但我同时希望，尧宇也是位理性、前瞻的哲学家、社会学家 。

走到东巴宫前，羿美说：到我那里去坐坐吧。
我犹豫了一下，还是说：太晚了，下次吧。
羿美说：这次都不去，就不会有下一次。
我无语……

## 又见羿美

在理塘与羿美分手时，就有一种预感：还会与她见面的——虽然这种预感几率几乎等于零。这是一种潜伏在心里的莫名愿望。

然而，5个月后，当我已渐渐淡忘了这位北京某报女记者时，竟奇迹般地又在丽江大研古城见到了她。令我惊异的，她还是只身一人，还背着她那宝石蓝的旅行包。

这是一次值得写进日记的见面。这次见面，对我的写作计划的提速，具有非常的推动作用。

### 大研古城

先后五次到丽江，每次都是来去匆匆，没有深入到这座享有“世界文化遗产”声誉的古城里去，这次为写作所逼，也想让疲惫的身心歇歇，终于放松下来，认认真真把大研古城走了个遍。

我们的日程安排是：尧宇带天卉、慕蓉去拍照，木秀带我漫游古城。

木秀出生在大研镇，对古城的街道、建筑、水系分布和民情民俗了如指掌。木秀做导游，是无人可替代的。

木秀边走边讲解：古城的特点，主要展示在四个方面：一是泉水流布全城，二是独特的民居建筑，三是街道巷道纵横相连，四是与民居建筑形成鲜明比照的木府。

根据木秀的安排程序，先看水，与此同时看街道和建筑，最后去木府。当然是心定神闲地看，心定神闲地体验。

古城水资源的利用，是别出心裁，别具一格的。玉泉河水流到玉龙桥下，即分为几个主渠道，分别流入城区，再分解为无数支流，流布全城。水网之上，有354座造型各异的石桥。除了纵横全城的水道，城中还利用泉水，修建了若干“三眼井”。“三眼井”分隔为三个泉池，上池饮用，中池洗菜，下池洗衣。水资源的充分利用与合理调配，反映了丽江纳西族人的聪明睿智。

与木秀在大石桥、万子桥、百岁桥、积善巷、密士巷看见一泓泓穿城而过的清溪碧水时，感觉就像行走在一个奇异的水网世界里。也许就是这些清澈、诗意的流水，锁定了一些如白魁、木少、陶刚、唐星生的优秀外籍画家。

站在百岁坊大石桥上，我感慨不已：如果再年轻10岁，定会携家眷到大研古城定居——我需要这种让生命产生激情和创作灵感的生态环境。

木秀好像觉悟到我在思想什么，没打扰我，只站在一旁静静地等候。直到我们走到光义街光碧巷29号一幢重点保护民居前，木秀才忍不住问：你老家在浙江，为什么要到贵州去？既然喜欢丽江，完全可以到丽江来。我相信，丽江一定会欢迎、接纳你的。

我没回答木秀，只是肃然地闭上眼睛……

大研古城共有重点保护民居44个，相对聚集在五一街、七一街、新义街、新华街、光义街等几条主流街道上，我们至少看见了三分之二。这些民居，多数为土木、石木结构“三坊一照壁、四合五天井”瓦屋楼房，既讲究结构布局，又追求雕绘装饰，清馨典雅，温婉舒适。

大研古城的建筑，以平民化为主要特点，故有“民居博物馆”之称。

大研古城的街道尤其有特色，一是纵横交织，二是彩石铺路。晚上我们散步到四方街时，彩石路面竟在月色星光照耀下，像荧光一样熠熠闪亮。

大研古城的街巷，是一条条凝聚了纳西人历史沧桑的路，是一条条给人以古朴原质美感的路。

最后去的是木府。

木府始建于元朝，到明代丽江土司木增时代，占地面积已达百余亩，分为衙署区、生活区、花苑区、祭祀区等，有近百座建筑。徐霞客下榻大研通事楼遥望木府时，无限感叹地说：“宫室之丽，拟于王者。”可见木府规模、气势之大。

木秀说：你现在看见的木府，是1999年世界银行贷款重建的，原来的木府，大部分已毁于清末咸丰兵火，幸存下来的，也毁于“文革”了。

遍布大研古城的小桥流水

我们看见的木府，依然彰显了王府风范，规模宏大，绚丽辉煌。在一条长369米的中轴线上，依次排列着木牌坊、石牌坊、仪门、议事厅、万卷楼、护法殿、光碧楼、玉音楼、三清殿等建筑。木牌坊为三门二叠飞檐斗拱建筑，匾上题有“天雨流芳”四字。

我与木秀看过木牌坊、石牌坊、仪门后，就伫立在议事厅、万卷楼前。议事厅庄严、肃穆、宽敞，是土司议政之殿。万卷楼是木府藏书之所，楼中宋、元、明、清各种善本，数以万计，其中千卷东巴经、万卷大藏经、六公土司诗集、名人字画，都是翰林珍奇，学苑瑰宝。

整座木府建筑，既有北方皇室建筑的恢弘气概，又有江南园林的玲珑婉媚。

## 再见羿美

从木府出来后，与木秀似有默契，径直就往木府斜对面官院巷75号“友石斋”书画廊走去。

——木秀知道我心眷眷情切切要去看和向春先生。

“友石斋”里有几个购字画者，我与木秀就不动声色站在一旁——当然是不忍影响了和向春先生的生意。好像有某种心灵感应，和向春一下就把目光转移到我身上。他对我的非常态度，引起了一位正在购买“心泰神宁”篆书女士的注意，那女士突然转身向我：这不是王先生吗？

我愣了一下，竟是羿美。

羿美脸上有一种理性的惊喜。

因不便打扰我与和向春先生，又看了一眼我身旁的木秀，羿美便礼貌地与我告辞了。

才走出几步，和先生便叫住她：你的字还没拿？

羿美又踅回来取字付款。

和先生说：既然你与大卫先生熟，这幅字就送给你，算是纪念。这幅字是要有一定学识、修养的人才会要的。

羿美执意要付钱。

我在旁边说：和先生的心意你就领了。

羿美感激不已，向和先生深深一鞠躬。

走出百米远后，羿美忽然又转身径直向我走来：王先生，我住新义街密士巷44号第一湾酒店，欢迎你方便时来坐坐，我有事想与你谈谈。另外，今晚我请你在樱花屋酒吧吃饭，时间6点。相信你不会拒绝。

羿美是个有性格有思想有明确生活目标的知识女性。我答应了。

羿美走后，我与和向春先生在“友石斋”里长聊了近两小时。

## 与羿美在樱花屋酒吧

樱花屋酒吧坐落在古城最具风情的新华街翠文段小河边。

我6点准时到“樱花屋”时，羿美已在那里等我了。她要了紧靠小河边一套双人茶座，茶桌和靠椅，都是竹藤编织的，很凉爽，也很舒适。

我刚坐下，羿美就要了一壶丽江特有的雪茶，然后才问我想吃什么。

几个月风尘仆仆在高原、江河湖泊上行走，还一直没静下心来了解一下丽江究竟有什么好吃的，我就说：随便吧，你喜欢吃什么就要什么。

羿美即叫来服务员，要了两个丽江粑粑，两杯酥油茶，一份琵琶肉，一份鸡豆凉粉。

怎么只要一份鸡豆凉粉？我问羿美。

古城大石桥前的红灯笼饭馆

羿美说：吃完不够再加，不要浪费。

羿美这话无可辩驳。而当我们同时把筷子伸向那碗好吃的鸡豆凉粉时，我忽然明白了羿美的意思。

羿美问了问我几个月在云南、四川的情况后，一下切入主题：你到云南、四川跑了几个月，是不是为了写一部纪实游记？

你怎么知道？我吃惊地问羿美。

羿美说：凭感觉。写小说不会跑得这样散，这样漫无边际，这样认真。小说是思维的艺术、想象的艺术、逻辑的艺术、语言的艺术，坐在家里也可以写。

我反问羿美：你说呢？你不是也在跑吗？而且是一个人在跑。没有明确的目的，你也不会这样跑。按你的逻辑，你也是在写游记，或是写纪实散文了。

羿美：确实有目的，我想写一些东西，但已觉得力不从心。我太孤独了。沿途不仅风险大，有时还会受到骚扰。既然我们目标一致，我想与你合作，就在丽江住下来，以丽江为根据地，边走边写。

星空下的大石桥

没想到羿美会这样坦诚，这样直截了当提出问题。我用惊异的目光看了看她。羿美正注视我，那对明眸，不仅很美，也很执拗。

如果在一年前，这种合作是可能的，现在晚了，不可能了。我回答羿美。

羿美：为什么说晚了，不可能了？

我的工作已进行了近两年，这次到丽江，已经是第五次了。

羿美充满希望的眼睛，瞬间暗淡下来。她把一直注视我的目光，转移到那条清澈的小河里。

你的计划完成到什么程度？我突破沉默问羿美。

我比你少来两次，大约掌握了五分之二的资料，拍了部分照片，估计是计划的三分之一。太艰难了，一个人出来尤其是女人。再坚强的人，恐怕也难坚持下去。我现在的感觉是孤立无援。我已经是背负十字架走到了十字路口。

那你为什么不找合作伙伴？

远距离看都是人才，近距离看就不行了。我要的“合作伙伴”是能做事的。

你现在是远距离看我，如果近距离看，也是不行的。我的性格中隐藏着一些尖锐、固执的不被人喜欢的“元素”。

羿美突然爽朗地笑起来：你太实在了。我对你的判断，其实是你自己提供的依据。

你的视野太窄，民间多的不是人才；平台上找不到，就到平台下去找。

羿美又是一阵爽朗大笑：你又犯了一个错误，难道你是平台上的吗？

好吧，需要我提供什么帮助，请直说，只要力所能及，我会尽力，就当我认识、结交了你这个才女。

羿美：没有合作这个前提，你什么也帮不了我。

我打断羿美的话：羿美，其实我很钦佩你的，也相信你的能力，但你太孤注一掷了，你忽视了一些必要条件的配合，比如，有能力又真诚的合作伙伴。

羿美又把目光转移到我身上。

我继续说：你要么放弃，要么尽快寻找合适的合作伙伴。放弃你会痛苦的，最好选择后者。另外，你有完成“计划”的时间和空间吗？这也是个非常重要的条件。

羿美：我有时间、空间。我已辞职了。在理塘分手后，我又到迪庆地区转了转，然后回北京把手续办了。办了两个手续，一个是辞职手续，一个是离婚手续。前者是为自由和时间，后者是不想拖累我先生。

沉默了好一阵，我才问：那谁养活你？你靠什么生活？

羿美说：我自己。主要靠写稿生活。我喜欢这种自由撰稿人的生活状态。人是需要逼一下自己的，否则，很可能就是一个懒惰、庸闲、混日子的人。不过写稿越来越难了，没有关系、编辑不了解你、编辑没有识别水准，再好的稿子也不一定被采用。

我忽然意识到一个问题，问羿美：如果你继续下去，会不会太散了？

羿美：你是指书稿？不会的。我想用一个人、用一种精神把它串起来。

我不由自主站了起来：羿美，是谁的主意，谁的思路？是你自己还是别人？

羿美有些诧异地看着我：当然是我自己。

你打算用什么人，用谁的精神来串？

用美籍奥地利探险家约瑟夫·洛克和他的精神。

我异常惊诧。怎会这样巧合？她会不会从我们这里获得了什么信息？但不可能。除了我，谁也没与她交谈过。而我也没有告诉过她我的写作计划。

思想一下后，终于坦诚地告诉羿美：实话告诉你，我的思路与你一样，不，是你的思路与我一样。我的资料准备以及部分写作计划已接近完成，如无意外事故影响，一年后即可出书。

当我边说边坐下时，羿美却站了起来。

她冷静同时有点沮丧地看着我：天意厚你薄我!

我正想说什么，她用手势制止了我，慢慢走到我身后，用双手按住我的肩膀：我早就感觉到你会有大动作，没想到会这么快。

羿美的手，在我肩上轻轻地抚摸。

——这是我出门以来第一次有女人这样抚摸我，而且是一个很个性化独立特行的知识女性。

我情不自禁抓住羿美那双白皙的手。当羿美缓缓俯下身来，秀丽的头发触及到我的脸颊时，我慢慢闭上了眼睛……过一会，又渐渐放开了她的手。

——我在清醒中陶醉，又在陶醉中清醒。我知道，出门的时间太长了。

羿美吃惊地看着我，一脸的惶惑。

我非常理解羿美，让羿美又回到她的座位上。

羿美一言不语，把目光投向河水，静默地凝视着河水。河水在天光和酒吧红灯笼照耀下，呈现出绚丽的橘红色波光。

我打破沉默：羿美，不要半途而废，文章可以继续写下去，作为一篇篇独立的文章来写，以后有机会，再合成集子。另外，如果我的书能盈利——相信会，我会资助你。

羿美缓缓转过身来，以信任的目光注视我，点点头。

羿美是不轻易点头的，她是个恃才自傲，风骨清高的女人。

樱花屋的客人渐渐多了起来，有的是冲了樱花屋特有的韩国风味来的，有的是冲了樱花屋老板的跨国婚恋来的，有的是冲了樱花屋风雅别致的环境来的。一时间，国内外游客的欢声笑语，丰满了樱花屋。

喜欢独来独往的人，必然喜欢安静。羿美在我意料中站了起来：我们走吧。

我向收银台走去时，羿美拦住了我：我已说过，今天我请你……

走到东巴宫前，羿美说：我明天就要启程去贡山（独龙族怒族自治县），到我那里去坐坐吧。

我犹豫一下，还是说：太晚了，下次吧。

羿美说：这次都不去，就不会有下一次。

我无语。

——其实，我是想去的，与羿美谈话，不仅是信息、知识交流，也是写作与思想交流。但是，与羿美在一起，我总会想起妻子，总觉得二者之间有一种形与神的联系。我不敢确信在某种特定环境和氛围里能把握住自己。

那么，我送你回去。羿美说，态度相当坚决。

面对羿美晶莹、含蓄的眼睛，我没有推辞。

我下榻的“谈世乐”客栈，在光义街新院巷8号，是一家很普通的“三坊一照壁”民居，但我喜欢这家幽静的客栈。

羿美吃惊地问：你怎么住这样的客栈?

这就是你没有近距离看我了。再说，“谈世乐”是一家很不错，很温馨的客栈。

时间太晚，羿美又只身一人，我又坚持回送她一程。

走过大石桥，街上行人稀少，大街小巷的彩石路，在月光抚照下，反映出清冷的光辉。

羿美触景生情说：宁静是一种很美的境界，宁静可以让人思考很多问题。

谈话间，我们已走到羿美下榻的第一湾酒店门口。

羿美还想回送我，我婉言谢绝了。

走出几十米远回眸看时，羿美还站在酒店门口。月光下的羿美，像一尊清丽、冷艳的雕像。

**注：2010年10月下旬因事匆匆到北京时，与羿美见过一面。羿美很意外，也很高兴，并邀我到北京王府井王朝饭店共进了晚餐。羿美告诉我，她已签约一家杂志社做特约撰稿，最近还要到云南、西藏去。我问她：还是1个人去吗？羿美说：这次是3个人去，还有1个记者，1个摄影师。沉默一会，我又问：你那部书稿怎样了？羿美说：还在修改，离出版还远。我说：书里的文章一定像你，素面朝天，我行我素，飘逸、狂野，又优美。羿美笑了笑：希望能给你这种感觉。她最后还说，云南、西藏回来后，会复印一些给你寄去。可直到《寻找天堂》送出版社编辑，直到出版，羿美还音讯杳无，没有电话，也没有寄复印件来。我心里隐约有些不安——云南、西藏的大河巨川、荒原草泽虽然美丽壮观，然而也深不可测……**

宣科先生1930年出生，已70多岁高龄，看上去却像60岁上下的人。不管他给人的印象年龄和实际年龄差异如何，他展示给观众的，都是一个非常有活力的生命。他好像浑身澎湃着激情，言行却极幽默、理性、机智——音乐家的韵味与文化商人的睿智，自然地集合于一身。

## 宣科与纳西古乐

第二次到丽江大研古城安顿下来后的第一件事，就是到书店去买了一本《马蹄踏出的辉煌》，其次就是去购买“纳西古乐”门票。

傍晚19时50分，演奏会还未开始，可容纳600人的会场，已座无虚席。

演奏者老中青都有，年龄最大的已有85岁，80岁以上的就有五六个，年龄最小的，只有十七八岁。演奏者穿的服饰，唐、宋、元、明、清时代的都有。其中几位纳西族女乐师，穿的是传统民族服饰。这是一个充满历史感、民族感与文化感的奇特音乐组合。

演奏会在宣科先生指挥下，以恢弘的气势拉开序幕后，古朴典雅的乐曲，便如一泓泓激流，跌宕起伏，奔腾而至。倾刻间，受众便有一种被什么神奇力量激荡了的感觉。

演奏会先后演奏了《水龙吟》《浪淘沙》《山坡羊·潼关怀古》《霓裳羽衣舞曲》《紫薇八卦舞曲》等10多部唐、宋、元、明时期的经典名曲。这些曲子，要么柔糜伤感、衰微凝滞，要么气势弘阔、情感炽烈，词曲中悠扬、奔腾出的，完全是对生活对人生对命运的慨叹。

纳西古乐对受众为何会有如此大的荡拍力？古乐演奏会结束后，我请教纳西古乐会会长宣科先生。宣科说：它们是未经“修正”的真正的民族音乐，是人类情感、人类命运、人类精神的真实反映。

作为观者、听者，我更多欣赏到的是它独特的个性化语言和个性化风格。

纳西古乐是由《白沙细乐》和《丽江洞经音乐》两部分组成的。《白沙细乐》纳西语叫“伯石细里”，意思是“别时谢礼”。传说是元世祖忽必烈

纳西古乐

南征大理“革囊渡江”到丽江，受到纳西族首领阿良的欢迎和帮助，为此，忽必烈在离丽江时留下了随军的一半乐师和乐谱，作为给阿良的答谢。另一种说法是纳西族人为了凭吊战争中的牺牲者经意创作的“安魂曲”。说法虽异，但表现的主题却是接近的。“白沙细乐”原有12个调，遗传下来的只有8个调，分别是“笃”“三思及”“南曲”“北曲”等八章，其余的已失传。

《丽江洞经音乐》是自元、明以来从中原逐渐引入并根植于丽江的道教“经腔”音乐。洞经音乐奇迹般地保存了一些唐、宋以来的辞、典音乐，如《山坡羊》《水龙吟》《步步娇》《一江风》等22个曲牌。乐器有笛子、芦管、琵琶、三弦、二簧、胡琴、云罗、小钹、摇铃等，旋律与节奏或舒缓或激扬或平和或奔放，变化十分丰富。

纳西古乐经过数百年的演绎与发展，已形成了汉族音乐与纳西音乐相融合的独特风格，具有浓郁的民族民间色彩。纳西古乐的发掘与复兴，引起了国内外音乐界的广泛关注，并被西方一位音乐学者赞誉为“东方音乐活化石”。

丽江大研纳西古乐会的民间演奏者，在宣科先生组织下，对发掘、整理、重振纳西古乐作了不懈的努力。

演奏者

在古乐演奏会前和演奏会结束后的签名售书活动中（约瑟夫·洛克著《中国西南古纳西王国》），作者先后三次见到宣科先生，谈话时间不长，但对宣科的印象是深刻的。

宣科先生1930年出生，已70多岁高龄，看上去却像60岁上下的人。不管他给人的印象年龄和实际年龄差异如何，他展示给观众的，都是一个非常有活力的生命。他好像浑身澎湃着激情，举止言谈却极幽默、理性、机智——音乐家的韵味与文化商人的睿智，自然地集合于一身。

宣科在台上指挥演奏时，我一边用眼睛审视他，一边用思考解读他。他所以引人瞩目，除了面对21年监狱生活桀骜不驯，恐怕还在于他有一种坦荡的状态，一种以激烈和傲气覆盖一切的状态。正是这些自然表达出来的性格特征和思想特征，赋予了他独特的精神状态和完全的个人化风格。也许正是这种状态与风格，使他好像年轻了十几岁。

我见过不少70多岁已显身心疲惫，老态龙钟的人，这些长者的衰弱和苍老，首先是心态、精神的衰弱和苍老。

要讲坎坷与命运，宣科先生坐过21年大牢，可谓坎坷至极苦难至极，但他没有趴下去，顽强的生命意识和昂扬的精神力量拯救了他。

第三次到丽江时，古乐会的湖南籍画家萧河，当着我和宣科先生的面说："宣科先生的事业是50岁后才开始的。"说得非常准确。

1981年，已经51岁的宣科，牵头组建了"丽江中国大研纳西古乐会。"30多年来，古乐会蜚声海内外，不仅吸引了上百万海内外观众，还先后应邀到英国、挪威、日本、加拿大、香港等15个国家和地区演出，宣科本人也先后应邀到北京大学、中央音乐学院、英国牛津大学、伦敦大学、英国皇家音乐学院、挪威奥斯陆大学等国内外著名高等学府作关于纳西古乐的学术报告。到目前为止，已有30多个国家和地区报道、介绍了宣科先生和他组建的纳西古乐会。

宣科先生与纳西古乐一样，除了展示给观众的一面，还有神秘的、鲜为人知的一面。据媒体报道，宣科已卷入了多宗官司。宣科的官司"问题"，引起了我的关注，但在电视里看见，宣科好像很从容，一边应对着官司，一边继续张罗着他的纳西古乐。宣科的核心问题，是把金钱看得太重。金钱在一定程度上腐蚀了他的灵魂。

宣科在7年前曾对我说过，他是个文化商人。"商人"的涵义是不言而喻的。因此，我对宣科涉及"官司"问题并不感到意外，甚至在预料之中。

——宣科除了生活在舞台上，还生活在舞台下，而舞台下的宣科，才是最真实的宣科。

东巴宫那位白发苍苍庄严肃穆又风流蕴藉的主持说：纳西乐舞是纳西人生活与文化的反映，是纳西人心灵世界的表达。

而我认为，除了这些，纳西乐舞还内涵了纳西人命运的沧桑与悲壮。

——这至少是我在观察、倾听纳西乐舞时的感觉。

# 纳西乐舞的灵魂

整场纳西乐舞，我看到听到的都是交织着血、泪、喘息、呐喊、抗争、胜利、欢乐的场景和声音。这些场景和声音，不是层面的、氛围的、缥缈在空间里的，而是从歌者、舞者心灵深处流淌、张扬出来的。

在纳西族书法、篆刻家和向春先生推荐、陪同下，我们在丽江大研古城东巴宫观看了东巴宫民间艺术团演出的纳西乐舞。

——和向春说，洛克在大研时，也经常在民间观看纳西乐舞。他喜欢纳西乐舞。东巴宫里，还珍藏有洛克半个多世纪前拍摄的数十幅照片……

## 心灵的乐舞

纳西乐舞是由纳西古乐、民族器乐曲、丽江洞经音乐、纳西舞蹈、纳西民歌五个部分组成的。在我的感觉里，纳西乐舞比纳西古乐更丰富更粲然更有内涵。

纳西古乐的代表乐曲是“崩时细哩”。

“崩时细哩”是元代以来流传在丽江纳西族民间的风俗性祭祀大型套曲，原有10多个乐章，至民国末年，已濒于失传，改革开放后经挖掘、采录、整理，已复原7个乐章。东巴宫民间艺术团对这七个乐章进行了修订与重组，形成了比较完整的系列乐曲。整套乐曲，充满浓郁的纳西古典音乐韵律，不仅情调缠绵悱恻，哀婉动人，气势也宏大雄阔，浩然壮烈。

东巴宫的纳西古乐，在保留乐曲原型的基础上，结合《东巴经》记载的部分故事内容，对乐曲和表演形式，进行了合理整合。我们看见的《崩时细哩》，已不仅是乐曲的演奏，还伴以了与乐曲协调的表演和舞蹈。第一乐章中的“笃”（序曲），第二乐章中的“一封书”，就搭配了款款深情的表演；第三、四乐章中的“堪嗟”“跺嗟”，就表演了悲怆、高昂的弓箭舞、赤脚舞；第五、六、七乐章，又跌宕起伏，峰回路转地表达了“美丽的白云”主题。

展示这一乐舞时，演奏者和表演者围绕主题曲，达到了高度的和谐统一，演奏出来的声音，好像不是从乐曲里，而是从心灵里奔流出来的；舞蹈的表演，也好像是心灵的舞蹈。

纳西古乐给予受众的，不仅是舞台上的听觉视觉效果，还有心灵震撼的效果；它传达给观众的，是命运的声音、命运的突围。听“崩时细哩”，会让人情不自禁想起贝多芬的《月光奏鸣曲》《命运交响曲》《悲怆奏鸣曲》，想起汤姆·帕瑞斯的《天使的婚礼》。两者内容不同样式不同风格不同，但都是从情感从思想从灵魂深处奔流出来的声音。“崩时细哩”乐舞合一的形式，使这种声音更立体更丰盈更优美了。

民族器乐曲主要是以口弦来表演的。

这组曲子分为《狗追马鹿》《蜜蜂过江》《母女夜话》。演奏者是位40多岁，神情蕴藉的纳西妇女，扮演女儿的是位端庄隽秀，清纯妩媚的纳西少女。伴随着悠游自如，甜美细腻，情深意切的口弦声，母女俩把人带进了一个思念、寻觅、欢乐的情感世界。

洞经音乐是由《全八卦》《百年欢》等古典乐曲组成的。主要是用笛子、芦管、琵琶、三弦、二簧、云锣、小钹等乐器合奏。旋律古朴典雅，节奏婉转悠扬，气韵奔腾潇洒。

洞经音乐经过数百年的变化发展，形成了汉族与纳西族音乐兼蓄的独特风格。

古乐配上舞蹈，是东巴宫民间艺术团的一个创意。

乐舞的高潮是纳西舞。

纳西舞的种类很多。我们在东巴宫观看的“哦热热”“喂孟达”“勒巴舞”，是其中比较有代表性的三种。

纳西舞表现的内容很丰富，但大部分主题都与情感、命运、人性、神性有关。内涵是探求精神与命运出路。舞蹈的结局，多数是圆满的、理想化的，而不是把人与人的命运逼进绝境，尽管其过程充满了生命的挣扎、呐喊与抗争。

纳西舞的表现样式是原始、抒情和狂野的，它将刚健柔婉，缠绵缱绻、粗犷豪放熔铸于一体，对观众投入了巨大的心灵震撼。

——纳西乐舞本质上表现的是精神的乐舞，灵魂的乐舞。

## 纳西乐舞

纳西音乐与纳西舞蹈一样，反映、展示的都是人类的永恒主题——爱情、情感、命运与人类精神。这个主题在纳西乐舞中表现得尤其突出、强烈。

东巴舞是纳西民族传统舞蹈中的重要组成部分。从内容和形式上看，可分为五种类型：

一是神舞，纳西族信奉多神教，每个信奉的神，都有近似它们相貌与属性的形象动作，这些形象动作在舞蹈样式中诡异莫测，变幻无穷，充满了神秘、肃穆的气氛。二是鸟兽虫舞，如孔雀舞、白马舞、白羊舞、牦牛舞、金蛙舞等，舞者模拟得十分生动、传神，赋予了鸟兽虫以独特的含义，如金蛙象征创世、孔雀表示来自渺冥的宇宙。对动物的模拟，既有形象的也有抽象的。三是器物舞，如法杖舞、鹰爪舞、火把舞、降魔杵舞、铜灯舞等，这类舞蹈以双脚和舞姿的变化为主，手执不同器物，象征不同的神灵。四是战争舞，舞者手握战刀，身穿铠甲，手持弓箭，表现战争的激烈场面和战神的英姿。五是踢脚舞，动作主要有平步、转步、踩步以及二人对跳等，用鼓、铃、锣打击节奏，跳得自然、生动，豪迈。东巴舞表现的是纳西族历史上几次艰苦迁徙，以鸟兽虫为邻的原始沧浪生活，是纳西族精神文化生活的艺术展示。

东巴舞刚健奔放、明快柔婉、变化诡谲，保持着淳朴浑厚、优雅内敛的纳西族舞蹈特色。东巴经中有专门记述舞蹈的舞谱《跳神舞蹈规程》。舞蹈“规程”用象形文字和标音文字较系统地记录了东巴舞的内容、形式以及道具等，是国内外罕见的舞蹈艺术文献。东巴舞原始自然与规范动作融合的特色，在舞蹈形式中独树一帜，在少数民族舞蹈文化中也是十分独特的。

纳西民歌是东巴宫民间艺术团演出的终端部分，主要演唱了《送亲调》《赶马调》《走婚情歌》等歌曲。这些歌曲，形式多样，涵盖丰富，演唱时，根据歌曲内容，不断转换形式和风格，有的雄勃高扬，气贯长虹；有的温润含蓄，意蕴幽美；有的缠绵悱恻，情韵深挚。

云南省社科院东巴文化研究所王世英教授说，纳西乐舞是从纳西人的生活中产生的，是他们对生活的体验与感受。如《赶马调》（纳西语“阿卡巴拉”），就来自于茶马古道上的马帮生活；如《走婚情歌》，就来自于摩梭人的“阿夏”婚姻。

丽江地区民族舞蹈不仅历史悠久，而且形式多样，种类很多，丽江地区10多个土著民族中，每个民族都有几种以上的舞蹈，其中摩梭人就有20多种。纳西族流行的舞蹈主要有“谷气蹉”“窝热热”“撒卜搓”“阿什撒里搓”“寒摆舞”等。这些舞蹈的基本特点是：粗犷刚健，自然清淳，形神合一。

## 灵魂的语言

观赏纳西乐舞时，观者都很投入，全神贯注，凝神倾听，凝神观看。我们当然也不例外。看到极其悲恸的场面，天卉会不经意地把手伸过去，紧紧攥住木秀的手。天卉善良、单纯、内向，性格中缺乏刚性。

尧宇和慕蓉一脸的兴奋。显然是纳西乐舞中那些蕴涵了诗意的元素，触动了他们的情绪与联想。

其实，纳西乐舞所以能引起观者共鸣，主要是这些乐舞表达了人类情感、人类命运与人类精神带有共性的东西。

纳西乐舞的一个独异特征，是它的每一个乐舞，都有一个概括或浓缩了的故事，甚至有过程有情节。《遥祭白水台》中那不苴东巴为我们跳的《什罗蹉》，就是一个比较完整的故事，而故事是用舞蹈情节有序展开的。

我们在东巴宫观看的纳西乐舞《崩时细哩》，实际上也是由一个相对完整的故事情节组成的，其中“弓箭舞”“赤脚舞”“三思及”“哭公主”哀婉凄恻，催人泪下，动人心旌。

纳西乐舞在内容与形式上表现的虽然是神、鬼与自然主题，但反映的却

纳西族舞蹈

是人性、人的生命、人的命运、人的心灵主题。天、地、风、云、鬼、神、图腾，不过是一些象征，一些符号，一些与故事情节相关的陪衬。被生命化、拟人化的神、鬼和自然造物，本质上还是人，是人的情感，人的理念，人的精神，只是被夸张、抽象、神化了。

——这便是纳西乐舞的灵魂。

和士秀之所以“神”，并不完全“神”在医术上，也“神”在医德医风上。当一些人的医德医风和人格品质或将走到底线时，说和士秀是“神医”，言之凿凿。

# 雪山神医

宣科先生在一次与我长谈时，先后两次提到过玉龙雪山本草诊所的和士秀。当他说和士秀是他中学时代同校不同级的同学、和士秀青少年时代也跟洛克学过英语时，我大吃一惊。与宣科先生这次谈话前，我已两次见过和士秀医生了，而和士秀却从未提到过宣科。

从体态、相貌和精神状态上看，宣科起码要比和士秀小十几岁。

不管两人给我的感觉差异多大，也不管宣科怎样评价和士秀，我对和士秀的印象都是非常深刻、美好的。

——我喜欢这个慈祥、谦和、理性的长者，尤其欣赏他与众不同的心灵世界。他的心灵世界是以良善为核心的。

## 三见和士秀

第一次见到和士秀医生（以下省略“医生”），是2003年8月。但那次去，没有勘访他的意思，只是去看白沙壁画路过，顺便找他看看感冒而已。

当时他正给一个村民看病，旁边坐着3个北方来的游客。

我进去后，他只是礼貌地点点头，示意我坐下，继续认真看他的病人。

继我之后，又来了几个外国人。他用流利的英语与他们打过招呼后，仍然专诚地给那个村民看病。他按先来后到次序，先给村民看，再给北方来的游客和我看，最后才给那几个老外看。

那个村民看完病取到药付款时，被和士秀拦住了：不用付了。有的人收到寄去的药，病愈后多给了“小费”，就补贴给你们。

我付款时，和士秀也不收，说是“小毛病”，说药是他“自已种的”。

边说，边就坐下去给老外看病。

这是我第一次见到和士秀。他并不知道我是作家，只知道我是浙江籍贵州人，是到丽江来旅游的。

第二次见和士秀是2006年6月，是木秀、张翊与我同去的。这次去，萌动了写和士秀的愿望，但没决定，也没表达出来。

和士秀对我还有依稀印象，问我：那次用药后好些没有？

我很感动。时隔三年，他还记得我。三年间，他会有多少病人啊！

这次机会很好，诊所里只有两个病人。病人走后，我与和士秀拥有了整个空间。

谈话间，我注意观察了和士秀的本草诊所。

诊所其实就是两间简陋的砖木结构平房，进门一间稍大的（约30平方米），是病人候诊和为病人拿脉诊治的地方，右侧一间则是药房和取药的地方。诊室里还有一扇门直通后院。

和士秀见我观察他的房间和环境，站起来带我走到直通后院的那扇门前，指了指正面一片种满花卉植物的地和一排砖木结构的平房说：地里种的是中草药和自用的蔬菜，平房是我和妻子，儿子和儿媳的住处。

从诊所到住房到院子，都十分清净、简朴。

和士秀刚坐下，又进来一批外国客人。是慕名而来的。

我看见他们脸上表现出惊诧的神情。

趁和士秀接待客人时，我通过他的儿子和述龙，了解了和士秀的“简历”。

和述龙懂英、德、日三国语言。他听父亲用英语与外国人交谈后，告诉我：这批客人是从英国来的。他们是在英国《林格尔》杂志和《国际名人辞典》上看到关于雪山本草诊所和我父亲的介绍后，经过两年多的准备才来的。来的目的，一是证实杂志和辞典介绍我父亲的真实性；二是了解中国中草药药用功能；三是想见我父亲。

因有远道而来的客人，我们告辞了。

回眸间，我看见和士秀、和述龙脸上显现出歉意。

第三次见和士秀，是2007年10月，是女儿王逊专程到丽江来看我时一起去的。这次去看和士秀，是想对和士秀和他的本草诊所再做一次深入“考

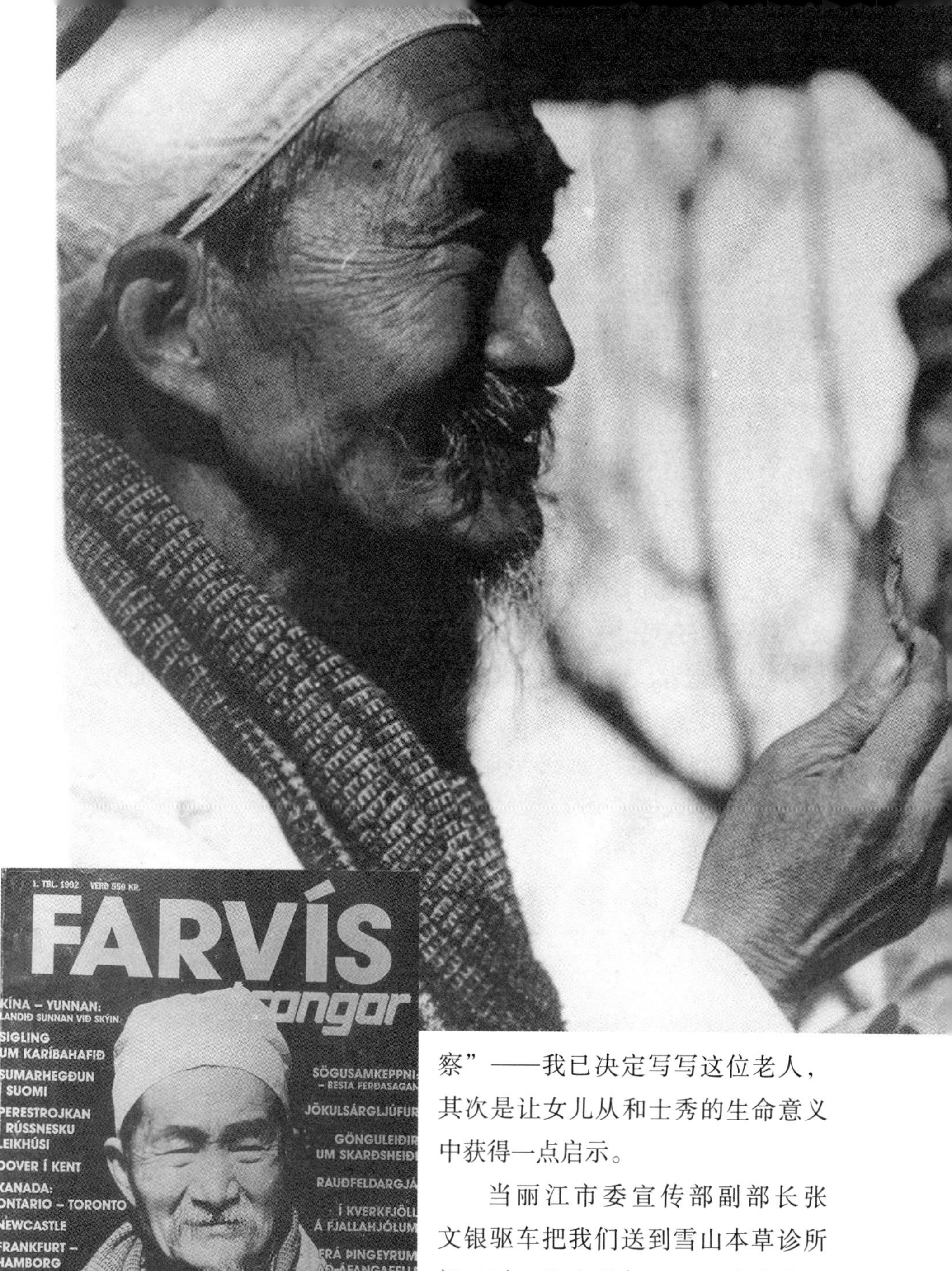


国外杂志刊登的和士秀照片

察”——我已决定写写这位老人，其次是让女儿从和士秀的生命意义中获得一点启示。

当丽江市委宣传部副部长张文银驱车把我们送到雪山本草诊所门口时，和士秀与一个20多岁的青年，正在清理门前水沟里的垃圾。和士秀一见我就很抱歉地说：上次有客人来，没留你多坐一会，很对不起。

听和士秀这样说，我感动不已。和士秀已是79岁的老人了，为什么要让这样一个上了年岁的老人记住我呢？和士秀显然是不经意的。然而正是不经意，才彰显了他的善良与厚道。

和士秀见我注意他手中的笤帚和撮箕，便说：我们正在清理垃圾。这些垃圾，大多是国内游客丢弃的。

和士秀特别说明是“国内游客”，声音里蕴含着轻蔑与愤慨。

和士秀用英语对在水沟里打捞垃圾的青年说了几句什么后，那青年上来了。和士秀介绍：他叫山崎雄平，英文读yuhel yamazakl，日本人，是专门来本草诊所学习中医的。

我女儿听说那青年是日本人，便忍不住说：中国人丢垃圾，外国人捡垃圾，真是不好意思。

女儿是记者，她想请和士秀医生、山崎雄平一起照张相，证明这个“难堪”的事实。和士秀、山崎雄平同意了，进屋换了一身干净衣服。照相时，山崎雄平笑得很灿烂，而我与和士秀却笑不起来。

又有好些人进了诊所。

我的时间又被挤掉了。

因要完成“任务”，我和女儿王逊在白沙住了下来。

晚上，和士秀整整给了我2个半小时。

## 人生是一场博弈

和士秀的经历传奇、动人，当然也历尽坎坷与艰辛。

和士秀1923年9月出生于云南丽江白沙，纳西族人，自幼勤奋，学生时代成绩一直名列前茅。1949年毕业于南京外语专科学校。1951年初加入中国人民解放军第二野战军。后因病离开部队，回丽江白沙。面对病痛折磨，他没有悲观、沉沦，一边捧读医书研究医学理论，一边上山采集中草药治病。整整10年，和士秀怀揣医书，跋山涉水，风餐露宿，尝尽百草，走遍了玉龙雪山崇山峻岭。终于，以其苦心毅力，医治好了自己的病，也医治好了不少父老乡亲的病，成了白沙远近闻名的“郎中”。

“文革”期间，和士秀被划为“逃兵”“特务”，横遭批斗。改革开放后，和士秀受聘到丽江地区中学、丽江财校任英语教师。教书育人之余，仍坚持上山采药，钻研中医理论。矢志不渝地求索，终于使和士秀的医术医技有了更大的提升。

1996年丽江“2·3”大地震时，美国、法国、日本一些专家学者到丽江考察，看见和士秀和他的儿子、女儿冒着余震危险，奔走在塌陷得坑坑洼洼、满目疮痍的废墟上抢救伤员，感慨不已，连声赞叹：“了不起！了不起！”那次大地震，和士秀一家共救治了2000多伤病者，还免费为3000多人提供了预防流行疾病的汤药。

和士秀的精湛医术和高尚医德，引起了人们对他的敬慕，国内外求医者络绎不绝。经本草诊所治愈的外国人究竟有多少，和士秀已记不清了，但其中两个病例他印象较深：美国白血病患者Brian Taugher来信说他的病情已缓和，并寄来超出药费、邮寄费十倍的汇款；一位日本白血病患者寄来感谢信，说服了和士秀的中草药后，一直困扰他的“低烧发热症状已趋于好转”。

由于和士秀孜孜不倦地探索，医术日益精深，原来对中草药治病持怀疑、观望态度的外国患者服用和士秀的中草药解除病痛后，更是兴奋不已。有的患者撰文在报刊上介绍和士秀，有的寄来重金，有的寄来感谢信。

我在诊所一个角落里，看见堆放着三个编织袋装的国内外患者寄来的感谢信和求药信，其中有三分之一是来自英、美、法、意、德、西班牙、荷兰、澳大利亚乃至冰岛等国家和地区的学者、医生、作家、艺术家、记者和政府官员。

和士秀很重视对他和本草诊所的宣传。对宣传他和本草诊所的资料，他都依次收存得很仔细。我开始有些不理解，直到无意间听他说了一句话，才理解了他。那句话是：患者与社会的肯定，对我是一种动力，也是一种压力；我老了，尤其需要动力和压力，需要精神上的鼓励。

我请和士秀在笔记本上题一句话。他想了想说：我说，你自己写。他说的“题词”是：人生是一场博弈；博弈决定命运，决定生命价值。

## 白衣使者

我和女儿王逊正准备与和士秀医生告辞时，又进来几个外国客人。和士秀边用流利的英语与他们打招呼，边示意我们“稍等一下”。他安排那几个外国客人坐下后，就去药房拿出两袋已研制好的中药给我，随即递给我一张“服用说明”：你睡眠不好，这两袋药你拿回去试试，没有效果就给我打电话。

我睡眠确实不好，但没请和士秀看。便请教和士秀：你怎么知道的？

和士秀说：当然是看出来的。

我正准备掏钱，和士秀一把按住我的手：不用付钱。

我说：都不付钱，你靠什么生活，靠什么维持？

和士秀说：有钱的人付钱我不拒绝，付多少寄多少我都不拒绝。他们多付的钱，实际上已为困难患者付了。

真是天意厚我，正当和士秀要去接待那几个外国客人时，他儿子和述龙进来了。和士秀便让他去接待外国客人，转过身对我幽默地说：当然，不付钱的人会感谢我，是我协调、平衡了二者关系。每一个拿了药不付药费的患者，都会说“谢谢！”这声“谢谢！”，一定是真诚的，出自内心的。内心的感谢，是一种令人感动的感谢方式。听一声“谢谢！”，我心理上会感到

本书作者与和士秀医师在玉龙雪山本草诊所前合影。左一为和述龙，右一为和士秀夫人。

很满足。满足也是一种幸福感。

我问和士秀：你怎么知道我不是有钱人？

和士秀说：你是文化人，是纯粹的文化人，纯粹的文化人是不会有钱的。从与你的接触中，我已对你有判断了。

我把话题切入到正题上：有钱人愿意多给你钱，那是他们的心意，你是可以收下的；患者看病，无论有钱与否，也是应该付钱的。看病和给药，都有成本。

和士秀拿了几张报纸给我看，报上赫然统计：二十几年来，前来求医者已超过20万人次，其中外国求医者有7万多人。患者中免费诊治的病人就有1万多人。

二十几年来，和士秀一直奉行不渝的宗旨是："有医无类""言治不言利"。凡是上门求医者或慕名写信求医者，无论给钱与否，和士秀都是先看病先给药先寄药治病，从不先开口要钱。患者给多少钱，给不给钱，他从不计较。

与和士秀谈话间，我注意到一张小桌上放了5个待寄邮包，是准备寄往日本等国，香港、辽宁和江苏等地的。我随意翻了翻寄药和收款登记簿，仅2006年1至12月，就寄出了中药包裹1124个，收到汇款1113人次。其中11人收到包裹后未付款。不汇款的外国人只有1人次。

我问和士秀：为什么不收到款后再寄药？

和士秀说：治病救人要紧。我相信多数人是有诚信的。

因为和士秀的传奇经历和独特行医风格，引起了国内外专家、学者以及作家、记者的关注。英国作家普鲁斯·查德维在美国《时代》杂志以"洛克的世界"为标题报道了和士秀和他的本草诊所，日本《日本医道》杂志专题介绍了雪山本草诊所，英国剑桥大学生物学博士马丁·威廉教授分别在英国《林格尔》杂志和美国《无畏》杂志上发表了介绍和士秀的长篇文章，冰岛的《FARVIS》杂志不仅以和士秀头像作封面，还给了和士秀4个页码的长篇报道。

到目前为止，已有国内外40多种语言文字和132家新闻媒体对和士秀和雪山本草诊所进行了报道。和士秀与他的本草诊所，已俨然成为联系国外游客和患者的"白衣使者"。

第三次离开丽江时，我交了500元钱给丽江一位画家朋友，请他务必在方便时转给和士秀医生。一个月后，这位画家朋友打来电话：和士秀拒收。

## 感叹“百草园”

第四次到本草诊所时，和士秀已觉得与我很“投缘”，两次安排时间要带我去看他的“百草园”。遗憾的是，两次准备去时都因病人太多而未成行。在和士秀心目中，患者是第一重要的，是第一要务。

我对“百草园”的了解和认识，主要是通过资料和相关报道，通过与和士秀、和述龙的电话联系完成的。

“百草园”是和士秀、和述龙在玉龙雪山附近开辟的占地三亩多的中草药苑。和士秀幽默地说是他的“中草药库”。

我在电话里说：玉龙雪山不就是一个天然药库吗？

和士秀说：再多的自然资源，都是有限的，也是可能用罄的。自己有片苑地，一是可以根据需要种植药材，二是采集方便，三是保护了雪山的生态

玉龙雪山是一座天然药库

环境，四是让雪山的珍贵中草药传承下来。

和士秀说，“百草园”已种植了上百种中草药，我们还可以通过观察与研究，进一步探索其药用功能和效果。为了不贻误患者，对每一种新培植的中草药，我们都要先尝先实验才进入配方。

从和士秀给我的几份报刊资料复印件上看到，玉龙雪山已出现乱挖滥采中草药的情况，有的名贵中草药，已到了绝种的濒危边缘。

《中国绿色时报》记者采访和士秀时有一段精彩对话：

记者：你对这种现象怎么看？

和士秀：我的“百草园”与这种现象是有联系的。乱挖滥采会使雪山上的珍稀药材愈来愈少。能不能有效遏止这种现象很难说。“百草园”其中一个目的，就是想使雪山上的珍稀药材“传承”下来。

记者：自己建个“百草园”，是不是有点让步的意思？

和士秀：雪山面积太大了，政府能力有限，管不过来。从另一方面看，一些人是利欲熏心，一些人是为生活所逼，是不会停止采集的。有这几个问题存在，乱挖滥采很难控制。我不是让步，是留有余地，是防患于未然。本草诊所离不开“本草”啊！

看完这段对话，我确信拟定的“雪山神医”标题是准确无误了。医者仁心。和士秀之所以“神”，并不完全“神”在医术上，也“神”在医德医风和人格品质上。

在一些人的医德医风和人格品质或将走到底线时，说和士秀是“神医”，言之凿凿。

《新周刊》首席记者李思坤推荐木少给我时说：木少到丽江到香格里拉来，主要是寻找艺术创作的天堂，寻找生命价值的天堂……

我忽然想起木少那幅《猫》的行为作品：

木少和他的猫在一起，高昂着富有特征的光头，坚韧地行走在四野清旷的荒原上，背景是乌云麇集，风雨欲来的天空，天空下是苍茫无极的山脉，八、九只形态各异的猫，伸长着脖子，坚强地行走在木少前后。

# 寻找天堂的木少

我是在加拿大华人于涌的“绿雪斋”茶馆里认识木少的。那天，除了木少和他美丽、聪慧的恋人娟子，还有南方周末报社的向郢女士和《新周刊》杂志的李思坤女士。后来，于涌索性把“樱花屋酒吧”的老板牟鑫也邀请了过来。这次聚会，很有文化“沙龙”的浪漫感觉。

木少浓眉大眼，身体魁梧，光头，使人想起寺院里的大活佛。

木少最终引起我的注意，还不完全是向郢和李思坤的推荐，而是晚上在“樱花屋酒吧”聚会时，他讲述的那些关于他自己的故事，那些生动、精彩、传奇，反映人性本色与天性的故事。

木少是东北人，自由艺术家。2001年到云南丽江旅游回沈阳后，便“夜不能寐，魂牵梦萦”。一个月后，木少做出了一个令家人和朋友惊愕的决定：到云南丽江定居。木少的决定是义无反顾的。没人劝阻他，也没人能劝阻他。他们太了解木少了。木少的迁徙是一个壮观景象：用飞机托运了4条狼狗、7只黑猫，用火车托运了两个10吨的集装箱。

2001年春夏之交，木少已牵条狼狗，气宇轩昂行走在大研古城石板路上。

木少本来不叫木少。为了做一个地地道道的丽江人，木少改名换姓成了木少。丽江的木氏家族是贵族。木少说，我为什么就不能做贵族？

——非常遗憾的是，我至今不知道木少原来的姓名。木少也没有告诉我的意思。我也不想问木少。云南这片土地以及生活在这片土地上的众生，本来就是自然与神秘的融合。

## 缘分的空间

一个阳光明媚的下午，木少在我下榻的“谈世乐”客栈，为我讲述了他从北方到丽江的“来龙去脉”——他的那些动人的故事。

木少到丽江前，去过很多地方，用他的话说，“非常的多”。看木少那副既像活佛又像行者的样子，我深信不疑。但木少说，除了丽江，没什么地方留住过他。木少说，到丽江后，他的“魂”才找到了“家”的感觉。他认为丽江的生态环境，丽江的历史、文化、宗教，丽江的民俗风情，与他的创作激情和创作思维，有一种天然的联系和神秘的默契，尤其重要的是，丽江给了他真善美充分释放与展示的环境和空间。

——用木少的话说，丽江给了他一片“缘分的空间”。

因为有这个空间，木少可以和他的爱犬，在大研古城街道上狂放不羁

木少（右二）与中外客人在金沙江边

木少刚到丽江时，就遇到了一位歌唱得很美的藏族姑娘，他将她扶到马背上，亲吻了她的手，并说一定要娶她回家。一个月后，木少真的带着马队，带着厚重的礼物，向那位姑娘求婚了。后来他把与这个姑娘的事记录下来，写成了一篇《我爱上仙女》的小说。

地嬉戏；因为有这个空间，木少可以从高楼上跳下来扑倒在板车上，让在一旁观看的纳西族老太太惊惶得差点掉下她一生中最后一颗牙齿；因为有这个空间，他可以和大他20岁的意大利摄影师马乌洛，在金沙江波涛飞溅的礁石上舞蹈；因为有这个空间，他可以走进白沙一个村落里，与那里的纳西族妇女游戏“打跳”，使那些淳朴内敛的女人们开怀大笑；因为有这个空间，他可以在香格里拉（中甸）东竹林寺穿上僧服，与僧人们笑谈古今；因为有这个空间，他可以将一位美丽的藏族少女扶到马上，亲吻她的手说：嫁给我，我想娶你；因为有这个空间，他在白沙与束河两个村落之间一户有5个女儿2个儿子的彝族人家，认了孩子们的母亲为干妈，逢年过节，就念念不忘去看他们；因为有这个空间，他可以和木里王后裔、西雅活佛结拜为兄弟，在玉湖大草坪上纵情疯狂；因为有这个空间，木少在过完他30岁生日的第二天，就在虎跳峡江岸边的岩石上，创作了他的行为艺术——《两只情侣鱼寻找一位可爱的医生》。画面是澎湃的江水，汹涌撞击着巨大的岩石，木少身背羽翅，沐浴着飞溅的浪花，在岩石上奋力地游移、仰望、前行……

——他说，他在寻找天堂！

木少告诉我：他一生中有两段最美好的时光，一段是在他北方老家的小古城，一段是在丽江大研古城。他家乡的古城，一面临海，一面依山，集合了自然山水风光，而丽江大研古城，则集合了自然与人文风情。

木少从21岁到28岁，有7年时间在从事职业艺术创作，但始终没有新的发现、新的突破。他苦苦思索后终于得出结论：城市生活空间太逼仄、太压抑了；生活在城市里，总有一座看不见的心理和精神“围城”桎梏着思维与艺术实践的发展。因此，艺术家必须走出城市这座“围城”。

到丽江后，木少忽然感觉到丽江的山脉、高原、天空、河流、湖泊，正是他需要“突破”的灵感源泉和创作源泉。

在丽江的几年时间里，木少激情涌动，创作了不少关于自然、动物、僧侣和纳西人物的作品。木少说，在丽江的生活与创作，与我的原始愿望愈来愈近了，也回应了我的选择与判断。更重要的是，找到了人性与艺术充分释

在白沙村与束河村之间，有一片美丽的梅花林，里面住着一户彝族人家，一位老妈妈，五个女儿，两个儿子。木少认孩子们的母亲为干妈。每到过年的时候，木少都要回“家”去看他们。老妈妈总是将木少的头埋在自己怀里，用热乎乎的手，抚摸着木少的光头。

2002年10月，木少从德钦梅里雪山回来的路上，在东林寺与一群小喇嘛聊天。那是一个非常庄严又安静的寺院。木少说：“也许有一天，我也会到寺院里去的。”

放、张扬的环境空间和精神空间。

他可以在这个浩瀚、广袤的世界里自由展翅，恣意翱翔了。

英国艺术媒体网络评论人海伦在网上评介木少说：

“一个来自中国北方叫木少的疯狂年轻人，迷恋上了丽江，他给自己起了一个当地贵族的姓名，甚至将家也搬到了那里。他是一位优秀的艺术家，那里美丽的风景，神奇的传说，都给他带来了无限的灵感，使他创作了无数伟大的作品。他将在那里生活的经历、遇到的人和动物，都记录在作品里，然后又将这些作品放回到大自然里去。

“他曾在崎岖、险峻，海拔高达4000米的香格里拉大峡谷里作画，裸露着身体，在强烈的阳光下，趴在巨大的岩石上。在那一刻起，他就创造了属于自己的世界，成了这个世界的国王。他的才华和创造力，已经超越了同时代人；他是当今最具潜力的艺术家，是一位隐藏在丽江和香格里拉的艺术大师。”

木少的才华与创造力，毫无疑问来自于他的潜质与天赋，而这种潜质与天赋，除了父母给的，就是大自然给的丽江给的香格里拉给的。是大自然、丽江和香格里拉提供的生态与环境空间，让他充分自由、恣肆地展示了他的潜质与天赋。

有一次我问木少：你现在还有刚来丽江时那种新鲜感、兴奋感吗？

木少说：还有，但已局部延伸到香格里拉去了。目前我还不想离开丽江，除非有一天这里的环境、生态和天空完全变了，变得像城市一样喧嚣、繁密和完全商业化了，变得冷漠无情了。

你感觉会有这种变化吗？我追问木少。

不排除这种可能性。木少做了一个可能会出现的象征性动作。

具体指哪方面？我继续追问木少。

生态、自然、清纯的东西愈来愈少了，人为、商业的东西愈来愈多了。

——我忽然想起三年前在丽江大研古城街巷中看见的那些被撬翻的五花石，那些象征丽江历史象征纳西人生活与文化，已被岁月打磨得亲切亲近的光滑石头。

第四次去丽江时，听云南社科院的王世英教授说：丽江已投入30个亿正在改造、建设古城……

——我对木少的预感动作有了深切的理解。

## 木少的作品就是木少的灵魂

木少创作了一幅《纳西少女》的油画作品，一个叫思德特尔的西班牙文化商人，很喜欢这幅作品。这幅作品是以纳西族少女为原型的，木少也很喜欢。木少拗不过西班牙人，干脆说：我们边骑马边谈，最后决定于胜出者。那西班牙人见木少坦诚、豪放，喜欢上了木少，生意自然也在马背上谈成了。

木少在丽江与香格里拉往返的三四年时间里，创作了不少优秀作品，比如《大喇嘛》《当我从北京回来，敲开家门时，看见了另外一个女人》，比如《猫》《责任》等等。

《大喇嘛》是用石膏做的头像，做得抽象、夸张、传神。这种大胆突破结构原理的雕塑，可能我也做得出来，但它的构思，却是我万万思谋、策划不出来的，因为这具头像不是放在展室里，而是放在玉龙雪山下的云杉坪

在香格里拉的松赞林寺，一个老喇嘛喊住了木少，要求木少教他拍照片。木少很认真地教会了他。那个老喇嘛有一个很好的名字，汉语的意思是无所不能。

上。这一创意，一下就提升、丰富了《大喇嘛》的内涵。

——《大喇嘛》的背景是天堂般圣洁、寥廓的天空，是涵义深远的天空。

而当我看到《当我从北京回来……》画面中的裸体女人时，先是吃了一惊，尔后很快喜欢上了这幅作品。

作品中有一扇门，一个近似于象征的裸体美少女，静静地伫立在那里，向外张开启示的双手。木少没有注视那少女，而是肃穆地仰望着天空。天空浮动着皎洁的白云，四周是苍翠的山峦。金沙江水在静谧地流淌……

作品内外没有一个字的说明，只给人一种空灵、梦幻的感觉。

我不太理解木少这幅作品想要表达的意思，但脑海里清晰显示出“人与自然，自然与人”的字样。我主观地认为，这幅作品的主题就是“自然”。生态是自然的，河流是自然的，天空是自然的，人与生命也是自然的。整个作品，反映的是人与自然最真实、最优美的协调。

——我好像读懂了木少这件作品的良苦用心。这用心显然是深刻的。

木少与西班牙人思德特尔在马背上谈生意

后来，木少脱下自己的衣服，给那少女包裹住下身，携着少女，沿着金沙江，一路自由、舒展、粲然地微笑着，向下游缓缓走去。

——这其实是《当我从北京回来……》主题的跟进与深化。

猫是木少最喜欢的动物。木少从东北迁徙到丽江时，念念不忘带去的就是猫。

木少创作了无数关于猫的作品。他在自己的意念与灵魂里，建立了一个猫的王国、猫的世界。

木少的《猫》，不是放在展室里的。再好的《猫》放在展室里，也会失去灵性，失去活力，失去生命。木少的《猫》，是跟他一起行走在荒原上，行走在生命旅途上的。

木少的作品，大都是立体艺术，夸张、抽象、意蕴深远。

木少曾在他的宣言《我的红色理念》里说：在我的艺术创作中，单色、红色作为典型视觉色彩符号，广泛地运用在作品里，这主要原因，是我个人偏爱红色。这符合了我标新立异，不甘寂寞，好出风头的性格。

我觉得红色在所有颜色中漫反射波是最长的一个，这是其他颜色无法代替也不可能代替的，因为它的视觉冲击力最强，这正是我要突出的艺术视觉理念。作品在很短的瞬间产生强大的视觉冲击力，刹那间刺激欣赏者感官，让他们在内心中产生疑问和好奇。

红色在中国具有独特的代表性，在政治上它代表着中国的红色政权、代表着“革命”，在民间，它又代表着吉祥、喜庆的意义，有广泛的号召力和传播性。

木少作品：《当我从北京回来，敲开家门时，看见另外一个女人》。我知道木少心里潜伏的丰富理念，但我不想作任何评论。我认为一切都是正常的。只有非正常的眼睛看它才是不正常的。

这件作品被评为木少最成功的作品之一，也引来很多世俗眼光的非议。木少有一次对好奇的人说：“你何不好好地欣赏作品中美丽、自然的风景？”

另一方面，红色具有国际象征符号性，代表警示、禁止、注意、危险等不安全色觉符号，如红色的消防车、红色交通信号灯。

我试图将两种因素统一融入到我的作品中，他的外表是单纯而又直接的，而潜在的力量是丰富的，会让人产生深层次思考，尽管他们是矛盾的现实存在，是互相依赖的。这是我作品创作中的灵魂。

我热爱红色。我强烈的好奇心、高度的敏感性、热烈的情感、飞腾般的幻想、狂热地爱恋、执著的奉献、坚定而疯狂的态度，这些对生活的激情和渴望，都与红色有关。

我热爱红色胜过其

它颜色，因为红色是我生命血液中流淌出来的颜色。

我欣赏、热爱的红色，是生活、艺术、理想中的红色，而非政治、革命的红色，政治、革命的红色是血腥、暴力的。

澳大利亚艺术家吉姆·曼在评介木少作品时说：他的雕塑作品充满着奇妙和诡异的特色，早期的作品幽默、诙谐，后来与阿根廷漫画大师莫迪洛产生共鸣，受其影响，使作品更加幽默而具有深刻的思想内涵。超时空，超现实的想象，使木少的作品充满着浓郁的浪漫气息。正像他自己所说的，“我热爱生活，蔑视失望”。

这是木少2001年举办西部记录展时的海报。画面中的木少，是与两个流浪到西部地区的流浪者、小偷的合影。

不知道木少为什么会喜欢上这幅照片？

也许我清楚。但我心照不宣。

也因此，我否定了木少关于把本文标题改为“天堂里的木少”的建议。

木少的创作灵感，完全发自于内心的激情与冲动，环境生态，只是燃烧他“激情与冲动”的“刺激因素”。

在这个焦虑、忙乱无序的时代，人们崇尚自由的生活；木少是以自己的思维方式，寻求解决艺术道路上的方法，他不属于传统，不属于现当代，不属于东方，也不属于西方，没有国籍，没有派别，他用精神和创造追求自己的理想和尊严。

就像他把混乱的材料做成雕塑，在上面轻轻涂抹上红色，就很轻松地化解了这个时代的问题，成为这个时代真正自由的艺术家。

——吉姆·曼的评介是吉姆·曼的观点。

我不是艺术评论家，不敢对木少的作品妄加评论，但我喜欢木少作品中如幽灵般跃动的两个元素：自由与自然。

2003年5月12日，木少在刚过完30岁生日的第二天，就在虎跳峡的大岩石上，创作了巨大的作品：《两个情侣鱼在寻找一位可爱的医生》。

那一天，烈日曝晒在他的皮肤上，浪花飞溅在他身上，汹涌的江水拍打着巨大的岩石，他身上的翅膀，不停地摇晃，但他仍然聚精会神创作他的作品。

## 木少也在寻找天堂

在“樱花屋酒吧”里，于涌对我说：其实，木少也在寻找天堂，寻找得很悲壮。我完全理解于涌对木少的感觉。

木少寻找天堂的方式，是通过他的作品来展示的。

木少的作品，是木少心灵世界的立体反映，是他的思想和灵魂。

动物是木少创作的重要题材，比如拉市海的水鸟、大鱼和小鱼，比如荒原上的流浪猫。木少喜欢这些游动的、行走的，有生命的动物。他认为它们与他一样，也是行走的、自由的、浪漫的。他在心灵、情感、精神上与它们发生了联系，产生了共鸣。

木少说，希望他与他的作品一样，都是自由、自然、人性的。

木少为我讲述了一个发生在梅里雪山的故事：

2008年10月，我带中央美院师生到梅里雪山写生，适逢阴雨天气，远远近近的山脉，云雾沉浮，氤氲弥漫，不得已，我们只好在山下露宿了一夜。那一夜，过得很潇洒，很疯狂，人性里最真实、自然的一面，都淋漓尽致地奔涌出来了。第二天早上起来再看梅里雪山，依然是一片白茫茫的雾霭，什么也看不清楚。正感到有些沮丧时，忽然看见云雾像缓缓拉开的帷幕一样，向四周散去，梅里雪山主峰一下呈现出来，顷刻间，我们看见了一幕绝美的景象：白雪皑皑的卡瓦格博峰（藏族人视为“雪山之神”），银光闪耀，雄奇瑰丽，像一尊造型独异的女神，凛然挺拔在眷眷散开的云雾之中。我被感动了，情不自禁地匍匐在地上。我感悟到人与自然那种不可分割的神秘联系。

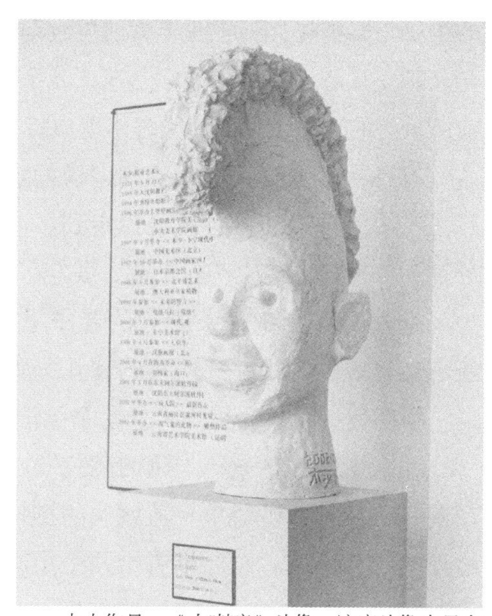

木少作品：《大喇嘛》头像。这座头像也是在中央美院展出时的立体“海报”。

那次在梅里雪山的震撼，深刻影响了我今后的创作，我的作品在结构上、技术上、表达上，更趋于简单、质朴、明确了。大自然的神秘与非神秘，人类

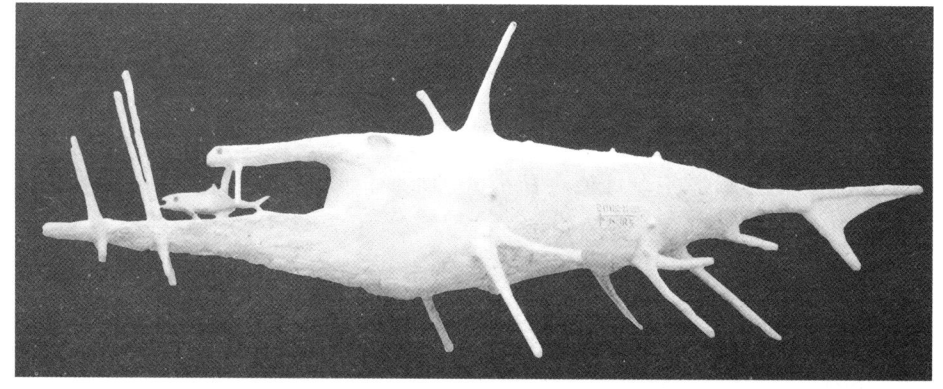

大鱼与小鱼的关系：鱼的形象作为一种符号在木少的作品里也会经常出现。木少作品中关于动物的创作表达方式已经越来越简化，不再是外形结构的原样复制。这是木少最具代表性的作品之一。

的神秘与非神秘，给了我丰富的思维与想象空间。我的创作亦进入了一种神秘与非神秘状态，推进得非常迅速，几乎不需要草稿，不需要太多的时间。这种前所未有的现象，是丽江和香格里拉特有的自然生态环境给我的。

有一次木少给我送照片到“谈世乐”客栈时说：想不想到我的居所和餐厅去看看？顶多20分钟就可以走到。而当我走到木少居所时，却整整走了40分钟。木少抱歉地说，对不起，我忘了古城又在挖路。

木少的居所在一条幽静的巷子里，两室一厅房，有一个小院坝，当然还有他喜欢的宠物——两只狗和几只猫。居所很简陋，还塞满了东西。木少说，可能你一眼就看得出，这是个漂泊者的家。

而木少的餐厅——“风的颜色”，却在古城中心地段一条小河边，餐厅门前是一行行在微风里轻盈飘逸的柳树。餐厅是木结构的，造型和颜色与周边环境十分协调。餐厅里有十几张小圆桌和至少四五十把圆形竹椅。餐厅给人的感觉，既独特，又有人文情调。

餐厅里很冷清，只有几个客人。一看那情景，就知道他的主人要么心余力绌、不善经营，要么就是心思不在其上。做生意赚钱，不是木少的价值取向。

木少的恋人娟子说：木少心里始终眷顾着他的艺术，他进不到餐厅里去。

娟子还告诉我，他们已决定在束河租一座四合院，建立一座“天堂影院”，拟把那儿作为创作、生活的地方。娟子还介绍说，那院子很大、很雅静，除了植物花卉，还有一棵巨大的形如伞状的核桃树。我们会把餐厅里的小圆桌和竹椅都搬过去，放到那棵核桃树下。我们要把“天堂影院”，建设成为一个艺术沙龙，一个艺术创造的精神乐园……

相对于娟子，木少要成熟多了。木少不仅要考虑生存问题，还要考虑发展问题。

因为彼此都很信任，木少袒露了他内心深处的两个忧郁：

——丽江的自然生态环境正在被30个亿“改造”。产生艺术灵感和艺术激情的环境资源正在一天天消失。

——我和娟子都没有稳定的收入，物质和精神负担是显而易见的。如果我的作品没人买，没有市场，就会面临生存问题的巨大挑战。要是连生存问题都没法保证，艺术探索和艺术创造就会是一个精神梦想。

——我理解木少。

木少创作过一幅《责任》的作品，作品的图景是一个家庭，最大的一只猫代表木少自己，背上背着一只小猫，表示作为父亲对孩子承担的义务；身下保护着母猫和另一个孩子，象征着做丈夫做父亲的爱与责任。

这无疑是一个令人感动的作品。

我为木少和娟子的命运做了一个祈祷。

李思坤、向郢女士在推荐木少给我时说：木少到丽江到香格里拉来，主要是寻找他艺术创作的天堂，寻找他生命价值的天堂。

我忽然想起木少那幅《猫》的作品：

木少和他的猫在一起，高昂着富有特征的光头，坚韧地行走在四野清旷的荒原上，背景是乌云麇集，风雨欲来的天空，天空下是苍茫无极的山脉，八、九只形态各异的猫，伸长着脖子，坚强地行走在木少前后。整个画面，十分悲壮，十分震撼人。

木少很喜欢这个作品。这个作品显然是木少精神气质与生命追求的表达。

这个作品会使人产生悲壮的感觉。这种感觉是人类命运的普遍感觉。人类正因为生活在悲壮里，所以才会一路苦行去寻找天堂。（注：本文图片均由木少提供）

猫是木少作品中的“核心”。他创作了无数关于猫的作品。他在自己的灵魂里建造了猫的世界。

洛克与于涌，一个跋涉在茶马古道上，一个跋涉在历史文化“沙漠”里。

——他们悲壮地行走在生命两极。

——他们的“天堂”在路上。

# 行走在生命两极

## 质疑的眼睛

当我第一次在丽江大研古城白马龙潭见到于涌时，我清楚地看到了他眼里流露出的质疑：中国这么多优秀作家，丽江市新闻办主任、丽江市委宣传部副部长张文银，怎么偏偏介绍了一位贵州作家?

于是，于涌告诉我：新华社、《今日中国》杂志、台湾《大地》杂志等报刊以及中央电视台《走进西部》、云南电视台《走遍云南》和湖南电视台，都报道过他；给他写稿的，还有不少知名作家、学者……

——于涌的意思，再明白不过了。

然而，于涌没有推走我。我对于涌和他的“绿雪斋”茶馆、私人博物馆，产生了浓郁的兴趣。

这是第一次与于涌见面。因与尧宇要赶去宁蒗寻访罗桑益世活佛，谈话不过一刻钟，我们便匆匆离去。

第二次见于涌仍在白马龙潭。于涌正在为纳西族书画家周霖先生举办诞辰百年纪念展。

这次是我主动去找于涌的。

无论于涌心里是否愿意接受采访，但很注重礼仪礼貌。他让茶侍端来一壶配有古典茶具的热茶。

不知于涌是不是想把话题引开，他问：想不想看看周霖先生画展?

我写的部分手稿正好带在身上，就说：我去看展览，你浏览一下我带来的几篇稿子。

也许是这几篇稿子调整了于涌的态度，看完展览后，我们长谈了两个多小时。显然，他是接受采访了。

于涌深入浅出地谈了他对民间民俗旧器的认识以及确立在这些认识上的理念。他认为散落在民间的民俗旧器，是民族、民间历史、文化、艺术最具象最真实最生动的体现，也是研究社会史、民俗文化史的重要标本。于涌说，他不忍看着这些看似不起眼却有收藏、研究价值的东西废弃、湮没在历史尘埃中。

于涌这番话，让我感到有些惊讶。

我认真看了看于涌，1.7米的个子，长发披肩，目光浸润着岁月沧桑，也闪烁着智慧光芒。

据张文银介绍：于涌出生在台湾，后移民加拿大，酷爱美术和雕刻，1999年到丽江后，“不想回去”了，在大研古城开了间“绿雪斋”茶馆……

于涌的经历，很难与“文化学者”联系起来，而我却有一种与一个学者谈话的感觉。

与于涌谈话间，我把目光悄然移向“绿雪斋”。

## 诗意的环境

“绿雪斋”在白马龙潭。庭院里最显著的，是一个用青石砌成的圆形池塘。池塘很大，池塘里的鱼，四五米远的距离都清晰可见。池塘左侧，是一栋两层石木结构楼房，走过楼房沿一节台阶上去，是九世转世活佛翁堆·仁波切的寓所。再往右前行，是一座造型别致的亭台。亭台后有一行约30米长的坡度台阶，直达一座似殿非殿的平房。平房前，有一片约60平方米的院子；平房后，是一片苍郁幽静的树林。

庭院里几株百年老树，刚韧遒健，虬枝纵横，萧然溢翠，给人一种情韵蕴藉又无穷深致的感觉。

——“绿雪斋”生态环境，兼蓄了自然灵气与诗画意境。

其实，在张文银推荐“写写于涌”前，我已两次进过“绿雪斋”了。我们刚到丽江大研时，下榻在丽江客车总站附近的阿顺客栈，从客栈进古城，走小路必经白马龙潭。白马龙潭前的三眼井，白马龙潭古朴典雅的大门，以

白马龙潭里的圆形观鱼池

及庭院里清馨秀美的古木，都给人一种挡不住的诱惑，给人一种强烈的诗意审美刺激。

“绿雪斋”占地面积不大，却钟灵毓秀，幽雅清静。

我与于涌，就在这温馨润泽的环境里，进行了一次面对面的促膝长谈。

## 零距离对话

阳光温柔地从庭院古树缝隙里流淌下来，身着纳西民族服饰的茶侍和媛，一如前两次，为我和于涌端来一壶清香四溢的普洱茶。

对话是从对民俗旧器价值的认识讨论开始的。

于涌：我放弃中国台湾的高薪、放弃加拿大的新居和优厚工作条件，是为了一种追求，一种为历史文化寻根的追求。我在对文化和艺术的观察中注意到一个现象，或者说一个问题：我们的眼睛只注意到了档存在宫室琼楼和藏书斋里的文明，却忽视了市井街巷、平民院落、古刹禅寺里的文明。而真正的文明，则可能就储蓄在这些街巷、民居和寺院里，凝聚在一些极普通极不引人注意的民俗旧器里，如石器、竹器、陶器、瓷器、木雕、砖瓦、书简等。这些民俗旧器，可以让人触摸到中国历史、中国文化和中国艺术，可以让人观察、判断中国文明的演进过程。因此，收集、守护、解读这些民俗旧器，无疑是一项寂寞又神圣的事业，它的意义和价值，是无法用金钱来衡量的。

作者：很欣赏你对民俗旧器价值的深度认识。能否知道，你收集的民俗旧器除了用于研究，会出卖吗?有人买吗？如果不能出卖，或购买者微，你靠什么生活？靠什么维持？在众人都忙碌于生存与发展竞争状态下，会有多少人到“绿雪斋”来品茶清谈？生活需要经济来源，事业也需要经济来源。

——我在肯定于涌对民俗旧器价值认识理念的同时，也提出了很实际的问题。

于涌说：我想过这些问题。我面对的现实是严峻的。我目前好像是一只跋涉在文明历史沙漠里的小狗，我渴望看到绿洲……如果看不到绿洲，我就可能在沙漠里死去。在我的生活里，或者说人生里，只有两级，没有中间地带，一级是灿烂辉煌，一级是沉落湮没。我不会瞻前顾后患得患失犹豫不决地生活在平庸的中间地带里，那不是我的生活，也不是我的人生。

白马龙潭古朴典雅的大门

作者：我钦佩你的人生态度和生命立场，我到云南来，也是来寻找绿洲的。在没有找到绿洲前，也跋涉在沙漠里。找不到绿洲，我也走不出精神生命的沙漠。

于涌：悲壮地死，比平庸、卑贱地活着神圣一千倍。

我注意观察于涌。在他脸上，在他内心深处，我看见一种深刻、悲壮的苍凉，一种很美很人性很有思想的苍凉，一种在生命过客脸上看不到的苍凉。

我觉得有些凝重，便把话题转移开：你先后筹办了两个展览，一个是“纳西民俗旧器收藏展”，一个是“周霖先生诞辰百年纪念展”，这两个展览的社会效益和经济效益如何？

于涌：两个效益都很微弱，与想要达到的目标相距甚远。

作者：这就是说，你的投入没有获得对应的产出？

于涌：经济效益可以不去计较，令我吃惊的是，社会效益怎么也会是这样？

作者：前瞻地看，你还会筹办这类展览吗？

于涌：我说过，我只生活在两极世界里，找不到绿洲，就面对死亡。我有充分的心理准备。

于涌继续说：所以，我准备把展览一个一个接力办下去，把所有对丽江、对纳西民族有过杰出贡献的人物，都拽入我的展览。我要把“绿雪斋”创造成为一个历史文化园区。这个目标，就是我要寻找、追求的绿洲。

作者：实际上你有两个目标：一个是通过民俗旧器追寻文明的足迹；一个是创造有品位有影响力的文化园区。这两个目标在现实背景下，虽然神圣，但会是非常困难、非常寂寞的。

于涌：我就想在朦胧的云翳中寻找阳光。我知道寻找的困难，但要执著去寻找。我刚来丽江时体重有140斤，现在只有120斤，在跋涉的路上掉了20斤。我不仅在经历价值理念的挑战，也在经历生活与生命的挑战。

我无语。于涌的话让我感动。我看见了一副大漠孤影的苍茫图景。

## 行走在生命两级

写于涌时，我将王旭（朝阳）拍的一张纪录于涌的照片放在我面前的台历上。我仔细端详这张面孔。这是一张十分明朗、豪迈、悲壮的面孔。面孔里蕴涵着丰富的思想、灼热的情感、执著的追求，当然也反映了内心深处的悲怆与痛苦——一个追求者、思想者必然会有的悲怆与痛苦。

朝阳这张照片，给了我一个最真实最生动最完整的于涌。

看到这张照片，我想起于涌在我下榻的“谈世乐”客栈里重复说的那句话：“我是一只行走在沙漠里的小狗。我在寻找那片绿洲。”

于涌说这话时，我心里沉甸甸的，充满了悲悯感。

我想起中国著名历史学家、联合国教科文组织《人类科学文化发展史》国际编委庞朴教授在《为什么要考古》中的一段话：

“我们想知道一个东西的性质和未来，有一个很重要的手段，就是要知道它的过去。知道它从哪里来，就会知道它往哪里去。

“我们经常在考古中发现一些东西，有的是具体的物，有的是书简。这个价值太大了。我们可以通过这些实物知道两三千年前的人的生活与文化状态。知道他们当时是怎样想的，他们当时的生活与文化，知道这些，便可以让我们

思考的于涌

更真切更确凿地触及到历史。考古以后我们会发现，有些书籍和文献记录的历史，并不是那么真实可靠，那么准确。他们会受到当时历史政治条件的制约。

“考古就是通过实物材料来直接了解历史。通过对古代材料的发现，来直接感觉触摸历史，了解历史。”

庞朴教授这段话，使我愈加感觉到于涌苦心孤诣、殚心竭力收藏民俗旧器于研究中国历史研究中国文化研究中国民间艺术乃至研究中国文明史的科学价值。

我的脑海里出现了于涌风尘仆仆呕心沥血奔走在街头巷尾村落瓦舍深山寺庙里的背影。

我的脑海里出现了于涌像只小狗坚韧艰难跋涉在沙漠里的图景。

我想起于涌的“生命两极”论。

我想起了洛克。

洛克与于涌，一个跋涉在茶马古道上，一个跋涉在历史文明“沙漠”里。

——他们悲壮地行走在生命两极。

——他们的“天堂”在路上。

**注：从于涌的经历和性格分析、判断，他注定不是一个安静的人。我预测：他的目标和事业，还会有“变数”。2012年我去丽江时，于涌已在经营一家“绿雪斋”餐厅了。**

活佛炯炯有神的眼睛里浸溢出光泽，抚摸着那张百年大木桌上的雕刻图案问我和尧宇：你们看，这是个什么图案？

我正琢磨时，尧宇忽然用惊奇的眼光看着活佛：是汉字，繁体的汉字，大汉的汉。

活佛含笑不语，目光转向我。

因尧宇的提示，我才顺着图案的走势和变化，看清楚是一个结构诡异，变化丰富，气韵生动的繁体篆书“汉”字。

活佛说：这张木桌已有几百年历史。木是根的象征，汉字在木上，就是在根上。说话间，活佛忽然闭目、屏气，凝神片刻，然后对我和尧宇说：有人找你们来了。

# 翁堆·仁波切活佛

见到翁堆·仁波切活佛，完全是一个意外。

那天傍晚，我正在写日记，尧宇正在整理照相器材，天卉、慕蓉正在洗衣服，张翊突然气喘吁吁跑进来兴奋地说：赶快准备一下，去见翁堆活佛，我已经和他约好了。

我让这突如其来的“情况”弄懵了。

——翁堆活佛不在我的写作框架内；我们也没让张翊与翁堆活佛联系过。

张翊焦急地说：这是个机会，活佛是不容易见到的。

我与尧宇商量了一下，还是决定去，见了活佛再说。

天卉和慕蓉放下正在洗的衣服，也要跟我们去。

张翊说：天卉、慕蓉最好别去，人多了不方便。

天卉、慕蓉犹豫一下，表示了理解。

尧宇对天卉、慕蓉说：你们代表王老师和我去看看木秀，两天没见她了。

——尧宇的善良、厚道，于细微处也可见。

## 张翊引见活佛

翁堆·仁波切活佛在丽江有两个住处，一处在大研古城狮子山上，一处在大研古城南端白马龙潭。

当张翊把我和尧宇从四方街左侧一条逐级升高的石板小路引领到狮子山上翁堆活佛住处时，我大吃一惊——首先迎接我们的，是一条被僧人用力拽住的凶猛藏獒，其次是五六个身材高大穿土红色僧服的年轻僧人。民宅式的大院里，还有几个年长的僧人在安静地饮茶。那五六个年轻僧人带领我们走进客厅后，里面还有两个年轻僧人侍卫般伫立在大厅里，目光认真，表情泰然地注视着我们。活佛没有在。

我们坐下后，两个僧人即给我们送来茶水。稍一会，翁堆活佛进来了，与我们打过招呼后，就径直走过去坐到用豹皮和金丝绒铺设的椅子上，神态极其高傲。

翁堆活佛40多岁，1.68米的个子，身体壮实，皮肤黝黑，目光炯炯，宽厚硕大的头颅，显示出坚韧、刚毅的凛然气质。他含笑示意我们坐下后，迅速把目光转向张翊。张翊会意，即起身将我和尧宇向活佛作了介绍。

翁堆·仁波切活佛

活佛静听着，当他知道我和尧宇分别是作家、画家时，肃穆的表情，一下舒展开来，有了自然、生动的笑容。

我一边听翁堆活佛说话，一边看了看他两侧的僧人。僧人都很年轻，年纪大约在20至25岁之间，几乎都是1.8米左右的身材，轮廓端庄，英气勃勃，袒露出单纯与赤诚。

我又把目光悄然转向活佛。

——活佛显然注意到这个幽微之处的细节，但佯装未见。

活佛继续说，他的家庭是个多元文化家庭，祖祖辈辈都崇尚文化。他的祖先曾住在非常著名的哈巴塔里；塔里有匹可以自由飞翔的黑色天马；祖先凭藉这匹天马，先后寻觅到纳西东巴文化、藏传佛教和彝族比姆教；那匹黑马，是藏传佛教的灵魂。

活佛说他的祖先和他的家庭一直很贫穷，但从不穷文化。他很小就接受了藏传佛教文化，被认定是转世灵童后，在嘎土市巴塔县觉根寺攻读佛学，内容还涉及哲学、历史、天文、地理、道德规范以及做人规矩等。

活佛认为藏传佛教里有很多人类文化和人类思想的精髓，有很多关于生命、人生的精辟见解。他认为藏传佛教的一些经典理念，对于人类文化和人类文明是有积极意义的。活佛还说，他为丽江地区宗教文化的普及与弘扬，做了不懈的努力。

活佛正谈得兴致时，从楼上下来一个僧人，俯身对活佛说：阿松法王请你上去。

活佛抱歉地对我们说请稍候，就随那僧人上楼去了。

我问尧宇：法王是个什么概念？

尧宇说不知道。

张翊说好像是管活佛的，是一个大片区的宗教首领。

伫立在一旁的僧人说：阿松法王是从四川甘孜地区来的。

趁活佛不在的间歇，我轻缓踱步到客厅外。庭院里淌满了月亮清莹的光辉。那只高大的藏獒，眼里闪烁着幽蓝的光，被一条粗大的铁链拴在大门旁边一根坚固的钢柱上。那几个年长的僧人，仍在那里安静、安详地饮茶、神聊……

转了两圈，活佛还没下来。我有些按捺不住，便心生一计，对站在一旁的僧人说：请你上去问问活佛，我们可否拜见法王？

这一计果然生效。不到5分钟，活佛就派僧人下来请我们上楼，并让那僧人将我和尧宇径直带到法王下榻的房间。

会见法王并接受他“摸顶”后，我们又回到一楼客厅，整个过程，不到20分钟，然而却给了我触动灵魂般的感觉。这种感觉，使我产生了再见法王的念头。

在客厅里等候了几分钟，活佛下来了，满脸歉意地说：阿松法王与我有要事商议，能不能把时间改在明天上午9点，地点改在白马龙潭？

这几乎是不容商量的。商量也是多余的。我们表示了理解。

两个年轻僧人送我们走出大门时，那只静卧着的藏獒竟站立起来，用和平的目光送别了我们。

## 与活佛在白马龙潭

第二天早上8点半不到，天卉、慕蓉还没起床，我与尧宇就悄悄上路了。一路上，都是昨天见到活佛与法王的情景。

到白马龙潭时，翁堆活佛已站在那座巨大的圆形水池前观鱼等我们了。

活佛邀请我们到那座建筑别致的凉亭里坐下后，便开始切入话题。他说，他曾在四川甘孜地区从事过多年佛教活动；曾在贡嘎雪山、梅里雪山、格聂神山等高原雪山、深山密林灵洞里静修数年……

也许是意识到自己说得太多，活佛停下话题：你们也说说；或者还有什么问题，你们提出来，我们一起讨论。

我迅速把握机会，提出一个我一直在思考的问题：宗教、寺院与旅游有什么联系？如果有，是文化上的，宗教上的，还是经济上的？

活佛沉寂一下后回答：宗教、文化与寺院的联系是必然的，宗教、寺院与经济的联系是非必然的。宗教介于理性与非理性之间。它的教义、理念是理性的，它的传播是非理性的。后者不是被强迫接受，是自然、情愿接受。寺院如同学校对学生传授知识，是宗教对受众传播宗教知识的场地。用时尚的话说，寺院是一个传授宗教知识的载体。宗教、寺院与旅游，本质上是没有联系的，但寺院有生存条件的要求，有宗教文化、宗教思想与其他文化、思想交流的要求，旅游在一定程度一定形式上，提供了这种要求。因此，三者的联系又是自然的，互补的，客观的。

活佛继续说：随着旅游业的发展，随着人们对精神文化生活需求的增大，寺院在不知不觉中，也成了旅游景点。寺院与旅游的关系日益加强了，乃至成为寺院生存与发展的一个重要经济来源。宗教、寺院与旅游之间的非理性，开始向宗教理性发起了挑战。

你认为这种非理性的量的不断积蓄，会引起宗教、寺院质的即理性的异化吗？我问活佛。

活佛说：宗教、寺院的旅游化、市场化，会更大面积地加强宗教文化

白马龙潭

和宗教思想的传播与交流，增加寺院收入；与此同时，也潜在形成了对宗教理性质变的消释力量。文化与思想的过度交融，可能会逐步趋向同一。随着丽江地区旅游业的发展，这种趋势的速度和力度还会加大。关键在于怎么把握。宏观地看，加强三者联系，利大于弊，不仅于宗教文化的传播、寺院的生存有利，而且于民族团结和社会稳定，都有现实意义。至于你担心的问题，是个本与末的问题。二者的关系，我们会努力协调好。协调不好，宗教和寺院就会被亵渎、被分解、被演变。宗教、寺院，本质上是文化、思想、精神范畴的东西，如果完全被物质化、市场化了，它的生命与灵魂就如你所说，异化了……

活佛炯炯有神的眼睛里浸溢出光泽，抚摸着那张百年大木桌上的雕刻图案问我和尧宇：你们看，这是个什么图案？

我正琢磨时，尧宇忽然用惊奇的眼光看着活佛：是汉字，繁体的汉字，大汉的汉。

活佛含笑不语，目光转向我。

因尧宇的提示，我才顺着图案的走势和变化，看清楚是一个结构诡异，变化丰富，气韵生动的繁体篆书“汉”字。

活佛说：这张木桌已有几百年历史。木是根的象征，汉字在木上，就是在根上。说话间，活佛忽然闭目、屏气，凝神片刻，然后对我和尧宇说：有人找你们来了。

庭院与外界之间，有一道高大的围墙，不可能看见外面的人。

我与尧宇往门口看了看，也没看见有人进来。

活佛说：我们到水池边走走，顺便迎接你们的客人。

## 活佛评价洛克

还未走到圆形水池边，木秀、天卉、慕蓉就走了进来。

尧宇惊奇又惊喜地问：怎么知道我们在这里？

木秀说：大研古城就这方天下。

木秀见活佛在一旁，忙向活佛施礼，随即将天卉和慕蓉介绍给活佛。

活佛让僧人叫来茶侍，为我们沏了茶，就近邀请我们坐在石磨茶几旁的藤椅上。

茶侍和嫒看见我，惊诧地叫了声王老师。

我问：于涌先生呢？

他陪客人出去了。和嫒腼腆地回答。

白马龙潭沐浴在阳光和绿荫里，清馨，幽美。

活佛情绪很好，问我们何时走，他想陪阿松法王去大理回来后请我们吃饭。

我对活佛说：心领了，我们还要到中甸去。何时回来?现在还很难确定。

活佛问：去中甸有什么事，需不需要帮助？

我说谢谢，我们想沿着洛克走过的主要路线再去走走。

活佛略微惊异：这是个大工程，是个艰苦的工程。

想了想他又说：今天约你们到白马龙潭来，你们可以少走一站了。

我有些不解。

木秀说：洛克到过白马龙潭。今天我们到白马龙潭，以后就可以不专程来了。

活佛用惊异的目光看了看木秀。

天卉和慕蓉问活佛：能不能讲讲洛克在白马龙潭的故事？

活佛说：我只是听前辈说洛克几次到过白马龙潭，什么时候来的，来做什么不清楚。半个多世纪了。

既然活佛知道洛克，请教活佛，不知活佛对洛克有何评价？我问。

活佛思想一下，说：洛克有两点遗憾：一是在丽江地区生活了20多年，没有对丽江地区的宗教文化和宗教活动进行深入研究；二是洛克没有用作家、艺术家的笔墨，写出更精彩、优美的文字。

活佛对洛克“两点遗憾”的见解，深中肯綮。

我认真读过洛克的一些著作，比如《中国西南古纳西王国》《纳西人的文化与生活》，资料确实厚实，内容也十分丰富，但笔触却缺乏审美力度，未给人审美感动，而云南的自然风光和民俗风情是很美的。

10时30分，活佛正抬起左手腕看表时，一个僧人匆匆走近活佛，低声说：阿松法王到了。

活佛转过身对我和尧宇说：我与法王约定去大理的时间到了。我们明年六月再见。我们的谈话还没结束。你们在院里多坐一会，走走看看，我已为你们做了安排。

一转身，两个身着纳西族服饰的茶侍，低眉垂首，端着两个茶盘，静态伫立在我们身后，一个茶盘里放着点心和水果，一个茶盘里放着一本送给我的藏传佛教经书。

我来不及看茶盘里的经书，一路小跑追上活佛：请教活佛，你未见人，怎知有人来找我们？你怎知我们有个“艰苦的工程”？你怎知我明年六月一定会到丽江？后者甚至是我自己都尚未确定的。

活佛边走边说：你自己释译。这只是一个逻辑分析和时间推理。

活佛给我们留下一个深不可测的背影，与法王驱车而去。

回到池潭边，木秀、天卉和慕蓉正在观鱼。除了从龙潭石缝里汩汩流出来的水声，庭院幽静而深致。清澈的水面上，倒映着木秀、天卉、慕蓉温润秀洁的倩影。

看到水池中三位女性清丽、消瘦的面容，我心里蓦然生出缕缕歉意——她们跟着我，已在云南、四川的巨川深壑、江河湖泊餐风宿露苦行了一年多。

**注：不出翁堆活佛意料，翌年6月，我确实去了丽江，但没时间去见翁堆活佛，在丽江核实些问题后，即匆匆赶回贵阳改稿、设计封面、制作样书、联系出版……**

**翁堆活佛关于我去丽江的预测准确无误。我对活佛料事如神惊叹不已。**

法王神清气和地说：天地宇宙中，生命只是一个过程，一个简短的过程。生命的黯淡或辉煌？都是自己镌铸的。生命走到终点时，会受到灵魂的考问，那种结果，不是精神痛苦，就是精神幸福。

# 阿松法王

## 法王“摸顶”

当翁堆·仁波切活佛叫一僧人把我和尧宇带到二楼最里间阿松法王下榻的房间时，我简直惊呆了，端坐在两行僧人中间的法王，太像在佛教寺院里看见的释迦牟尼塑像了：硕大的头颅，宽厚敦实的身躯，黑里透红的面孔，气宇轩昂的笑容，璀璨辉煌的袈裟，盘膝而坐的首领姿势。

我们向法王施礼后，他让我们分别在他旁边坐下。

法王脸上洋溢着自然的有分寸的微笑。

他问：你们因何而来，还要到何处去?

我回答：我们因“寻找天堂”而来，最后要到结果的终点去。

法王神清气和地说：人要寻找的天堂，其实就是人自己。天地宇宙中，生命只是一个过程，一个简短的过程。生命的黯淡或辉煌？都是自己镌铸的。生命走到终点时，会受到灵魂的考问，那种结果，不是精神痛苦，就是精神幸福。

我认为法王只是从字面上理解了我的意思，正要解释，尧宇目示我不要开口。

法王注意到尧宇这个细微动作，便说：放开讲，真理是思考、讨论和践行出来的。

尧宇紧接法王的话说：谢谢法王，你深刻理解了我们的意思，并作了准确、精深的表达，真是一语中的。

我正想陈述什么，又被尧宇冷静的神态制止了。

阿松法王来丽江前去过的东竹林寺

法王收敛笑容，做了一个闭目祈祷动作。一个僧人即走近我和尧宇：法王要为你们“摸顶”，并示意我和尧宇先后到法王面前接受“恩赐”。

法王为我“摸顶”时，我感到有血液在脑部温热地循环。法王手指轻柔，有内蕴节奏与气韵。我先听见他运气的声音，然后是听不懂的“祝福”。

我与尧宇以非常虔诚的态度，接受了法王的“摸顶”仪式。将退出居室时，才注意和感觉到居室里佛光荡漾，氤氲弥漫，充满神秘、肃穆的氛围。

“摸顶”过程不到一刻钟。

直到在寺院里散步等候翁堆活佛时，才终于有机会悄声问尧宇：法王误会“寻找天堂”的意思时，你为什么阻止我讲话？

尧宇说：法王是站在“神”的高度俯视我们“寻找天堂”的。既可以理解为是寻找一个具体的目标，也可以理解为是寻找一个生命意义过程。无论寻找具体目标还是寻找生命意义，都是要用心去寻找的，都是要自己去寻找的——谁也替代不了。这是心与力的合一过程。因此，法王的概述，不仅没有理解错，而且更宏观，更博大精深。

尧宇的判断或是正确的。

瞬间，我好像又看见了法王，看见他那储满智慧的硕大头颅。

从院子里回到客厅，仍不见翁堆活佛下来，我便让僧人请示活佛：我们想与法王合影，以志纪念。

——这个“请示”，当然是基于两个玄机：一是提醒活佛我们还在等他；二是如果可能，与法王的合影会是难得的图片资料。

出乎意料，法王同意了。

## 与法王合影

僧人带我们进到法王房间时，法王正在与活佛议事。活佛见我们进去，便对法王说：我稍后再来。

翁堆活佛走后，法王说：要怎么拍，你们安排。

尧宇这次把张翊带了去，便对张翊说：你和王老师分别站在法王左右两侧，我先给你们拍，然后你再站到我现在的位置给我和法王拍。最好拍两三张。尧宇说完，又对站在法王左右两侧的僧人说：请你们稍退后一点。

法王安静地注视着尧宇安排，不动声色。

选定角度后，尧宇为我、法王和张翊三人合影拍了2张，张翊为尧宇和法王合影拍了3张，先后共拍了5张照片。

在法王下榻的房间里，总有一种神秘、奇异的感觉。趁张翊为尧宇和法王拍照时，我迅速观察了法王的居室和那几个僧人——

法王房间里，挂满了若干像巨幅哈达一样的橙黄色丝绸帏幔，透明、轻盈，一如古代皇室里悬挂的佩带香囊的彩色帐幕，流丽飘逸，清香袭人。室内没有风，却见帏幔在轻盈地飘动，像翩翩起舞的长裙。灯光很灿烂，却给人一种朦胧、温馨、玄妙的感觉。

法王两旁几个僧人，身穿统一的土红色僧服，平均1.8米左右的高挑身材，英姿挺拔，神态肃静，表现出对法王的赤诚与敬畏。

笑而不语庄严肃穆的法王，帏幔轻飏芳菲袭人的居室，神态淡定的僧人，构建了一副奇异、神秘的场景。这个场景，在我回贵州写作此稿时，仍历历在目。

从法王居室回到客厅后，翁堆活佛对我说：非常抱歉，法王还要与我议事，能否把时间改在明天？地址改在白马龙潭，上午9时。

我和尧宇当然只能同意。

下狮子山时，一轮明月已高悬中天，巷道两旁的青砖灰瓦茶楼里，飘溢出袅袅茶香和古筝柔美、悠扬的声音，月色清辉里的石板路和两侧土木、石木结构民居，冷静显示出历史沧桑与岁月艰辛。

走在这样的环境和时空里，心志再高傲的人，也会产生“逝者如斯夫”的萧然浩叹。

张翊就近走小路回去了，巷道里空寂无人，古老的石板路上，只有我和尧宇踏出的清冷回音。

## 与法王的合影蒸发了

近距离接触活佛、接触法王，且置身在那样神秘的氛围里，心里一直有一种惊异、惶然的感觉。因这种感觉的翕动，就迫切想看见与活佛与法王合影的照片。而当尧宇把底片冲洗出来时，先是他大吃一惊，尔后是我大吃一惊：同一卷胶片，前前后后拍的都清晰可见，唯独与法王合影的那5张蒸发了——一片空白。

我与尧宇面面相觑，惊奇不已。

稍后，我问尧宇：会不会是技术上的问题？

尧宇说：我从每个环节上进行了分析，技术上决不会有问题。

我们努力回忆、捕捉与法王合影时的每一个细节，过滤来过滤去，也未发现有问题。再次把整个胶卷底片与明片放在一起比较，与法王合影前后拍的照片，包括同一时间段与翁堆活佛合影的照片都在，惟独没有与法王合影的。

我们是8月30日晚上与阿松法王合影的，翌日，法王与翁堆活佛一起去了大理。唯一可咨询者，就是翁堆活佛了。

依仗与翁堆活佛在一些问题上的共识，我给活佛打去电话，请教活佛对这一“奇怪现象”的见解。活佛缄默片刻后说：有些现象，是要用心去解读的；现象的存在，或就是现象的本愿。欢迎再到丽江来。我们在白马龙潭的讨论远未结束。说完，活佛挂断电话。

分析活佛的话，我与尧宇顿时大悟：法王既是尘寰中人亦非尘寰中人。

——我再次看见阿松法王硕大无比的头颅。那头颅里，一定深藏了太多的宏博睿智，包括风影般的神秘。

迪庆的松赞林寺

走出“神园”时，我又回眸看了看还静静伫立在荒原上的那些人，那些神，那些图腾，那些被拟人化被赋予了生命、情感和思想的造物。再深刻看进去，看见了它们与人类的联系。

# 荒原上的神木

还没走近它没有门的门，已看见了它远古般的苍凉与神秘——那片荒原，那些木雕，那些神，那些图腾。它们或远或近，错落有致地伫立在广袤、寂静的大地上。

——这就是东巴神园，一个展示天空展示大地展示生命展示神话展示梦境的立体艺术丛林。

## 荒原上的造物

去白沙探访和士秀医师，去雪嵩村采访洛克儿子（私生子）洛福寿，先后五次路过东巴神园，每次都因时间原因而未进去，只是从车窗里，远远眺望了一下那些站立在荒原上造型各异的棕灰色木雕。那些木雕，给我留下了非常神秘、奇异的印象。

与尧宇、木秀、天卉、慕蓉去东巴神园，完全是在写作计划之外。是玉龙雪山下的这片辽阔荒原，以及静静伫立在它袒露身体上的那些同样袒露的神木，把我们吸引了进去。

看到那些朴拙怪异的木雕，尧宇产生了强烈的共鸣。他捧着照相机，像个被什么刺激兴奋起来的孩子，向木雕丛林奔跑过去。尧宇从来就喜欢荒野里的艺术——他认为那种艺术形式才是最自然最质朴最“酷”的。尧宇不仅在摄影，也在体验和感受；那些富有创意制作粗犷意蕴深邃的木雕，唤起了他的审美冲动，激活了他的艺术灵性。

天卉、慕蓉在尧宇激情影响下，也兴奋地捧着相机游走进了神园。

这些神木好像行走在寥廓苍天下

我沿着神园中那条直通“天堂”的木板通道，边走边看边思考神园的策划和创意。

由于东巴神园不愿提供任何资料，不知道它的策划、创意者是谁？但显然的，这是一个有独异眼光和智慧判断的策划、创意。首先，选址在玉龙雪山下去白沙乡和雪嵩村的交叉点上；其次，利用了一片空旷的张满自然风情的荒原；再次，使用的资源都是木材，单纯而独特。

神园里的木雕，是用一些粗大的木头为原材料，因木制宜，镌镂、雕刻出各种形态的人、神、动物和图腾，其中有的是男性和女性生殖器。尤其是男性生殖器，造型特别突出，充满张力。所有的雕刻，都是抽象、夸张、含蓄的，都十分粗犷、遒劲。抽象是要表现精神气质，夸张是要表现强度力度，含蓄则是在造型里内涵思想和理念。

用心看去，那些神木不是静态伫立在荒原上，而是行走在天地之间。他们或在朝圣或在祈祷或在寻找“天堂”，肃穆而虔诚。他们把命运的希望，至诚寄托在对神的顶礼膜拜上。旅行者不仅在他们身上看见了人类生命与命运沧桑的艺术美，也看见了自己的生命与命运——无尽的艰辛、追寻与期望。只要认真感悟，神园里的神木，必会触动旅行者关于自己关于人类生命与命运的思考。

神园里的木雕，看似漫不经心，自然随意，实则调动了创作者对历史对文化对宗教对艺术一定程度的理解。艺术审美价值，并不完全在于它的系统性和普遍性，而在于它的独创性和独特性。

“神园”的诞生，不可能没有历史、宗教和文化背景。东巴文化也不是纯粹的原生态文化，而是历史文化、藏汉文化、宗教文化互补共生的综合性文化。东巴文化给我的突出感觉是它的原始性、自然性、神秘性和民族性的多元组合。自然崇拜、生命崇拜、信仰崇拜和图腾崇拜，始终是东巴文化的核心内容和主要形式。东巴神园里的诸多造型，很大程度上是以东巴文化为背景的，至少，东巴文化神灵般地给了神园如此这般去造物的思维启示。

人类除了对物质世界有强力追求，对精神世界也有强力追求。“神园”表达的，就是对精神世界的强力追求。神木是物质的，但只是一个载体，一个象征，一个符号，它要彰显、传达的，则是一个非物质的精神范畴——人类精神世界。

## 仰望命运

尧宇、天卉和慕蓉，不知奔走到哪里去了。

木秀走了一段后，就过来陪同我坐在通往“天堂”之路旁边的栏杆上——她已到过神园不知多少次了。

我问木秀对神园有什么感觉。

木秀说：有一种寂寞和沧桑感。我总觉得这些木雕像是一个个站在荒原上仰望着天空仰望着命运的人。

你内心有什么感触？我追问木秀。

我觉得心里有些悲怆。看到这些造物，就像看见了人类自己。

你注意到没有，这些造物都有一个共同特征，好像都在希望、期盼什么。

人类也一直是在希望、期盼中生活的。希望是从失望里生长出来的。

木秀忽然转移话题：王老师，你的生活一定不轻松。

我有些惊讶地看木秀，看着她那双闪烁着智慧的眼睛：你怎么知道？

思考是有重量的。思考愈多愈沉重。沉重了怎么可能轻松？木秀边说边

荒原上造型各异的神木

东巴神园里的神木

走到我面前：你看，你眉宇间和鼻翼两旁有三道深深的“沟壑”，就是思考与沉重联结的印记。

一瞬间，我想起了孤独行走在怒江、独龙江流域的羿美。思考者，沉重者，何止我啊！

我下意识去抚摸那三道“沟壑”。我欣赏那三道“沟壑”。人类怎能没有思考？生命没有思考还有什么意义？思考与沉重，抑或就是厦大周宁博士说的“生命意义。”

一个刚到的团队导游，把木秀叫了去。

木秀走后，我的眼睛定格在一柱木雕上——约1.65米似真人高的炭灰色圆木上，雕刻了一个硕大无比的妇女头颅，苦难与压抑的表情，充满希望与怀疑的眼睛，双手紧捂着胸口……

——她在祈祷。

她在为谁祈祷？为自己，为家人，还是为他人，为人类？

看到神园里那些朝圣的、祈祷的人与神，看到那些渴望繁衍生命、渴望改善命运的造物，我想起在梅里雪山、格聂神山、贡嘎雪山和金沙江、澜沧

洛克1928年去木里路上拍的朝圣者

江、怒江、独龙江沿岸看见的朝圣者。是什么给那些踽踽而行、蹒跚而行、踉跄而行的朝圣者，造成了无法解脱的苦难和困境？他们究竟在心灵深处潜藏了什么希望，要如此千里迢迢，餐风露宿，一路苦行去寻找解脱苦难与困境的答案？

——他们怎么就没想到去“朝圣”那些真正让他们沦于苦难和困境的责任人——管理者及其政治呢？

## 悲情“神园”

在漫长的旅途上，我们不止一次遇见朝圣的僧人、平民和喇嘛，风尘仆仆，蓬头垢面，历尽艰辛地行走在风雨阳光里，其恒心毅力，其虔诚信仰，令我们惊叹、震撼不已。

我与几个执著、坚韧的朝圣者谈过话。我深切感受到他们无与伦比的单纯与赤诚。我在日记里写道：“他们单纯得像天空一样一尘不染。他们虔诚得像相信自己的母亲一样什么都相信。我为他们的单纯和赤诚感动——人类的单纯和赤诚越来越稀少了——也为他们的单纯和赤诚悲哀。前者是人类的美德，令人尊敬；后者则极不适应一个越来越云谲波诡，韬光养晦，觥筹交错的‘多元化’社会。过于单纯和赤诚，还会使人联想到知识问题。没有博学的知识，必会使人缺乏分析、思考和判断，继而使人变得单纯和赤诚……因此，人的最高境界，是在知识与思考的审视、判断中保持纯洁与赤诚，是智慧的纯洁与赤诚。”

去年 5 月去永宁扎美寺路上，我们遇见一位因长途跋涉昏倒在路边的僧人，不到50岁的年纪，已是满头灰白的长发和一脸沧桑的岁月。我们给了他2瓶矿泉水和一些食物后，黯然的眼睛里，才显露出一点光亮。

我问他去哪里，他说去扎美寺。

我们想带他一起走，他拒绝了。他说坐车去不虔诚。

精力稍稍恢复后他才说，他已经走了1个多月，还要坚定不移地走下去。

我问他：这样长途旅行，衣食住行问题怎么解决？

他说：靠施主帮助。

在无人区怎么办呢？我问。

靠山泉和野果充饥。

我一下想起在贡山、德钦、乡城、稻城、理塘一带看见的朝圣者，他们或行走在风雨里或行走在朝阳里或行走在暮色里，艰苦卓绝，矢志不渝，丝毫不眷顾自己的身体和生命。

从东巴神园里虔诚的朝圣者联想到苦行在苍茫大地上的朝圣者，我心里回响着一个巨大的疑问：人类为什么要如此循环往复地为命运奔走，为命运祈祷？人类为什么不能自己决定自己的命运？

这是一个高难度的“课题”，是人类学、历史学、社会学与心理学专家合作才可能破译的“课题”。我的非理性感觉认为，这些或在心理上或在精神上或在信仰上苦行的朝圣者，他们忽视了一些问题，一些对生命和命运可能产生影响的问题，比如政治与制度问题、经济与社会问题、文化与教育问题、环境与生态问题，以及个人对命运的智慧把握和能力把握问题。

我在写《阿松法王》的文章中，引用过阿松法王一段话：“人要寻找的天堂，其实就是人自己。天地宇宙中，生命只是一个过程，一个简短的过程。生命的黯淡或辉煌？都是自己镌铸的。生命走到终点时，会受到灵魂的考问，那种结果，不是精神痛苦，就是精神幸福。”

法王更多的是从人的智慧与博弈去认识命运的。我理解法王的意思：排除客观环境和相关条件的影响，人的努力是决定性的。

正依靠在通往“天堂”之路的栏杆上浮想联翩时，天卉悄然从侧面过来，给我拍了两张很自然也很书卷气的照片。她不了解我。其实我不喜欢书卷气。书卷气太默守成规太循规蹈矩，太缺乏生气、活力和创造力了。

尧宇和慕蓉从神木丛林里走出来，一脸喜悦的笑容。不消说，他们拍了许多自己感觉好的照片。

走出神园时，我又回眸看了看还幽静伫立在荒原上的那些人，那些神，那些图腾，那些被拟人化被赋予了生命、情感和思想的造物。再深刻看进去，看见了他们与人类的联系。

天空忽然下起小雨，玉龙雪山隐没到云层里去了。

正感到有雨点落在身上，一把伞撑住了我的天空。

从墓园出来，觉得心很疼痛，眼泪潸然而下。我想起那位“心已被掩埋”了的贵州籍老兵。我很想劝说那位老兵和其他幸存老兵：经常到“国殇墓园”里去走走，一是去看看他们生离死别的战友，二是去看看那些墓碑前从未间断的鲜花，以及松林间照耀在墓地上的温暖阳光。

## 安息的亡灵

尽管洛克“讨厌战争和政治”，还是被1944年中国远征军在腾冲、松山、龙陵与日军大决战的惨烈战事震撼了。1945年1月下旬，“滇西大战”刚结束，洛克就去了腾冲和龙陵。他没看见那场战争，但看见了战争遗留下的残垣断壁瓦砾，以及遍布在山梁上的粗陋坟茔。

1944年5月，开赴前线的民国政府远征军（资料）

中美盟军指挥长官检阅即将发起反攻的远征军部队

洛克是怀着什么心情心态去滇西的，无人知晓。据他的贴身卫士李仕臣回忆：洛克到腾冲、龙陵后，数日沉默在悲哀里。

——洛克是美籍奥地利人，美国在一定程度一定形式上参与了这场战争。他是悲哀这场战争的残酷，还是悲哀战争中逝去的数万生命？

腾冲、松山、龙陵大决战，以及平达、象达侧翼战，芒市、畹町追歼战，统称为“滇西大战”。

1944年5月至1945年1月，国民党远征军为突破日军封锁，重开滇缅国际运输线，向盘踞在滇西的数万日军发动了战略性反攻；经历8个月的浴血奋战，终于以数倍的优势兵力，合围、歼灭了陷于困境的日军，取得了滇西反击战胜利。

中美指挥官驱车奔赴前线 （资料）

“滇西大战”是中华民族在美英盟军帮助、支持下，以民国政府远征军为主体，向日军发起的战略性反攻大战，也是二战从失败走向胜利的重要转折性战役之一。

远征军总司令长官卫立煌在前线阵地上分析敌情，指挥作战 （资料）

《中国远征军滇西大战》（云南省保山地区新闻中心、云南省保山地区博物馆主编，云南美术出版社出版）将这场战争称之为“大血战”，是因为这场战争血流成河，尸体如山。据该书167页统计：腾冲围歼战中，远征军伤亡18236人，日军伤亡3075人；松山攻坚战中，远征军伤亡7600人，日军伤亡1280人；龙陵争夺战中，远征军伤亡28384人，日军伤亡10620人。六次大小战役合计是：远征军伤亡67403人，日军伤亡21057人。

远征军的运粮马车 （资料）

我与尧宇、木秀、天卉和慕蓉一行经大理、保山到龙陵、腾冲时，与1944年发生的那场“滇西大战”，已时隔60多年近70年。我们看见的龙陵、腾冲，已是两座平静、祥和的城市，除了烈士墓地、烈士纪念碑和墓碑前祭祀、凭吊、缅怀者敬献的鲜花，已看不到一点战争痕迹。那场战争的呐喊、鲜血与生命，已深深埋进了地下、埋进了岁月、埋进了历史。未埋进去的，是那场大血战彰显的民族精神和民族脊梁。

美军帮助中国修建的战略运输公路（滇缅公路）之一段——“二十四道拐”。滇缅公路一直延伸到贵州境内 （资料）

20世纪50年代后，“滇西大战”一直是被遮蔽的——原因当然不言而喻，直到20世纪末21世纪初，才被逐渐还原其真相。

我们在腾冲“国殇墓园”碑文里看见如下记录：

·1944年9月，和顺侨乡群众自发在和顺学堂设置神坛，缅怀、祭拜远征军烈士；

·1945年2月，民国十一集团军在芒市举行隆重祭悼仪式，祭奠远征军阵亡将士；

·1945年3月，远征军撤返昆明，民国政府和数万群众举行隆重欢迎仪式，国民党中央军事委员会委员长蒋中正在远征军司令长官卫立煌陪同下检阅远征军部队；

·1946年7月，辛亥革命元老李根源先生在腾冲为远征军烈士建立安息园——国殇墓园；

·1946年8月，保山地区各界父老乡亲在远征军驻地之一保山板桥光尊寺建立“远征中学”，以缅怀铭记远征军烈士……

我通过腾冲的朋友，联系到两位参加过滇西大战的老兵，还未问及详情，两位老兵的眼泪就夺眶而出，只留给我两句痛彻心骨的话：……他们是为中华民族牺牲的，不是为哪个政党政权；几十年了，幸存者一直是被歧视、冷落的，真是生不如死啊！

远征军经过云南怒江铁索桥

其中一位贵州籍老兵，听说我是从贵州远程到腾冲的，紧紧握住我的手，声泪俱下：感谢你，感谢你没忘记我！我没战死，没被掩埋，但心已被掩埋了……

我倏然想起已故作家史铁生生前说的一句话：“以往的压迫、歧视所造成的最大危害，就是仇恨的蔓延，这是一种残疾情结的蓄积，蓄积到良知泯没、理性泯没。而最终泯没的，是中华民族的精诚团结。”

我像慕蓉一样双手合十，面对天空，做了一个虔诚、悲切的祈祷。

我们一行是上午10点半去“国殇墓园”的，墓园里青松翠柏，苍郁葱茏，几座山坡上，满目是林立的墓碑，一些墓碑，竟然是无名者（无名烈士）。墓园里敬祭者很多，不易拍照，不易冷静思考问题，不易任凭流泪；下午6点半，我又专程去了墓园。傍晚时分，墓园里很安静，夕阳的光芒，透过松林照耀着墓地，温暖着墓地里的亡灵。有的墓碑前，置放着不知是谁祭献的鲜花。我很感动，为那些同样是无名者的良心良知感动。人最珍贵的品质，就是感恩、善良和正义，就是独立人格、独立思想和独立精神。

“无名烈士”碑前的鲜花。祭献鲜花者来自五湖四海，从未间断过。

安息在“国殇墓园”里的远征军烈士

大卫与远征军烈士墓碑。千里万里而来，就是想陪陪远征军烈士。

从墓园出来，觉得心很疼痛，眼泪潸然而下。我想起那位“心已被掩埋”了的贵州籍老兵。我很想劝说那位老兵和其他幸存老兵：经常到“国殇墓园”里去走走，一是去看看他们生离死别的战友，二是去看看那些墓碑前从未间断的鲜花，以及松林间照耀在墓地上的温暖阳光。

有苍松陪伴有鲜花陪伴有阳光陪伴——

逝者的亡灵可以安息了！

幸存者的心灵可以安宁了！

——感谢李根源先生为远征军烈士建立了安息园，为逝者和幸存者的灵魂提供了尊严的归宿。

**补充的话：战争是残酷、惨烈的，但一概而论地反对一切形式的战争是错误的。有侵略战争必有反侵略战争。洛克“讨厌战争和政治”，是因为对战争结构——战争的对立统一——缺乏深度认知，比如“滇西大战”就是一场侵略与反侵略性质的战争。**

我确信洛克是幸福的。洛克的幸福，在于他把握了生命价值，创造了生命意义。人的幸福感，很大程度上来自于精神与心灵深处的体验。物质体验只是感官的，抵达不到精神与心灵深处。

# 心灵寓所

洛克之所以心系云南、丽江，与云南、丽江的自然生态环境和丰富的历史文化资源是有关联的。

洛克在日记里说："云南、丽江使人神往。云南、丽江是我见过的最有魅力的地方；云南、丽江不仅有动人的自然生态风光，还有动人的历史文化。"

这种感觉不止洛克有，所有去过云南、丽江的人都会有。

## 没有城墙的古城

行走在大研古城光滑清莹的五花石巷道上，听见水渠里淙淙的流水声，我的感觉就好像走进了陶渊明"久在樊笼里，复得返自然"的诗意境界。

慕蓉说：大研古城已经诗意化了。

天卉好像发现了什么，惊奇地问木秀：既然是古城，怎么没见城墙呢?

木秀说：有三种说法，一种说法是丽江世袭土司姓木，忌讳给木字加上方框，加上方框，就变成了"困"字；一种说法是不想让城墙遮挡住古城秀色；第三种说法是，大研是滇藏川茶马古道上的重镇，修建城墙会桎梏商贸的流通与繁荣。

三种说法都有道理，或许就是上述三个原因决定了大研没修建城墙。当然还有一个可能的原因：财力不足。但无论什么原因，不修城墙是明智和有远见的。城墙有一定的防御功能，但也会封闭、禁锢一个民族的视野与发展。

与木秀在四方街探访杨鸣一先生时，杨鸣一说：洛克很欣赏没有城墙

丽江大研古城里的石桥

的古城。洛克认为在一个国家范围内，地区与地区之间修筑城墙，会加剧民族、地区之间的矛盾和冲突，也会在经济、政治和文化上封锁自己。

洛克这一观点是有远见卓识的。微观到地区是这样，宏观到国家也是这样。

## 常看看天空

洛克到大研时，有时住在客栈里，有时住在顾彼得家里。顾彼得能用流利的英语与洛克交谈。洛克非常喜欢音乐，尤其喜欢贝多芬、舒曼和施特劳斯的经典名曲。洛克在大研时，除了工作，主要兴趣是听音乐和散步。晚饭后，经常在四方街、大石桥一带散步。有时是他一人，有时是他与宣明德（宣科的父亲）或顾彼得。洛克也经常到杨鸣一家里去，并邀他一起到文治巷、官院巷、积善巷等街巷去走走。走得稍远的，是文昌宫、玄天阁、东河，走得最远的是县城西北芝山福国寺五凤楼。

五凤楼是洛克在丽江时最喜欢去的地方。杨鸣一先生先后陪洛克去过四次。

五凤楼周围，古树浓荫，翠柏虬然，清气漾逸。洛克站在五凤楼上听长风抚动古柏发出阵阵涛声，心旷神怡，会情不自禁哼起贝多芬的《田园交响曲》《命运交响曲》。有一次，杨鸣一看见洛克眼里缀满了泪水，他清楚洛克心里交织着幸福与悲怆两种复杂的情感。他还听见洛克自言自语："芝山太美了，丽江太美了，云南太美了，可惜不是我的故乡。"最后一次去福国寺回来后，洛克竟说了一句让杨鸣一感动不已的话："真希望云南、丽江就是我永远的故乡。"

回忆杨鸣一先生叙述洛克，我一直未能平静。

从东巴神园回大研的第二天晚上，我辗转难眠，索性起身从"谈世乐"客栈漫步到四方街上。我边走边思考一个问题：洛克为什么会这样心系云南、丽江？为什么竟然在云南、丽江生活、工作了20多年？

当我在街上徜徉时，忽然看见一个戴着帽子，穿着夹克的清瘦老人端坐在石拱桥下的台阶上。是杨鸣一先生。他时而注视街上行人，时而仰望天空，静态中显示出不凡的气质。

走近杨老先生时，他也看见了我，脸上略显出诧异的笑容。

杨鸣一是位善良、简朴，富有学识的老人，是位深藏不露的民间学者。他的高雅气质，完全蕴涵在他那对深邃的眼睛里。

在这样清旷风雅的环境里遇见杨老先生，似有一种神秘的默契。

与杨老聊了聊笼罩在月色清辉里的古城，便把话题切入到我正在思考的问题上：是什么原因把洛克留在了云南、丽江这片土地上，一留就是28年？

杨老沉思一下说：大概有三个原因：一是云南、丽江独特的自然生态环境；二是云南、丽江神秘的历史、宗教和文化；三是云南、丽江丰富的自然与人文研究资源。

我问杨鸣一先生：他在感情深处，会不会有什么牵挂？

杨老用他那对含蓄睿智的眼睛看了看我：洛克在感情生活上是孤独的，他没有朝夕相伴的亲人，但他的精神生活是丰富的。他的感情生活也许演化转移到精神生活中去了。洛克生活得很艰苦也很幸福。他一生经历过许多磨难和风险，也创造了非凡的价值。他活得倔强而尊严。直到今天，世界各地

大研古城

仍有许多人在缅怀他、纪念他，每年至少有上万人去雪嵩村参观他的故居。

杨鸣一先生最后感慨地说，能长久存在于让人缅怀之中的人是幸福的。

也许因为激动，杨鸣一先生的话走远了些。

我理解杨鸣一先生。

看到已八十多岁高龄且历尽命运沧桑的杨老，我忍不住说：时候不早了，你老早点休息，我改日再去拜访你。

杨鸣一先生抬头看看天空，天空清朗纯净，一轮明月高悬中天。

送杨老到他那座已经衰朽，已如桑榆暮景的四合院门口时，他转过身来，说了句让我久久难忘的话：常看看天空，会使人心志高远，神清气和。

## 洛克是幸福的

通往“谈世乐”客栈那条幽深的巷子里，清静得只听见我自己的脚步声。

我想起咨询杨鸣一先生的那个核心问题。

其实，杨鸣一先生已间接回答了那个问题：洛克追求的，实际上是一种

在丽江住了10年的俄国学者顾彼得

超然物外的精神价值，一种生命意义，而他又找到了实现这种价值与意义的生态与人文资源环境。

看见星汉灿烂的天空，忽然想起罗桑益世活佛关于“生命如流星”的观点。

我相信，洛克在内心世界里追求的生命意义，亦然是做一颗灿亮的流星。

因为洛克是一颗灿亮的流星，所以获得了人们永久的缅怀与景仰。

令我非常惊讶的是，阅读赵鑫珊教授的《赵鑫珊散文精选》（复旦大学出版社）时，也读到了关于“流星”的文字。

赵鑫珊说：“在某种意义上，我更喜欢做一颗痛痛快快的流星，哪怕霍地只闪亮一下，划破夜空，却不愿意做一颗黯然无光，还久久赖在苍穹老化了的天体。”

在同一篇文章中，还读到一些令生命振奋的文字：“人只有在创造中才能获得最高层次的幸福。幸福是有层次、等级之分的。”

读到这段文字，我再次想起洛克。我确信洛克的幸福是高层次的。洛克的幸福，在于他把握了生命价值，创造了生命意义。人的幸福感，很大程度上来自于精神与心灵深处的体验。

1961年9月22日，洛克在给他的姐姐卡洛琳娜和侄儿罗伯特的信中说：“在我离开云南、丽江的12年里，我思想得最多的，就是在云南、丽江的那些日子。许多人认为，我的生活是孤独的，他们错了，他们并不了解我，我其实并不孤独，陪伴我的，不仅有云南、丽江的自然风光和历史文化，还有纳西人给我的感情。没有这些自然、人文和情感上的支持，我是坚持不下去的。因此，云南、丽江在事实上，已是我真正意义上的故乡，我的精神家园，我心灵的寓所……”

穿藏服的约瑟夫·洛克

从这封信中，可以感觉到洛克对云南、丽江的深情思念。洛克在情感、精神、心理以及价值判断上，一如他所说，已把云南、丽江视为他的故乡、他的精神家园、他的心灵寓所。正是在云南、丽江、香格里拉这片自然、神奇、温馨的土地上，洛克完成了生命的全方位转换，从其肉体与灵魂里，淬炼出了生命光辉。

2013年，是约瑟夫·洛克诞辰130周年，谨以此文献给约瑟夫·洛克在天之灵。

20世纪50年代后，洛克被定性为“文化特务”“文化侵略者”。而当我在收集、阅读有关洛克的资料和著作时，看到他用心血和生命拍摄的近万幅照片和撰写的数百万文字，眼泪再也忍不住潸然而出……

## 缅怀约瑟夫·洛克

驼峰航线下的山谷之一

1937年7月“抗日战争”爆发时，洛克的心态还是十分平静的。他已从采集植物标本、地理探险转为对中国纳西族历史与文化的研究。

1937年前后，洛克已在《中国西部边疆研究月刊》《亚洲艺术》《地理周刊》《法国远东大学学报》《文物丛刊》《国家地理》等国内外杂志上，发表了大量探险、考察与研究方面的图片和文章。

——这些图片与文章，为洛克最终完成《中国西南古纳西王国》《纳西族的历史与文化》《纳西语—英语百科辞典》三部社科巨著，奠定了丰厚的资料与理论基础。

### 洛克像只迁徙的鸟

随着战争的日益深入，丽江已成为滇、黔、川、藏物资转运重镇，不仅商贸繁冗，战争气氛也日渐浓郁。洛克的情绪开始波动起来。

从洛克追求的价值取向看，他对政治和战争是不感兴趣的，甚至是回避的。抗战初期，他竟辗转在昆明、越南、柏林、马尼拉、夏威夷与丽江之间，完成了《东巴什罗的诞生和起源》《日喜部落及其宗教文献》等重要社科类著作。

驼峰航线下的山谷之二

洛克像只迁徙的鸟，游走在战争边缘。

1938年1月，是洛克52岁生日。他的生日是在昆明过的。他在当天的日记里写道：“这世界已变得越来越荒唐。一切平静的生活都被破坏了。人们每天都是在忐忑不安中度过的。我已经无法再安定下来从事写作与研究。”

——洛克对战争的评价缺乏侵略与反侵略、正义与非正义的是非概念，但战争带给他的负面情绪是显而易见的。

5月，洛克从昆明到河内，6月，又从河内到曼谷，几经中转，最后到达柏林。洛克到柏林的主要目的，是拜访柏林的一些学术机构和出版社，争取出版一些研究纳西族历史与文化的著作。柏林弥漫着战争气氛，没有任何一个学术机构和出版社有时间有心情去阅读他的文稿。

8月，洛克又从欧洲返回昆明。洛克刚到昆明，日军的飞机也接踵而至。

洛克在9月28日的日记中描述说：“警报拉响，震耳欲聋，只听见雷鸣般的爆炸声，紧接着是巨大的烟柱腾空而起，尘土和烟雾笼罩在城市上空，久久不散。我心里充满了悲凉与绝望的感觉。”

美国领事馆担心洛克的安全，通知他立即乘专机回国。此时，洛克仅是一个美国公民。

1938年10月，洛克回到夏威夷。同年12月，洛克又从美国返回昆明。刚过完圣诞节，洛克就与四个纳西族随从到了越南南部古代越王避暑的小城镇大叻。

战争没有发展到越南，越南给洛克留下了“空气清新、生活安静”的感觉。他在给好友麦瑞尔的信中说：“这里天气真好，风景如画，环境优美…… 希望来年是个好运年。”

1939年整整一年，洛克都是在越南渡过的。

这一年对洛克来说确实是个好运年，一是置身在风平浪静的战争边缘，二是完成了两卷关于纳西东巴文化的著作。

翻阅洛克收集在《纳西族的文化与生活》中的这两篇文章，比较进入战争状态的中国和未进入战争状态的越南对洛克心理情绪的影响，我反省了在梅里雪山与老喇嘛对话中的一个片面观点——心灵的宁静，是潜藏在人的精神深处的。

——这个观点的绝对性，是忽视了大环境对人的心理与精神情绪所产生的影响。

## 驼峰航线

1941年7月，德国在欧洲节节取胜，日本也将战线扩大到东南亚地区，企图对中国形成更大的包围圈。在日本的压力下，英国关闭了滇缅公路、法国关闭了滇越铁路，中国后方的补给线被切断，越南顷刻间成为日本的势力范围。洛克给麦瑞尔写信说的“风景如画，环境幽美”的越南，已笼罩在战争阴云下。

于是，洛克又乘船去马尼拉，然后回夏威夷。洛克一生中往返奔波得最多的两极，是丽江和夏威夷。

在夏威夷待了不到半年，洛克又经香港飞到昆明，再从昆明取道回丽江。

战时的丽江相对平静。洛克在大研镇玉泉河畔租了一套一进两院的房

滇缅公路一度被日军破坏，军用物资供应中断。为了缓解困难局面，美军冒险开辟了从印度阿萨姆邦至我国昆明的“驼峰航线”，继续向我国输送军需物资。

子，并与房东和子安，在后园开垦了一片菜地，栽种了他从国外带来的一些蔬菜品种。

洛克在丽江大研度过了一段惬意的田园牧歌般的生活。

1942年夏天，日军占领了云南西南部的腾冲、松山、龙陵、芒市、畹町，拟经宝山、永平进攻大理。洛克闻此信息后，即北上永宁、木里。到泸沽湖后，洛克患了一场重病。在阿云山夫人格则永玛悉心照料下，总算恢复了健康。洛克在泸沽湖黑瓦吾岛上住了半个月，写作了《中国西南古纳西王国》部分文稿。

由于美国正式对德日宣战，太平洋战争爆发，日军未能深入云南腹地，洛克又回到丽江。

由于日军拟从东南亚、南亚形成对中国战略包围，切断了中国后方陆地运输线。为了保证援华军用物资的正常供给，美军开辟了从印度阿萨姆邦至昆明的空中航线——驼峰航线。航线全长1100多公里，其间要飞越500多公里空气稀薄，形似驼峰的喜马拉雅山脉和滇西北横断山系。每天约两百架飞机，不分昼夜向昆明运送军用物资，高峰时，平均每20分钟就有一架运输机

泸水片马森林

飞越驼峰航线。昆明机场成了当时世界上最繁忙的机场，驼峰航线的运输量，比全球所有航空公司的运输总量还大。然而，因为航线图测量不准确，加上恶劣的气候和险峻的山峰，飞机与飞行员损失惨重，仅飞机就损失了900多架，飞行员和机组人员牺牲了1000多人。由于飞机不断发生撞击山峰事故，美国飞行员把这条航线称之为“地狱之路”和“死亡之谷”。

1944年，拥有2000架飞机指挥权的美国空军少将陈纳德派人在丽江找到正在研究东巴经的洛克，邀请他为驼峰航线修订地图。作为美国公民，洛克无条件答应了。为了洛克的安全，陈纳德先把洛克接到印度加尔各答，然后又用专机把他送到华盛顿美国国防部地图署。

洛克以他对滇、藏、川地区地质地形地貌的渊博知识，重新修订了云南西部和西藏东部的航空地图。修订后的航空地图，大大减少了飞机与飞行员的损失。

陈纳德少将的十四航空队，在浙江、广东、西安、兰州、成都、贵州等地都有基地，仅在云南就有15个军用机场。

二战时期，美国给予中国的军援，对于突破日军对中国形成的战略包围圈，是有巨大贡献的，而20世纪50年代以后，我们淡化或隐蔽了这段历史。

## 寻找福克斯

1996年11月中旬，在中缅边境北段发现一架坠落飞机残骸，经勘察，确认是1942年美国加利福尼亚道格拉斯飞机制造公司生产的军用运输机。

飞机坠落在海拔3325米的原始森林中。考察资料证明，这架编号为C-53-R1830-920的飞机，是1943年3月11日从昆明返回印度汀江途中，在中国泸水县片马地区坠落的，飞行员叫福克斯。

据有关报道，福克斯失踪后，他的战友汉克斯在失事地区的原始森林中寻找了9天9夜，行程300多英里，最后因断粮和感染痢疾才悻悻而归。

福克斯失踪时才24岁，他在太平洋彼岸的母亲，坚信儿子还活着，一直在期盼中苦苦等候他回去，直到去世时，还睁着期盼的眼睛。

汉克斯没有停止寻找福克斯，越到晚年，寻找的愿望越强烈。

1983年，汉克斯获得一个重要信息：美国哥伦比亚航天飞机发现中国泸水县片马森林中有一个“巨大的金属物”。汉克斯相信是福克斯的运输机，就与福克斯的侄女帕米拉·斯密丝跨越半个地球去寻找。后因中缅边境地区

正在昆明机场卸运援华物资的美军运输机。每天平均有两百架次飞机往中国昆明运送军用物资。

驼峰航线下的山谷之三

发生民族冲突，再次抱憾而归。

当汉克斯获悉福克斯的C–53–R 1830–920运输机在片马森林中找到后，已80多岁高龄的汉克斯欣喜若狂，又与帕米拉·斯密丝不远万里来到中国。他们从片马风雪垭出发，跋山涉水，披荆斩棘，历尽艰辛，终于找到飞机失事现场，了却几十年深藏在心里的夙愿。

“驼峰航线”与“滇缅公路”一样，是段被遮蔽的鲜为人知的历史，直到21世纪前后，才逐渐被还原真相。

——这段历史对于中国近现代政治结构演变产生的深远影响是不可低估的。

## 美国空军回报洛克

1945年二战结束，洛克那颗焦虑不安的心终于平静下来。他可以潜心从事研究与写作了。60岁以后的洛克，已经把对中国纳西族历史、文化的研究与著作，列入了生命中最后亦最有价值的奋斗目标。

1946年，洛克毅然由夏威夷重返丽江从事资料整理与撰写工作。

1947年，洛克完成《中国西南古纳西王国》并由哈佛大学出版社出版。这是部以图文纪录、研究中国纳西族历史、文化和宗教的重要社科著作。

在这段对洛克生命具有重要意义的时期，美国空军为洛克往返昆明、欧洲、美国等地，提供了免费空中服务，不仅用军用飞机接送他，还经常给他空投药品和生活用品。

有一次洛克要从丽江到昆明去，飞机因在昆明起飞时遭遇雷暴雨晚点2小时，降落白沙大草坪时，已不见洛克踪影，等了40分钟仍不见人，飞机才决定返航，刚升到空中，忽然看见洛克和几个纳西人从雪嵩村小路上匆匆赶来，飞机在空中盘旋两圈确认是洛克后，又飞下来。洛克登机挥手与纳西人告别时，纳西人看见他眼里溢满了泪水。

洛克在日记里说："空军待我这样好，是因为他们认为我帮助他们修订了航图，而他们又是帮助谁呢？我向他们伟大的心胸和真诚感情表示深深的谢意。"

20世纪50年代后，洛克一度被定性为"文化特务""文化侵略者"。而

白沙大草坪上接送洛克的飞机

当我收集、阅读有关洛克的资料和著作时，看到他用心血和用生命拍摄的近万幅照片以及撰写的数百万文字，眼泪再也忍不住潸然而出。

与此同时，我想起二战时期捐躯在驼峰航线下千山万壑中美国空军将士的遗骸……

——我不敢代表谁，却敢代表良心良知向这些殉难者的亡灵致以崇高敬意。

自1958年以来，刘达成先后20多次沿着洛克走过的路线，到金沙江、澜沧江、怒江三江并流区域纳西族、傈僳族、怒族、独龙族聚居地进行综合性考察。这些艰难的行走，使刘达成在对洛克产生一个巨大疑问的同时，也生发出无限感慨。疑问是：洛克为什么要苦旅到这样遥远、偏僻、荒凉、贫困的地方来？感慨是：没有惊人的意志和毅力，没有明确的价值取向和生命目标，谁也不会到这样如同绝境般的地方来。

## 感动云南

认识刘达成先生，完全是必然中的偶然。6年前，我启动追寻约瑟夫·洛克足迹之旅时，刘达成先生对洛克的“探索与追寻”，已有40多年风雨历史了。因此可以说，我们早晚要在这条“追寻”的“驿道”上相遇。

《寻找天堂》（第一稿）征集意见云南行，终于使我们相遇了。

刘达成先生给我的印象是多元的，既有军人气质、学者风度，又有社会活动家纵横捭阖的协调能力。

刘达成先生给我的名片上，赫然印着这样一些身份：云南省社会科学院研究员、中国世界民族学学会常务理事、云南大学兼职教授、中国影视人类学会常务理事。

在刘达成先生寓所，他给我讲述了与洛克长达40多年的“交往”历史——对洛克“否定之否定”的曲折过程。

### 时代烙印的洛克

1958年11月，还是中央民族大学历史系三年级学生的刘达成，参与了一项对全国少数民族社会历史的调查活动。刘达成承担的课题，是对云南丽江地区纳西族近现代历史调查，其中包括对外国传教士、外国学者和探险家在丽江地区“活动”情况的调查。那次专项调查，必然涉及在中国生活、工作了近28年的美籍奥地利植物学家、探险家、学者约瑟夫·洛克。调查活动结束后，洛克成为了一个有“严重问题”的“文化特务”“文化侵略者”。

那次“调查”，从1958年11月持续到1959年3月，历时4个多月。刘达成与调查组成员，几乎走遍了丽江地区的高原雪山、江河湖泊、荒原草泽。

那次调查活动是艰苦、深入、扎实的。刘达成“面对面”采访了洛克贴身卫士李仕臣和得力助手李万煜。刘达成与李仕臣、李万煜，都置身在“阶级斗争”时代背景下。因此，那次采访留下了很深的时代印记，以至让刘达成写下了《美帝国主义文化特务约瑟夫·洛克在滇西北的罪恶活动》那样充满“革命”激情和裹挟着“阶级斗争”疾风暴雨的文章。

——刘达成并没有为那篇在风华正茂年代写的文章后悔。他说，那篇文章是那个特定时代的产物，是那个时代烙印了洛克。

刘达成对洛克的认识与评价，经历了三个不同的阶段和三个不同的时代背景。1958年那次调查活动以及在那次调查活动“背景”下的认识，显然属第一阶段。

在独龙江流域，有的地方只能攀“天梯”。

——刘达成幽默地说，早在20世纪50年代，就与洛克有了一段“不打不相识”的“历史情缘”。

1976年6月至9月，刘达成又参与了补拍1964年中央民族研究所与云南省历史研究所合拍的电影《永宁纳西族“阿夏婚姻”与母系家庭》的部分镜头。拍片期间，刘达成再次对永宁地区摩梭人的“阿夏”婚姻习俗以及民族历史文化进行了深入调查。调查过程中刘达成意外获悉：洛克从永宁地区收集、携带走了大量东巴经典及植物标本。刘达成从“阶级感情”和民族感情上，很难接受和容忍洛克这一“掠夺”行为。

因为刘达成对丽江地区历史文化、民俗民情以及对洛克已有相当程度的了解，1976年11月，云南省历史研究所决定让他承担《中国西南古纳西王国》（约瑟夫·洛克著。以下简称《王国》）审校和文字修订工作。油印本出来时，刘达成亲笔草拟了“供批判用”的说明。这段时期，刘达成对洛克的认识，用他自己的话说，“仍停留在上世纪五十年代的调查阶段”。刘达成最不理解的是：洛克远涉重洋，不远万里到中国来，为什么要拿走中国的东西？这种单纯、朴素的民族感情，自然要渗入他的意识，渗入他的思想，并在文字上反映、表达出来。这是完全可以理解的。

## 在《王国》中认知洛克

直到在反复审校、修订《王国》过程中，刘达成才渐渐对洛克有了新的认知。

《王国》是1999年4月出版的，从1976年11月进入工作状态直到出版，长达23年。23年的审校与文字修订，刘达成终于从洛克55万字、255幅图片的浩瀚文字和摄影作品中，进一步了解、认识了洛克。每次审校、修订时，刘达成脑海里都是洛克苦旅在滇西北大河巨川上的倔强身影，都是洛克在雪嵩村简陋卧室兼书房里青灯黄卷、奋笔疾书的身影。面对洛克总计数百万字的著作和数千幅摄影照片，刘达成眼睛湿了。作为一个学者，他深知这些著作除了异常艰苦的考察，还来源于洛克“掠夺”去的那些资料。没有那些资料，没有对那些资料的潜心阅读、整理、分析、研究、提炼、写作以及反复修改、审校、修订，绝不可能有包括《王国》在内的数百万字的著作。而这些著作，不仅向全世界传播了中国三江并流区域的自然风光、历史文化和民俗风情，而且最后回归了它的故土——中国。

刘达成说，“通过再次审校、修订《王国》，对洛克有了越来越符合客观实际的认知和理解。”这段时间，他先后撰写并发表了《与世博园有隔世情缘的洛克博士》《洛克与东巴文化的历史情缘》《洛克与丽江“三遗产”的隔世情缘》等著作。与此同时，还在与杨福泉教授（云南社科院副院长）合写的

洛克著《中国西南古纳西王国》

《王国》后记中，充分肯定了洛克与《王国》：“这本书可以说是将史料和实地考察密切结合而写出的一本民族史的杰作，更是一本周详、准确论述西南各民族尤其是纳西民族史地、文化的力作。”

显然，这是刘达成的第二个认识阶段。

这个阶段的认识，较前一阶段的认识，几乎有了质的飞跃。刘达成在追寻与认识洛克的过程中，不断地挑战、否定自己，使其对洛克的认识上升到一个较辽阔、较高层次的视野。

为了甄别刘达成认识飞跃的“依据”，我再次阅读了《王国》。当我从第一章“导言——云南省”阅读到最后一章（第六章）“盐源县的历史和地理”后，我完全理解了刘达成认识转变的三个主要“依据”。这三个“依据”，也是定位我对洛克认知与评价的主要“依据”：

——洛克在以云南滇西北为轴心的滇、藏、川地区露宿风餐，含辛茹苦，历尽艰辛考察了20多年。

——洛克在艰苦卓绝的环境、条件下，殚精竭虑，皓首穷经，铢积寸累完成了《中国西南古纳西王国》《纳西族的历史与文化》《纳西语—英语百科辞典》等近30篇（部）数百万字的学术论著。

——洛克“掠夺”的资料，很大程度上是为了完成其学术著作，而这些著作，不仅属于美国属于奥地利，也属于中国和全世界。文化与科学，是没有政治界线和地域界线的。

塔龙·罗桑益世活佛说：如果洛克没有“掠夺”走那些资料，那些资料在“文革”时，也会化为一缕青烟……

## 大视野看洛克

自1958年以来，刘达成先后20多次沿着洛克行走过的路线，到金沙江、澜沧江、怒江、独龙江流域纳西族、彝族、傈僳族、怒族、独龙族聚居地进行综合性考察。这些风萍浪迹，风骨峭峻的行走，使刘达成在对洛克产生一个巨大疑问的同时，也生发出无限感慨。疑问是：洛克为什么要苦旅到这样遥远、偏僻、荒凉、贫困的地方来？感慨是：没有惊人的意志和毅力，没有明确的价值取向和生命目标，谁也不会到这样如同炼狱、绝境的地方来。

三江流域和独龙江之行，使刘达成逐渐于困惑中对洛克产生了一种悠远的敬意。20多年非常人能企及的苦行，20多年非常人能企及的研究与写作，终于使刘达成对洛克的认识从政治意识形态阴翳中清朗地走了出来。

20世纪伊始，刘达成走进了他对洛克认识的第三个阶段。

第三阶段的认识，不言而喻是刘达成对第一、第二阶段认识的跨越，尤其是对第一阶段认识的“质”的突破。三个阶段的认识（从“文化特务”到

洛克行走过的古驿道

“中西文化交流使者”再到一个“值得敬仰的学者”），处在三个不同的时代背景下，因此，既是合理的，可以理解的，也是逻辑的。

2003年阳春三月，刘达成在春城他的书斋里，沐浴着新世纪的阳光，又仔细阅读了一遍《王国》。他在日记里写道：“随着解放思想，实事求是风气的弘扬，人们对外国传教士、探险家、学者、作家在中国的活动，有了新的认识和理解。对洛克，也有了更客观、公正的评价。”关于洛克“资源掠夺”问题，刘达成认为：掠夺资源的目的，是出卖资源、利用资源赚钱，还是利用资源、将资源转化为科研成果？二者有本质的区别。刘达成还在专题片《隔世情缘的探索与追寻——洛克与我》中写道：“深入了解洛克后，不可能不为他28年在中国坚韧不拔的探索与研究、写作精神感动。”显而易见，刘达成已站在一个学者的大视野，站在国际文化的大视野，对洛克进行了新的审视与评价。

## 正直与良知

因为认识上的提升，刘达成在阅读了《寻找天堂》第一稿后，毅然放弃2006年“过年”——中国人一年一度的欢庆日子，风尘仆仆到丽江大研、雪嵩村乃至远行到宁蒗、永宁、泸沽湖等地区去求证、核实书稿中涉及的一些“敏感”问题与悬念。

刘达成与独龙族纹面妇女

刘达成在给国际纳西学学会会长白庚胜教授的信里说：“这次春节之旅，是在洛克和贵州作家王大卫精神感动下的一次追寻之旅，不仅去核实一些王大卫在书里提到的敏感问题，也是去体验洛克和王大卫的精神价值和生命意义。”而这时，我还不

本书作者与云南省社会科学院刘达成教授在丽江

认识刘达成教授。

刘达成为进一步证明洛克感情生活中已趋于明朗的问题，以及肯定洛克在中国28年备尝艰辛，呕心沥血的科研精神，先后在《光明日报》《云南日报》《大观周刊》《民族时报》等报纸杂志上，撰写了10余篇相关报道和文章。此外，还应西南师范大学邀请，赴重庆作了题为《洛克与21世纪纳西学》的讲座。重庆回来后，又不停歇地与云南美术出版社社长周文林、副社长方绍忠和和匠宇先生等研究、运筹出版洛克图片集。与此同时，还草拟了3000多字的电视专题片《隔世情缘的探索与追寻——洛克与我》。为纪念洛克诞辰120周年，主动与中国社科院研究生院教授、国际纳西学学会会长白庚胜，积极策划、筹备出版《纪念洛克文集》，举办“纪念洛克博士诞辰120周年国际研讨会”。

2009年9月下旬，我正好在昆明，看见刘达成忙得不可开交，便问他：你做这些工作，是否组织安排？是否有人聘请？是否有报酬？刘达成爽朗大笑起来：既非组织（单位）安排，也不是谁聘请的，是我自己为偿还早期对洛克错误评价的心债，遵循个人良心良知去做的，至于报酬，根本没想过。

刘达成引用了《炎黄春秋》杂志总编辑吴思一句话："知识无涯，可多可少；财富无涯，可多可少，灵魂只有一个，不能让他幽黯、枯萎了。"

——在刘达成教授身上，我看见了一个学者内蕴的谦卑正直与良知。

去年的一天周末，我乘车从昆明市中心经过时，在昆明主流大街上看见一副巨大的广告牌，远远的，只看清楚 4 个大字：感动云南。我不知道那广告牌是谁立的，它要反映、表达的是什么内容，但那 4 个字给人视觉、感觉上的冲击是不言而喻的。那4个字，让我再次想起刘达成教授。包括刘达成在内，感动云南者不胜枚举。云南是在感动状态中存在并绚丽的。

**注：这篇文章是《寻找天堂》一稿完成后，到云南去征求意见过程中决定增写的。第一，刘达成先生与约瑟夫·洛克有一段长达40多年风雨是非的"历史情缘"；第二，刘达成先生与《寻找天堂》有一种难以疏离的情感与精神联结；第三，刘达成先生提供了有价值的图文资料；第四，刘达成先生于去年春不幸去世，以此文寄托我的哀思。**

他的探索、考察与研究成果，凝聚了他大半生的艰辛、心血和智慧，与他个人经历中的所谓“私生子”“资源掠夺”问题比较起来，显然要辉煌、灿烂多了。前者是私人性质的，后者是对人类文化、社会科学的卓然贡献。洛克超然于物外，做了我们应该去做而没有去做的事，怎还好意思去对他“一分为二”呢？

# 后记：《寻找天堂》对话

2012年6月6日，是个值得隆重纪念的日子，68年前的这一天，以美、英为首的盟军登陆诺曼底，敲响了法西斯的丧钟，改写了欧洲乃至世界历史。这天下午，春城阳光明媚，我与云南知名作家、《大观周刊》总编辑杨鸿雁在昆明一家素雅，但不失温馨的咖啡屋里，整整长谈了3个小时。围绕《寻找天堂》（第一稿），杨鸿雁于平静状态中提了几个尖锐问题，我亦于平静状态中坦诚回答了她的问题。一问一答，很理性，甚至有点严肃。接受杨鸿雁女士采访，完全基于我对她的印象与了解——思维敏锐，视野开阔，气质高雅，是一个有追求有博弈精神的作家。杨鸿雁先后以“半夏”笔名，出版了长篇小说《心上虫草》《活色余欢》《潦草的痛》《铅灰暗红》《忘川之花》。

我们的交流，是对《寻找天堂》（第一稿）的一次细致梳理。这种具有挑战性质的梳理，对于进一步提升、完美《寻找天堂》，十分有意义。

这次对话，也涉及“主题”以外的一些问题。

杨鸿雁：贵州有丰富的自然、历史、人文资源，为什么要千里迢迢到云南来寻找写作题材？我是一个云南作家，恕我直言，我认为你“掠夺”了我们的“矿藏”；而且你一来就眼睛很“毒”地挖到了一块块质地、品位很高的金矿。

王大卫：这有偶然性，也有必然性。偶然性是到丽江旅游时，意外发现了三个写作资源：一是美籍奥地利植物学家、探险家、学者约瑟夫·洛克半个多世纪前在中国云南、丽江地区生活、工作28年的传奇经历；二是云南、丽江独特的自然风光和民俗风情；三是云南、丽江这片土地上的动人故事和杰出人物。必然性是我也在经意寻找写作题材。写洛克写丽江的书很多，我看到了许多关于洛克关于云南、丽江的叙事与描写，但这些叙事与描写，除了视觉和审美冲击，未能引起情感、心理和思想深处的触痛与震撼。读完这些书后，尤其是读完洛克的《中国西南古纳西王国》后，我决定深入到云南、丽江和三江流域去。我想去挖掘一些更动人更人性更深刻的东西。同时，想以一种独异的方式来表达、呈现我认为是“动人、人性、深刻”的东西。

杨鸿雁：在你之前，就有很多写洛克写丽江写香格里拉的书，其中有的也是不错的，你再写，不怕大同小异，不怕遭遇市场冷落吗?

王大卫：我思考过这些问题。我明白你的意思。直言不讳地说：第一，在我看过的许多书中，包括你刚刚谈到的那些书（省略），都认为洛克是个“文化侵略者”，而我不这样看，不仅不这样看，而且为洛克进行了“辩护”，肯定了洛克。比如与罗桑益世活佛的对话，比如《缅怀约瑟夫·洛克》最后4个自然段的论述，比如《感动云南》中刘达成先生的“三个认识阶段”。第二，这些书层面上、画面上的东西很多，甚至很美，而画面里、层面里的东西太少——指分析与研究。而我想在展示层面美、画面美的同时，深入到情感、精神、人性深处去，深入到人的思想与灵魂里去。文学说到底——除了结构、轴线、情节、语言和逻辑——主要是情感世界、心理世界和精神世界的揭示与表达。第三，我会用一种新异的思维与风格来写，用一种大散文精神来写，比如将纪实性、文学性、学术性三者进行独特的兼容、整合。基于这一思考与定位，我决定“壮士出山”了。新世纪初年，我即去了云南西北部地区，洛克当年行走的主要区域。

杨鸿雁：你怎么会想到要去寻找和披露洛克的私生子洛福寿？这是身置这一“资源领地”的云南作家都没有敢去做的事。我相信，云南作家和地方历史、文化研究者中，不乏人知道这一“秘闻”（真相）。事实上，读了你的《寻找天堂》（第一稿）后，我曾问过相关的人，他们不无遗憾地说洛克与洛福寿的事他们也是知道的，但总是有顾虑，不敢说出来。我认为他们的观念里还固守着对洛克的偏见，没有客观、宏观地对洛克做实事求是的分析、评价。在这一点上，我很佩服王老师。作为一个云南本土作家，作为一个传媒工作者，我为此深感内省。谢谢你揭示了关于洛克的“秘闻”，让我们看见了一个更真实、丰满的洛克。

王大卫：这基于两个要素：一是我的性格；二是我的良心。我是个性格坦直，甚至有点率情率性的人；我不喜欢处心积虑，弄虚作假。面对真假是非善恶，我会忍不住表达我的观点和立场。2003年，我申请并“获准”提前8年退休。我欣赏我的选择以及体制外的生活状态——活得自由，活在我自己的精神空间与生命追求里。

关于良心良知，每个人都会有的。因为各人经历不同、知识涵养不同、经验不同，表达方式和表达程度也会不同。我的性格、人格和做人原则同时告诉我：良心良知正义是人类的至尊品质，是人类精神文明的光芒，该彰显时就要彰显，不要萎缩在自私和怯懦里。因此，当我知道并证实洛克有个儿子（私生子）后，便公开了这个尘封了半个多世纪的“秘闻”。不仅如此，还充分肯定了洛克，掀掉了笼罩在他头上的“文化特务”“文化侵略者”帽子。

杨鸿雁：看得出，《寻找天堂》在写作样式上有新的突破，如在语速、节奏、语境上；如在纯文学与理性思考结合上；如在情感、知识、思想的自然融入与把握上；你是怎样想到用这种多元、综合的形式去叙事、表现的？而且叙事宏大高远，思考深刻。

王大卫：这是个生活、文化形态异变节奏很快的时代，图书也必须跟上和适应这个时代。但是，于我来说，也仅仅是跟上和适应，我没有也不会像有的“先锋”和“前卫”作家那样，走得远远的。走得太远了，就会疏离现实社会，疏离中国文化大环境，我只是在中国文化大环境下与时俱进的适度异变；没有适度异变，也会失去一大批行走在时代节奏上的读者，尤其是中青年知识型读者。没有读者，再好再有价值的书，也就是档案资料了。这是从理论上看，从宏观上看。微观地看，《寻找天堂》的体例主体是纪实性散文，因此，既要真实、客观，又要有文学的丰富空间和丰润语言。此外，我还极其自然地有分寸地融入了我的理念与思想。没有理念与思想的文学作品，可以是妖艳的，但也是苍白的。我不能只给读者一种形态上的美，还要给他们内涵上的美。至于书中的语速、节奏、逻辑、语境是怎么处理的，书中的思想以及价值观是以怎样的方式渗透进去的，读者自己可以通过阅读去分析、研究、评价。这本书主要是写给知识型读者看的，我完全相信这个读者群体的阅读智慧和审美判断。

杨鸿雁：你在书中几乎是充分肯定约瑟夫·洛克的，连一点“一分为二”的意思都没有，你不担心会遭遇一些洛克批评者的质疑和批评吗？

王大卫：一个人的品质和道德主体好不好，实际上是有很显见的标志和是非界线的，即所谓的“功”大于“过”还是“过”大于“功”？当然，功过是非是相对的。我对洛克的肯定，主要是肯定他半个多世纪前对中国纳西族历史、文化的深入考察与研究成果。他的探索、考察与研究成果，凝聚了他大半生的艰辛、心血和智慧，与他个人经历中的所谓“私生子”“资源掠夺”问题比较起来，显然要辉煌、灿烂多了。前者是私人性质的，后者是对人类文化、社会科学的卓然贡献。洛克超然于物外，做了我们应该去做而没有去做的事情，怎还好意思去对他“一分为二”呢？

此外，我从来不喜欢对人对事动辄就“一分为二”的思维方式。这种思维方式，曾经于细微见巨大地否定、伤害、湮没了多少精英人才啊！在我的印象中，习惯用“一分为二”去分析、鉴定别人的人，常常是平庸的无所建树的人——他们的精力和时间，都用心良苦地耗去琢磨和研究别人了。

为什么充分肯定洛克，在许多文章的字里行间都可以找到答案，尤其在《缅怀约瑟夫·洛克》那篇文章中。

杨鸿雁：坦率地说，我很想知道你内心世界里深藏的一些东西，我感觉你的内心世界是非常复杂、非常纠结、非常丰饶的，如罗桑益世活佛所说，“蕴涵的东西太丰富了”。而我确信，这些“东西”与你的审美判断，与你的生命追求，与你的作品，都有重要联系，尤其是思想和价值观的联系。老实说，直到现在为止，我还没有把你与你的作品完全联系起来，总觉得是两个若即若离的“宇宙”。

王大卫：其实我是个很静态、很简朴、很单纯的人。我的生活、性格、思想与我的外表一样，都是静态、简朴、单纯的。我不喜欢复杂，不喜欢韬光养晦。但作品与作者不可能完全一样。人要适应社会环境，适应各种与生存相关的“要素”，因此，需要一定的规范和自我约束。而作品却可以不。作品可以尽情恣肆地展示它的情感美、心理美、思想美、精神美、人性美。因此，作者与作品不会给人以完全同样的印象和感觉。我不否认，我的内心世界非常复杂，非常隐喻，非常丰饶，但他们浓缩、归宿在我的血肉之躯里，深藏在我的思想和灵魂里。呈现给读者的，当然不能完全是个人生活与心灵深处的东西。作品问世，面对读者，面对社会，就要对读者、对社会负责，尤其要对导向人类文明负责。

杨鸿雁：云南滇西北地处著名的横断山系，地质地貌的多样性决定了这片神奇土地的多样性，高山大川、江河湖泊又天然割据出不同的生存空间，从而导致了民族文化的多元性。洛克最早是以一个植物学家的身份来到这片土地上的，没想到竟让这里丰富的自然与人文资源挽留了28年。几年前，三江并流区已获批准为世界自然遗产保护区，云南这片神奇的土地，越来越令世界瞩目。云南作家范稳写了一本很不错的书《水乳大地》，有人拿这本书与马尔克斯的《百年孤独》相比，我想问王老师的是，这二者对你会不会有影响，你还会再到云南这块“魔幻”的土地上继续行走吗?

王大卫：我总有一种感觉，云南的自然资源与人文资源是“神”赐的。在云南行走的三年多时间里，我一直被云南的自然与人文资源感动。没有感动，我写不出《寻找天堂》。云南能留住洛克，留住一些作家、摄影家、艺术家，与云南神奇秀美的自然生态和丰富的历史文化资源是有重要联系的。是得天独厚的自然生态与历史、文化资源，构建、营造了云南的巨大魅力。无论是否写作，相信我还会到云南去。

《水乳大地》是本资料丰富、语言精致、情节动人、内涵深刻的好书。好书不仅对我，对任何一个读者都是有积极影响的。好书是对人类文明的启迪与助推。我非常感激那些为读者提供高品质图书的优秀作家；他们的作品——特别是作品中的知识与思想，无异于是在人类文明之旅道路上点亮的一盏盏明灯。

杨鸿雁：感谢你接受我的采访，并给了我180分钟时间。

王大卫：也感谢你让我有机会借助《寻找天堂》对话，表达了对一些“敏感”问题的观念与立场，尤其是我的价值观。

**注：杨鸿雁（半夏）已调至云南省新闻研究所任职。**